또 읽어 보고 싶은 시
다시 듣고 싶은 노래

또 읽어 보고 싶은 시
다시 듣고 싶은 노래

초판 1쇄 발행 | 2025년 5월 1일

지은이 | 박강석
펴낸곳 | 잔물결
주　　소 | 서울시 서대문구 거북골로 100
전　　화 | 010-9575-1728
팩　　스 | 02-2202-7348
이메일 | ripple777@naver.com
출판사 신고 | 2025.01.22.(제2025-000009호)

값 20,000원
ISBN 979-11-991502-0-1

ⓒ 2025 박강석
※ 잘못된 책은 구매하신 곳에서 바꾸어 드립니다.
※ 이 책 저작권은 저자와 '잔물결'에 있습니다.
　 이 책 내용을 이용하려면 저작권자의 사전동의를 받아야 합니다.

이 책에 소개한 작품들은 한국문학예술저작권협회(KOLAA), 한국저작권위원회(KCC), 한국음악저작권협회(KOMCA)의 승인을 받았습니다.

또 읽어 보고 싶은 시
다시 듣고 싶은 노래

박 강 석 편저

잔물결

시와 노래 다발을 묶으면서

내가 시를 처음 읽어 본 것은 중학생 때 같은데 시를 읽고 처음으로 감동받았던 때는 언제였는지 잘 모르겠다. 그러나 시를 써보고 싶었던 때는 확실히 기억하고 있다.

아! 등굣길에서 아침마다 마주치던 그 여학생!
둥근 이마, 오뚝한 콧날, 호수 같은 눈, 도도한 입술, 어깨까지 땋아 내린 양 갈래머리, 사슴 모가지--- 조심스럽게 걸어오는 그녀의 곱고 단아한 교복의 모습이 지금도 눈에 선하다. 어쩌다가 눈이라도 마주칠 때면 쿵쾅거리는 가슴을 도저히 어찌할 수가 없어 어디로 막 뛰어가 버리던지 가만히 앉아 무슨 시라도 써야만 될 것 같았다.

아! 그때까지만 해도 사춘기의 나에게 시란 신록의 푸르름이었다. 온통 붉게 물든 황혼의 언덕이었다. 지친 아들을 감싸안는 어머니의 품이었다. 치유와 평온 그리고 울림을 주는 영혼의 합창이었다.

허나 이와 같은 시에 대한 나의 순정은 고3 때 무참히 짓밟히고 말았다. 시가 주제와 소재도 있고, 자유시, 서사시, 참여시 등 종류도 많고, 무슨 주의와 파도 있고, 외워야 할 것도 많은 골치 아픈 국어 입시 과목의 한 분야가 되어 버린 것이다.

나아가 난해하기 그지없는 현대 시는 배반의 장미였다. 그 시절은 신문은 물론 서적 대부분이 세로쓰기로 되어 있었다.

그 세로쓰기로 표기된 현대 시를 읽는데 우측에서 좌측으로 죽 읽고 난 다음에 도무지 무슨 말인지를 몰라 거꾸로 좌측에서 우측으로 읽어 보았다. 감상은 제쳐두고 어느 쪽에서부터 읽어 보아도 도대체 이해조차 안 되는 것이었다.

좀 더 심각한 것도 있다. 고교 시절 우리 학교 학훈은 학행일치(學行一致)였다. 서행일치(書行一致)라고나 할까, 무릇 글을 쓰는 이는 자기가 쓴 글에 언행이 부합되어야 한다고 생각한다.
어떤 사유에서든지 그렇지 못하게 된 경우에는 그와 관련된 글은 더 이상 쓰지 말아야 하고 이미 쓴 글에 대해서는 정중히 사과하고 스스로 지우는 것이 마땅하다고 본다.
서(書)와 행(行)의 표리부동은 그 글로 감동받은 나 같은 사람에게는 너무 큰 상처를 주기 때문이다.

'눈물 아롱아롱 피리 불고 가신님의 ---' 이렇게 시작하는 이 시를 읽고 우리말이 이렇게 아름다울 수 있는지 벅찬 감동으로 줄줄 외웠는데 대학생 때 이 시를 쓴 시인의 친일 행적을 알게 되었다.
큰 충격이었지만 그래도 감동이 너무 커서인지 오죽했으면 그랬을까 하고 이해하려고 노력도 했다.

그러나 같은 시대에 '하늘을 우러러 한 점 부끄럼 없게' 살다가 감옥에서 옥사한 윤동주 시인에 이르자 이 시인을 도저히 용납할 수가 없었다. 분노까지 치밀었다. 외웠던 그놈의 시를 머릿속에서 깡그리 지워버리고 싶은데, 소싯적에 외워서인지 잘 지워지지 않는다.

서행 불일치라고 생각되는 것을 하나 더 얘기하고 싶다. 그때가 언제였을까? 어떤 선생님이 고인이 된 아내를 기리며 쓴 시를 읽고 크게 감명을 받았다. 나 같은 사람이 많았는지 그 시집이 베스트셀러가 되었다. 그런데 시집 제목의 꽃 이름을 처음 들어 봐서 찾아보기도 했던 그 시인이 재혼했다는 것을 후에 알았다. 나는 유명 시인의 친일 행적을 알고 나서 받았던 충격 못지않은 큰 충격을 받았다.

조용필 가수가 부른 우리가 잘 아는 노래 '일편단심 민들레야'의 주인공 이주현 여사는 6·25 전쟁 때 남편이 납북될 당시 41세였다. 이후 3남매를 키우며 혼자 살아온 여사님은 자서전(1981)에 이렇게 적고 있다.

"수남! 이렇게 불러 볼 날도 이제 오래지 않겠지요. 어언 접어든 나이가 고희를 넘겼으니 살날이 얼마나 되리까. 당신을 잃은 지도 30년 성상, 밟혀도 고개를 쳐드는 민들레같이 살아온 세월, 몇 번씩이나 지치고 힘에 부쳐 쓰러질듯하면서도 그때마다 당신을 생각하며 이겨 왔습니다."

상처하고 홀아비가 되어 48세에 단양군수로 부임한 퇴계와 18세 관기 두향의 지고지순한 사랑도 눈물겹다.

만나자마자 첫눈에 반한 두 사람의 사랑은 퇴계가 풍기 군수로 발령이 나는 바람에 9개월 만에 끝나게 된다. 이후 퇴계가 69세에 세상을 떠날 때까지 21년 동안 두 사람은 한 번도 만나지 못한다.

퇴계와 헤어진 후 두향은 기적에서 몸을 빼내 이듬해 봄, 퇴계와 자주 갔던 강선대가 눈 아래 굽어 보이는 적성산 기슭에 움집을 짓고 퇴계를 그리며 평생 홀로 살았다.

퇴계의 부음을 듣고 4일을 걸어 안동을 찾은 두향은 죽어서조차 옆에 가지 못하고 먼발치에서 재배를 올리고 단양으로 돌아와 남한강에 몸을 던져 생을 마감한다. 퇴계도 헤어질 때 두향이 준 매화 화분을 평생 홀로 애지중지 가꾸었다고 한다.

세상에는 이처럼 위 재혼한 시인만큼 아니 그보다 더 깊은 사랑을 한 사람들이 많다. 알려지지 않았을 뿐이다. 이 시인은 아내에 대한 사랑을 속으로만 간직할지언정 그런 시를 쓰지 말았어야 했다.

배우자에 대한 사랑을 시로 쓴다면 여기서 예로든 분들과 같은 사랑을 간직한 분들이 쓰는 게 마땅하다고 본다. 이분들이 쓴 시는 비록 위 시인이 쓴 시만큼 화려하지는 못할지 몰라도 진실이 향처럼 피어오를 것이기 때문이다.

지금까지 한 시대를 풍미했던 유행어 '사랑에 속고 돈에 울고'가 아니라 '시에 속고 사랑에 운' 나의 이야기를 늘어놓았는데 얼마만큼이나 공감하시려나 모르겠다.
허나 이는 학창 시절 때 이야기이고 사회에 나와 이 말을 들을 때마다 그럴듯한 거짓말로 여겼던 '처자식을 위해 열심히 살다' 보니 시의 세계는 내겐 너무 먼 세상이 되어 버렸다.

무심한 세월이 속절없이 흐르더니 부탁도 하지 않은 나를 이렇게 진짜 황혼의 언덕에 데려다주었다. 지하철에서 조카 딸 같은 여학생에게 자리를 양보받은 첫날의 충격을 잊을 수 없다. 종로 3가 파고다 공원 인근에 왜 그리 청춘 아닌 분들이 많은지도 알게 되었다.

우리 연배 사람들은 혼자서도 잘 지내는 법을 터득해야 한다.

나는 주로 책을 읽는 편인데 어느 날은 소싯적에 아버지가 들려준 속칭 문둥이 시인 한하운의 시집 '보리피리'를 펼쳐 보면서 아스라한 그 시절 추억 속에 빠져들었다.

사실 시집이 다른 책보다는 읽기가 편했다. 우선 글이 짧다. 간결미와 함축미가 있다. 그래서 자주 대하다 보니 청소년 때 품은 시에 대한 환상도 떠오른다. 시를 읽는다기보다는 본다고 하는 편이 더 나아 보인다.

세상 삼라만상이 다 다양한 종류가 있는데 모든 종류를 다 알 필요는 없을 것 같다. 시나 그림도 마찬가지라고 본다. 문득 내가 잘 모르는 피카소 그림은 그냥 놔두고 산수화나 동양화처럼 보면 아름답게 느끼거나 감동을 주는 그런 시들을 따로 묶어 보고 싶었다.

그러면 시는 그렇다 치고 왜 노래를 같이 엮었는지를 말씀드려야 할 것 같다. 20대 때 이야기다. 사랑하는 애인에게 버림받고 비련의 주인공이 된 내 친구가 내게 말했다.

"야! 강석아! ㅇㅇ와 헤어지고 나서 며칠간 밤잠을 설쳤는데 사랑과 이별을 노래한 가요가 너무나 가슴에 와닿아 모두 나를 위해 불러주는 것 같더라니까!"

혹시 세상을 살아오면서 '이루어지지 못한 사랑'이나 '이루어질 수 없는 사랑' 땜에 심한 가슴앓이를 해본 경험이 있는 분은 이 말에 공감하시리라고 본다.

세상을 좀 살다 보니 가요나 팝송, 클래식이나 가곡 등 어떤 노래든 내게 편안함을 주고, 향수를 달래 주고, 추억 속에 빠지게 만들고, 뭔가를 생각해 보게 만든다면 그것이 무엇이든 좋은 것이고 격이 다르다거나 하는 차별 대상은 아니라고 생각하게 되었다.

말하자면 실연당한 내 친구가 들은 가요는 감상에 있어 최상의 음악이나 세계적인 명시와 다름없다는 것이다.

이는 사랑에서 극명히 드러난다. 사랑에는 귀천이 없지 않은가. 그가 누구든 간에 표현을 더 잘 못할 수는 있어도, 그것이 크든 작든 깊던 얇던 소중한 자기만의 사랑을 간직할 수 있지 않은가.

다행히 '검은 고양이'로 잘 알려진 비운의 작가 포우(Edgar Allan Poe, 1809~1849)는 '에너벨 리'(Annabel Lee)라는 그가 쓴 시에서 이런 생각을 가진 내 손을 들어 주었다.

But our love it was stronger by far than the love
Of those who were older than we-
Of many far wiser than we-

     그러나 우리의 사랑은 훨씬 더 굳셌답니다
     우리보다 나이 많은 이들의 사랑보다도
     우리보다 지혜로운 이들의 사랑보다도

그래서 내게 감상(感想)1)을 가져다준 시와 노래들을 장르에 상관없이 함께 묶어 책자로 펴낸 것이다. 다만 내가 아는 작품 위주로 편집한 점과 현대 시와 근래 유행한 음악을 거의 싣지 못한 점은 아쉬웠다. 그렇지만 여기서 읽은 것을 계기로 자기만의 감상(鑑賞)2)의 세계로 빠져들 수 있다면 괜찮을 것 같기도 하다.

그런데 이 책에는 작품만 실려있는 것이 아니다. 작가에 얽힌 사연, 작품을 통해 본 삶의 애환, 시대와 역사 그리고 내가 살아오면서 겪거나 알게 된 것들에 대해 나름의 시각으로 조망하고 있다.

이 책이 기성세대에게는 향수를 불러일으키고 신세대에게는 새로운 감상을 가져다주고 나아가 기성세대를 이해하는 데 도움이 된다면 참 좋겠다. 아울러 시나 노래를, 보고 듣고 싶은 분이나 뭔가 짧은 글을 읽고 싶은 분들에게도 이 책을 권하고 싶다.

2025년 4월
박강석

---

1) 감상(感想) : 마음속에서 일어나는 느낌이나 생각
2) 감상(鑑賞) : 예술 작품을 이해하여 즐기고 평가하는 것

목 차

시와 노래 다발을 묶으면서 • 5

첫째 다발 | 또 읽어 보고 싶은 시

1. 동심의 세계로 ·· 19
엄마야 누나야/김소월 • 20　산 할아버지/산울림 • 21　소나기/설의웅 • 22
소년/윤동주 • 24　아프리카 어느 소녀의 시 • 25

2. 봄 여름 가을 겨울 ·· 26
그대 앞에 봄이 있다/김종해 • 27　봄/곽재구 • 28　4월의 노래/박목월 • 30
7월에는 오시겠지요/오광수 • 31　여름밤의 광란/김종석 • 32
가을의 노래/김대규 • 34　가을 노트/문정희 • 36
사람이 그리워야 사람이다/양광모 • 38　설야/김광균 • 40

3. 사랑이 가져다준 것들 ··· 41
해바라기 연가/이해인 • 42　낙화/이형기 • 44　사랑의 우화/이정하 • 46
첫사랑 그 사람은/박재삼 • 47　무제/박강석 • 48

4. 그리운 사람 ··· 49
어머니/김인숙 • 50　아버지/인순이 • 52　부모/김소월 • 54
천생연분/최명자 • 57　나무의 주름살/김화연 • 58　할머니의 편지/이동진 • 60

5. 사연을 간직한 시 ·· 61
전라도길/한하운 • 62　겨울밤/신경림 • 64　귀천/천상병 • 66
별 볼 일 없는 나는/박노해 • 68
죽음이 마지막 말이 아니다/Gerhart Lohfink • 70
박완서 작가의 일기 중에서 • 72

6. 시대의 아픔을 간직한 시 ······ 76
꿈을 비는 마음/문익환 • 77　목마와 숙녀/박인환 • 80
황톳길, 오적/김지하 • 82　끌려가던 날/백기완 • 87
명줄/김남주 • 90　서른, 잔치는 끝났다./최영미 • 93
나 하나 꽃 피어/조동화 • 95

7. 친구와 내가 쓴 시 그리고 나의 인연 이야기 ······ 96
남한산성/김명환 • 99　상황 사/박강석 • 101
45년 만의 인연 - 송철원 선생님 • 104
환갑에 맺은 사제의 인연 - 인간 윤조덕 • 111

8. 꽃, 바람, 비, 나무, 산 ······ 117
장미의 연가/박렬 • 118　바람의 노래/김순곤 • 119
가슴에 내리는 비/윤보영 • 120　가시나무/하덕규 • 122
어느 대나무의 고백/복효근 • 124　한계령/양희은 • 125
한계령에서/장덕수 • 126　한계령에서와 한계령 • 127

9. 이런 시도 있네요 ······ 129
모닥불/백석 • 129　치마/문정희 • 130　'치마' 답시/임보 • 131

10. 노벨문학상 수상과 이휘소 박사 ······ 132
노벨문학상 수상 • 132　이휘소 박사와 무궁화꽃이 피었습니다 • 133
노벨상과 사대주의 • 134

둘째 다발 | 다시 듣고 싶은 노래

1. 추억의 옛노래 ······ 138
사의 찬미/윤심덕 • 139　나는 열일곱 살이에요/박단마 • 140
부용산/박기동(작시) • 141

2. 1950년~60년대 대중음악 ······ 144
봄날은 간다/백설희 • 145　과거를 묻지 마세요/나애심 • 146
호반의 벤치/권혜경 • 147　세월이 가면/박인환 • 148
허무한 마음/정원 • 150　하숙생/최희준 • 152　동숙의 노래/문주란 • 153
돌아가는 삼각지/배호 • 154　갑돌이와 갑순이/김세레나 • 155
빙점/이미자 • 156　비 내리는 판문점/오기택 • 158

3. 1970년대 청년문화 - 새로운 대중음악과 번안가요 ········· 160

3-1. 새로운 대중음악 ········· 160
그 사람 이름은 잊었지만/박건 • 163
아침이슬, 늙은 군인의 노래/김민기 • 166
찔레꽃, 새색시 시집가네/이연실 • 170   고아원에서 만난 아이 • 171
달맞이꽃/이용복 • 174   가는 세월/서유석 • 175   이름 모를 소녀/김정호 • 176

3-2. 번안가요 ········· 178
희망가/채규엽 • 182   아름다운 것들/양희은 • 183   하얀 손수건/트윈폴리오 • 184
터질 거예요/김씨네 • 185   우리들의 이야기/윤형주 • 187

4. 추억의 팝송 그리고 영화와 영화음악

4-1. 추억의 팝송 ········· 188
Auld Lang Syne • 191   All for the love of a girl/Johnny Horton • 192
Blowin'in the wind/Bob Dylan • 194
Bridge over troubled water/Simon & Garfunkel • 197
Yesterday/The Beatles • 200   Changing Partners/Patti Page • 203
My way/Frank Sinatra • 206
Raindrops keep falling on my head/B.J. Thomas • 209
Over and over/Nana Mous-kouri • 212
Take me home, Country roads/John Denver • 214
Unchained Melody/The Righteous Brother • 217
Donde Voy/Chyi Yu • 219   When I Dream/Carol Kidd • 222

4-2. 영화와 영화음악 ········· 224
the sound of silence/Simon & Garfunkel • 228   East of Eden • 231
Nella Fantasia/Sarah Brightman • 233   甜蜜蜜/鄧麗君 • 235

5. 1980년대 민중 문화운동과 대중음악 ········· 238

5-1. 민중가요 ········· 238
어머니 • 240   상록수 • 241   임을 위한 행진곡 • 242   광야에서 • 243
민들레처럼 • 244   대전 고모 집 형제양복점과 태호 형 • 245

5-2. 1980년대 대중가요 ········· 248
만남/노사연 • 250   연인들의 이야기 • 251

가을을 남기고 떠난 사람/패티 김 • 252　밤비 내리는 영동교/주현미 • 253
내 사랑 내 곁에/김현식 • 254　친구여/조용필 • 255
맹인 부부 가수/안치환 • 256　어느 60대 노부부 이야기/김광석 • 258
하늘 가는 길/장사익 • 260　바다 자장가/박서은 • 262

6. 민요와 정겨운 가곡 ··· 264

민요 • 264　태평가 ∨ 성주풀이 • 267　La Novia/Milva • 268
정겨운 가곡 • 271　향수/정지용, 김희갑 • 273　여수/P. Ordway • 276
보리밭/박화목, 윤용하 • 277　긴 머리 소녀/둘다섯 • 278
비목/한명희, 장일남 • 279　동심초/김억, 김성태 • 280

셋째 다발 | 형식이 다른 시와 시어들

1. 추억의 외국 명시들 ··· 283

무지개/William Wordsworth • 285　안개 속에서/Hermann Hesse • 286
가지 않은 길/Robert Frost • 288　미라보 다리/Guillaume Apollinaire • 290
아름다운 달 5월에/Heinrich Heine • 293　삶/A.S. Pushkin • 294
오늘/Thomas Carlyle • 295　에너벨 리/Edgar Allan Poe • 296
사랑하는 그대여, 나 죽거든/Christina Rossetti • 300
인생 예찬/Henry Wadsworth Longfellow • 302
청춘/Samuel Ullman • 304　번역에 대한 단상 • 306

2. 한시 감상 ·· 309
2-1. 한시에 실려 보낸 사연들 ···································· 309

절화행/이규보 • 310　도중망해/이승소 ∨ 박조요/이달 • 311
봉별소판서세양 - 황진이 요약 일대기 • 312
오매월류 - 퇴계와 두향의 매화 연정 • 315　권학가/주자 • 320
조선 4대 여류 시인 • 321　몽혼/이옥봉 • 322
몽유광상산 시서/허난설헌 • 324　억고인/이매창 • 327
억유녀 - 다산의 『유배지에서 보낸 편지』 중에서 • 330
동호범주 - 김홍도 도강도와 정초부 • 333
제행무상 - 이홍주 스님 소설 『하산(下山)』 이야기 • 335
아내와 어머니 - 신영복 『감옥으로부터의 사색』 중에서 • 339

2-2. 흐르는 역사 위에서 · 341

평양 회고/김우택 • 341　여수장우중문/을지문덕 ∨ 낙화암/홍춘경 • 343
임해전/김영조 • 344　개성 선죽교/김삿갓 • 345　종명시/전봉준 • 346
일편단심 변할 손가/이식 • 348　순명시/황현 • 349　절명시/강우규 • 350
신흥무관학교 교가 • 351　『아리랑』과 독립운동가 김 산 • 352
동방의 등불/타고르 • 356　나의 영원한 고향, 조선이여/한세광 • 358
조소앙 한시 • 362　카이로 회담과 백범 김구 • 363

2-3. 원류 한시 · 367

중국 역사 개관 • 367　해하가/항우 • 371　이백과 두보 • 372
소동파와 여동생 소소매 • 374　한시 번역에 대한 소회 • 376

3. 옛시조와 고전 한글 시 · 378

우탁/이색/정철/김육 • 379　이정보/정태화/박효관 • 380
묏버들가, 증별 - 홍랑과 최경창의 사랑 이야기 • 381　담헌 홍대용 • 384
내님인가/작자 미상 • 387

4. 유교문화와 한문 그리고 우리 고전과 한문 공정 · 388

유교문화 • 388　한문 • 391　우리 고전과 한문 공정 • 395

5. 새롭게 다가온 동요 · 401

반달/윤극영 • 403　오빠 생각/최순애, 박태준 • 404
따오기/한정동, 윤극영 • 405　기러기/윤석중, Foster • 406
형제 별/방정환, 정순철 • 407　나뭇잎 배/박홍근, 윤용하 • 410
고향 땅/윤석중, 한용희 • 411　가을밤/이태선, 박태준 • 412
꽃밭에서, 과꽃/어효선, 권길상 • 413　과수원길/박화목, 김공선 • 414
아빠와 크레파스 • 415

6. 나 혼자만의 다짐 · 416

내가 3일만 볼 수 있다면/Helen Keller • 417
카르페 디엠/Horatius • 421

시와 노래 다발을 묶고 나서 • 423

첫째 다발

또 읽어 보고 싶은 시

1. 동심의 세계로
2. 봄, 여름, 가을, 겨울
3. 사랑이 가져다준 것들
4. 그리운 사람
5. 사연을 간직한 시
6. 시대의 아픔을 간직한 시
7. 친구와 내가 쓴 시 그리고 나의 인연 이야기
8. 꽃, 바람, 비, 나무, 산
9. 이런 시도 있네요
10. 노벨문학상 수상과 이휘소 박사

1. 동심의 세계로

'시'라는 말을 들었을 때 맨 처음 떠오르는 단어가 무엇일까?

사랑? 이별? 그리움? --- 그것이 무엇이든 사람마다 저마다의 느낌으로 다가올 것이다. 작가가 피워 낸 한 송이 꽃을 수천 명이 보게 되면 각기 서로 다른 색깔과 모양을 하고 그들의 마음속에 수천 개의 꽃송이로 다시 피어나는 것이 아니겠는가.

그래서 시가 좋은 것 같다. 그런데 시를 읽다 보니 주제가 무척 다양하고 시 또한 너무 많았다. 할 수 없이 내게 어떤 감상(感想)을 자극하는 시들을 나름 주제별로 구분하여 묶게 되었다.

감상에 들어가기 전에 알려 드릴 게 있다. 여기에 실은 시의 저자에 대해서는 1) 출생과 사망 2) 등단 작품과 시기 3) 약력 및 작품 순으로 소개했다. 이 소개가 길거나 짧은 것은 시를 옮기고 나서 남은 공간에 써넣으려다 보니 그리되었다.

그리고 일부 작품에 대해서는 해설이나 나의 감상을 실었고 특히 사연을 간직한 시나 시대의 아픔을 노래한 시의 경우 작품과 저자에 얽힌 사연을 소개하고 필자의 소회도 적었음을 밝혀둔다.

그러면 여기 첫째 다발에 실은 시의 세계로 들어가 보기로 하는데 일단 동심의 세계에 빠져 보자. 소년, 소녀의 맘도 헤아려 보자.

엄마야 누나야
산 할아버지 / 소나기
소년 / 아프리카 어느 소녀의 시

엄마야 누나야

엄마야 누나야 강변 살자
뜰에는 반짝이는 금 모래 빛
뒷문 밖에는 갈잎의 노래
엄마야 누나야 강변 살자

🌱 김소월(1902.08.06.~1934.12.24.)

  1922년 1월 〈개벽〉지에 발표.
  한국인 귀화 시험에 '진달래꽃'의 지은이가 누구냐고 묻는 문제가 나온다고 한다. 민족시인, 한국 서정시의 원류로 불리우는 김소월을 그리고 그의 전 국민 애송시 1위 '진달래꽃'을 모르면 한국인이 아니라고 생각해서 그런가 보다.
  이 시인에게 붙여진 애칭은, 이외에도 노래로 불려진 시가 가장 많은 시인, 교과서에 맨 처음 시가 등재된 시인 등 많다. 1999년 한국예술평론가협의회에서 20세기를 빛낸 한국의 예술인으로 선정했다.

산 할아버지

산 할아버지 구름모자 썼네
나비같이 훨훨 날아서
살금살금 다가가서
구름모자 벗겨 오지

이놈하고 물벼락 내리시네
천둥처럼 고함을 치시네
너무 놀라 뒤로 자빠졌네
하하하하 웃으시네

웃음소리에 고개 들어보니
구름모자 어디로 갔나요
바람결에 날려 갔나요
뒷춤에 감추셨나요

산 할아버지 구름모자 썼네
나비같이 훨훨 날아서
살금살금 다가가서
공연히 혼줄만 났네

🌱 산울림(1977~2008)

 〈산울림〉은 김창완, 김창훈, 김창익 삼 형제가 결성한 록 밴드를 말하는데 이 동요는 1981에 발표했다. '아니 벌써', '나 어떡해' 등 수많은 히트곡을 낸 〈산울림〉은 일본에도 영향을 주었다고 한다.

소나기

1
맑은 가을 햇살이
하얀 돌자갈에 부신
개울가에서
처음 소녀를 만나던 날

징검다리를 건너다
그만 발을 헛딛고
말았습니다.

처음 당한 실수였습니다.

맑은 가을 햇살에 부신
돌자갈보다 하얀
소녀에게
부끄러운 일이었습니다만

다음 날은 그 소녀와
아주 친해졌습니다.

그다음 날은
벼 이삭이 따가운
벌 끝까지 갔다가

2
소나기를 만나고
되돌아왔습니다만

그날은 물이 불은 개울을
소녀마저도 업고
건넸습니다.

- 자랑스럽게

그런 일이 있은 다음
소녀는 개울가에
나타나지 않았습니다.

대추 열매가 물들고
호두알이 여물고
가을은 깊어 갔습니다만

나의 가슴만은
여위어 갔습니다.

그런 어느 날 마슬 갔다
돌아온 누이가

3
누가 죽었다는 것입니다.

- 소녀였습니다.

그 달음으로 개울가에
나왔습니다.

맑은 가을 햇살이
하얀 돌자갈에 부시고

맑은 가을 햇살이
하얀 돌자갈에 여전히 부시고
부신 돌자갈보다 하얀 소녀가

4
징검다리를 건너
이쪽으로 오는
중이었습니다만

이마가 쪼개지는
아픔 때문에
앞이 아찔해지더니

개울 전체가
돌자갈 소리를 내면서

하얗게
부서지는 것이었습니다.

🌱 설의웅(1936.10.29.~2015.10.08.)

    1972년 〈현대문학〉의 추천으로 등단.
    이 시인은 황순원의 단편소설 『소나기』를 이렇게 시로 표현했다.
    초등학교 교과서에 실린 '소나기'를 읽은 세대들은 한 폭의 수채화 같은 이 시를 읽다 보면 자신도 모르게 어린 시절의 추억 속에 푹 빠져있는 자신을 발견하게 될 것 같다.
    시집 『소나기』, 『두어 방울의 눈물』, 『새 지평』 등을 펴냈다.

소년

　여기저기서 단풍잎 같은 슬픈가을이 뚝뚝 떨어진다. 단풍잎 떨어져 나온 자리마다 봄을 마련해 두고 나무가지 우에 하늘이 펼쳐있다. 가만히 하늘을 들여다 보려면 눈섭에 파란 물감이 든다. 두 손으로 따뜻한 볼을 쓸어보면 손바닥에도 파란 물감이 묻어난다. 다시 손바닥을 들여다본다. 손금에는 맑은 강물이 흐르고, 맑은 강물이 흐르고, 강물 속에는 사랑처럼 슬픈 얼골 - 아름다운 순이의 얼골이 어린다. 소년은 황홀히 눈을 감어 본다. 그래도 맑은 강물은 흘러 사랑처럼 슬픈 얼골 - 아름다운 순이의 얼골은 어린다.

🌱 윤동주(1917.12.30.~1945.2.16)

　일제 강점기의 시인이자 독립운동가 윤동주에 대해 '60~'70년대식으로 표현하자면 이분을 모르면 간첩인데 간첩도 안다.
　본관은 파평(坡平), 아호는 해환(海煥)이다. 북간도 명동촌에서 태어났는데 문익환, 장준하 선생이 여기 소학교를 같이 다닌 친구다. 평양 숭실중학교와 서울 연희전문학교를 졸업하였다. 1942년 교토 도시샤 대학에 입학했는데 1943년 항일운동을 했다는 혐의로 일본 경찰에 체포되어 후쿠오카 형무소에 투옥된다. 내성적이고 여려 보이는 이미지와는 달리 일제 재판관 앞에서는 당당한 투사였다. 그의 판결문에는 민족의식을 고취하여 독립을 쟁취하기 위한 구체적인 운동 방침을 논의했다는 사실도 적시돼 있다.
　100여 편의 시를 남기고 27세에 옥중에서 요절한, 온 국민 애송시 '서시'처럼 살다간 그는 이육사와 더불어 민족시인으로 추앙받는다.

아프리카 어느 소녀의 시

태어날 때 내 피부는 검은색	When I born, I Black
자라서도 검은색	When I grow up, I Black
태양 아래 있어도 검은색	When I go in sun, I Black
무서울 때도 검은색	When I scared, I Black
아플 때도 검은색	When I sick, I Black
죽을 때도 나는 여전히 검은색	And When I die, I still Black
그런데 당신 백인은	And You, White fellow
태어날 때는 분홍색	When you born, You Pink
자라서는 흰색	When you grow up, You White
태양 아래 있으면 빨간색	When you in sun, You Red
추우면 파란색	When you cold, You Blue
무서울 때는 노란색	When you scared, You Yellow
아플 때는 녹색	When you sick, You Green
죽을 때는 회색이 되는데	And When you die, You Gray
백인은 나를 유색인종이라 불러	And You calling me Colored

🌱 아프리카 소녀가 썼다는 이 시는 UN이 선정한 최고의 시 중의 하나로 알려져 있다.

2. 봄 여름 가을 겨울

그대 앞에 봄이 있다
봄
4월의 노래
7월에는 오시겠지요
여름밤의 광란
가을의 노래
가을 노트
사람이 그리워야 사람이다
설야

그대 앞에 봄이 있다

우리 살아가는 일 속에
파도치는 날 바람 부는 날이
어디 한두 번이랴

그런 날은 조용히 닻을 내리고
오늘 일을 잠시라도
낮은 곳에 묻어 두어야 한다

우리 사랑하는 일 또한 그 같아서
파도치는 날 바람 부는 날은
높은 파도를 타지 않고
낮게 밀물져야 한다

사랑하는 이여
상처받지 않은 사랑이 어디 있으랴
추운 겨울 다 지내고
꽃필 차례가 바로 그대 앞에 있다

🌱 김종해(1941 ~)

  1963년 〈자유문학〉 신인상에 시 '저녁', 1965년 경향신문 신춘 문예에 시 '내란(內亂)' 당선으로 등단. 현대문학상, 한국문학 작가상 등을 수상했다. 1979년 출판사 〈문학세계사〉를 설립, 운영했다. 한국시인협회장을 역임한 문단 원로다.

봄

다시 그리움이 일어
봄바람이 새 꽃가지를 흔들 것이다.
흙바람이 일어 가슴의 큰 슬픔도
꽃잎처럼 바람에 묻힐 것이다.

진달래꽃 편지 무더기 써 갈긴
산언덕 너머
잊혀진 누군가의 돌 무덤가에도
이슬 맺힌 들메 꽃 한 송이 피어날 것이다.

웃통을 드러낸 아낙들이 강물에
머리를 감고
5월이면 머리에 꽃을 한 송이의
창포꽃을 생각할 것이다.

강물 새 섧게 드러난
징검다리를 밟고 언젠가 돌아온다는
임 생각이 깊어질 것이다.

보리꽃이 만발하고
마실 가는 가시내 들의 젖가슴 부풀어
이 땅 위에 그리움의 단내가 물결칠 것이다.

그러므로 우리의 곁을 떠나가 주렴
절망이여!

징검다리 선들선들 밟고 오는
봄바람 속에
오늘은 잊혀진 봄 슬픔 되살아 난다.

바지게 가득 떨어진 꽃잎 지고
쉬엄쉬엄 돌무덤을 넘는 봄

🌱 곽재구(1954.01.01.~)

 1981년 〈중앙일보〉 신춘 문예에 '사평역에서' 당선으로 등단.
 순천대학교 교수를 역임했다. 현재는(2024) 순천문화재단의 〈곽재구 창작의 집〉을 운영 중이다. 동서문학상, 대한민국 문화예술상을 수상했다. 시집 『사평역에서』, 『전장포 아리랑』, 『서울 세노야』, 동화집 『아기 참새 찌구』 등을 출간했고, 2023년에는 동시집 『공부는 못했지?』를 펴냈다.

 봄이 저만치 오게 되면 꽃샘추위가 아무리 시샘을 부려도 겨우내 언 땅이 다시 녹고, 녹은 땅 위로 새싹들이 자라난다. 이렇게 하여 계절의 여왕 5월이 되면 온 산이 푸르름으로 새 단장을 하고, 새들이 노래 부르고, 꽃들은 활짝 피어 마음껏 교태를 부린다.
 봄의 교향악이 울려 퍼지는 봄은 생명이 분출하는 계절이다. 사랑이 샘솟는 절기이다. 그런데 왜 이런 봄을 노래하는 이 시를 읽으면 읽을수록 점점 더 슬퍼지는지 모르겠다.

4월의 노래

1
목련꽃 그늘 아래서
베르테르의 편질 읽노라
구름꽃 피는 언덕에서
피리를 부노라
아 멀리 떠나와
이름 없는 항구에서
배를 타노라

2
목련꽃 그늘 아래서
긴 사연의 편질 쓰노라
클로버 피는 언덕에서
휘파람 부노라
아 멀리 떠나와
깊은 산골 나무 아래서
별을 보노라

(후렴)
돌아온 사월은
생명의 등불을 밝혀 든다
빛나는 꿈의 계절아
눈물 어린 무지개 계절아

🌱 박목월(1915.1.6.~1978.3.24.)

조지훈, 박두진과 함께 〈청록파〉로 불리 운 이분은 서정적이고 향토색 짙은 작품을 많이 낸 작가이다. 작품이 교과서에도 실려 황혼에 서 있는 분들에게는 친숙한 작가 이름이다. 중학교 음악 시간에 이 노래를 열심히 배우면서 베르테르가 무슨 편지를 썼는지 궁금해했던 기억이 새롭다. 국어시험에 대비하여 내용도 모르면서 청록파의 작품 이름을 열심히 외우던 기억도 난다.

7월에는 오시겠지요

보라색 꽃창포가 아직 있는 7월에는 오시겠지요.
맨드라미까지 담을 넘어 기웃거리고
채송화는 나부시 꽃단장에 한창입니다.
밤새 비에 깨끗이 씻긴 하늘길 열고는
저기 저 문으로
하얀 창포를 입고 웃으면서 오시겠지요?

그날이 되면
내 바램이 살 겨운 손길에 미소가 되고
내 믿음이 정겨운 목소리에 노래가 되는 날
세상이 시샘하여 분꽃씨 같이 까맣게 된 가슴이라도
당신께 드릴 순백함은 꼭꼭 간직하고서
기다리며 보고픔으로 이렇게 길가에 나와 있습니다.

보라색 꽃창포가 아직 있는 7월에는 오시겠지요.
시원한 바람이 발걸음 소리를 들고 오면
나는 하늘에다 가득하게 분홍 분꽃으로 피우렵니다.

🌱 오광수(1938~)

  1986년 동인지 〈대중시〉로 등단. 2018년 〈시인동네〉 발굴 시인으로 소개되기도 했다. 오랫동안 경향신문 기자로 활동했다. 시집 『내가 당신에게 행복이길』, 에세이집 『가수 이야기』, 『낭만광대 전성시대』, 시 해설집 『시는 아름답다』를 출간했다.

여름밤의 광란

태풍과 비바람 몰아치면
고목은 젊은 날 생각할 틈 없이
옆으로 누워 푸른 바다
보고 싶어 한다

분노처럼 검은 구름
통째 찢겨지고
텅 빈 모래사장에 나는
마음 낮추고 싶어 한다

잔잔한 파도 기다리며
취한 몸부림,
비바람 되어 태풍 되어

광풍처럼 달려
가보고 싶은
모래사장의 꿈

태양은 어느 곳을 비추고
있는지 아쉬운 소리

얼마쯤 기다리면
파도 잔잔해질 수 있을까
봄과 가을 사이 꽉 죄여 있어
여름날 밤 그 꿈은
나의 마음이었네.

🌱 김종석

   2014년 『시현실』 여름호로 등단.
   1977년 캐나다로 이민, 2013년 현지 〈한국일보〉 신춘 문예 시 부분에 입상했다. 미주 크리스천 문학 입상, 해외 문학상을 수상했다.
   캐나다 한인 문인협회, 기독교 문인협회, 해외 문인협회 회원으로 활동 중이다. 시집 『나는 내 소리를 읽었네』, 『장미의 외출』, 『비 내리면 슬픈 날 바람 불면 아픈 날』을 출간했다.
   시집 『행복하지 말고, 불행하지 말고, 웃으라고』(2021)를 펴내면서 본인이 글을 쓰기 시작한 '계기는 견딜 수 없는 고통에서 벗어나고자 하는 분투'였다고 고백했다. 문인협회 동료들은 그의 시를 '종이에 그려지는 바탕색과 같다'는 평을 남겼다.

가을의 노래

어디론가 떠나고 싶어지면 가을이다
떠나지는 않아도
황혼마다 돌아오면 가을이다

사람이 보고 싶어지면 가을이다

편지를 부치러 나갔다가
집에 돌아와 보니
주머니에 그대로 있으면 가을이다

가을에는 마음이 거울처럼 맑아지고
그 맑은 마음결에
오직 한 사람의 이름을 떠 보낸다

주여! 라고 하지 않아도
가을엔 생각이 깊어 진다

한 마리의 벌레 울음소리에
세상의 모든 귀가 열리고
잊혀진 일들은
한 잎 낙엽에 더 깊이 잊혀진다

누구나 지혜의 걸인이 되어
경험의 문을 두드리면
외로움이 얼굴을 내밀고
삶은 그렇게 아픈 거라 말한다

그래서 가을이다

산자의 눈에
이윽고 들어서는 죽음
사자(死者)들의 말은 모두 시가 되고
멀리 있는 것들도
시간 속에 다시 제자리를 잡는다

가을이다!
가을은
가을이란 말 속에 있다

🌱 김대규(1942.4.22.~2018.3.24.)

    1960년 시집 『영(靈)의 유형(流刑)』으로 등단. 안양여고 교사, 한국문인협회 경기도 지회장, 안양대학교 교수 등을 역임했다. 경기도 문학상, 편운문학상, 한국시인 정신상 등을 수상했다. 시집 『흙의 사상』, 『하느님 출석부』, 『가을 소작인』, 산문집 『사랑과 인생의 아포리즘 999』 등을 출간했다.

    가을은 누런 들판이 연상되는 풍요의 계절, 찬바람에 낙엽이 우수수, 떨어지는 쓸쓸함의 계절, 사색의 계절, 고독의 계절이기도 하다.

가을 노트

그대 떠나간 후
나의 가을은
조금만 건들어도
우수수 몸을 떨었다

못다한 말
못다한 노래
까아만 씨앗으로 가슴에 담고
우리의 사랑이 지고 있었으므로

머잖아
한잎 두잎 아픔은 사라지고
기억만 남아
벼 베고 난 빈 들녘
고즈넉한
볏단처럼 놓이리라

사랑한다는 것은
조용히 물이 드는 것
아무에게도 말 못하고
홀로 찬바람에 흔들리는 것이지

그리고 이 세상 끝날 때
가장 깊은 살 속에
담아 가는 것이지.

그대 떠나간 후
나의 가을은
조금만 건드려도
우수수 옷을 벗었다.
슬프고 앙상한 뼈만 남았다

🌱 문정희(1947.5.25.~)

    1969년 〈월간문학〉에 시 '불면', '하늘' 신인상으로 등단.

    동국대, 고려대, 서울 여대 교수, 제40대 한국시인협회 회장을 역임한 문학계의 원로이다. 현재(2024)는 국립한국문학관 관장으로 재직 중이다. 시집 『새떼』, 『혼자 무너지는 종소리』, 『찔레』, 『하늘보다 먼 곳에 매인 그네』, 『아우내의 새』, 『남자를 위하여』, 『별이 뜨면 슬픔도 향기롭다』 등을 출간했다.

    현대문학상, 소월시문학상, 정지용문학상 등을 수상했으며, 마케도니아 테토보 세계문학 포럼에서 올해의 시인상, 스웨덴 하뤼 마르틴손 재단이 수여하는 시카다(Cikada)상 등을 수상했다.

사람이 그리워야 사람이다

기온이 영하로 떨어지니
따뜻한 것이 그립다

따뜻한 커피
따뜻한 창가
따뜻한 국물
따뜻한 사람이 그립다

내가 세상에 태어나
조금이라도 잘하는 것이 있다면
그리워하는 일일 게다

어려서는 어른이 그립고
나이 드니 젊은 날이 그립다

여름이면 흰 눈이 그립고
겨울이면 푸른 바다가 그립다

헤어지면 만나고 싶어 그립고
만나면 혼자 있고 싶어 그립다

돈도 그립고 사랑도 그립고
어머니도 그립고
아들도 그립고
네가 그립고 또 내가 그립다

살아오면서
많은 사람을 만나고 헤어졌다
어떤 사람은 따뜻했고
어떤 사람은 차가웠다

어떤 사람은 만나기 싫었고
어떤 사람은 헤어지기 싫었다

어떤 사람은 그리웠고
어떤 사람은 생각하기도 싫었다

누군가에게 그리운 사람이 되자
사람이 그리워야 사람이다
사람이 그리워해야 사람이다

🌱 양광모(1963.6.28. ~)

　경희대 국문과 졸업 후 SK텔레콤 노동조합 위원장, 도서 출판〈목비〉, 블루웨일 대표, 한국기업교육협회 회장, 청경 장학회장 등을 역임했다. 시집『한 번은 詩처럼 살아야 한다』,『사람이 그리워야 사람이다』,『가슴에 강물처럼 흐르는 것들이있다』,『네가 보고 싶어 눈송이처럼 나는 울었다』 등을 출간했다.

설야(雪夜)

어느 머언 곳의 그리운 소식이기에
이 한밤 소리 없이 흩날리느뇨.

처마 끝에 호롱불 여위어 가며
서글픈 옛 자취인 양 흰 눈이 내려

하이얀 입김 절로 가슴이 메어
마음 허공에 등불을 켜고
내 홀로 밤 깊어 뜰에 내리면

머언 곳에 여인의 옷 벗는 소리

희미한 눈발
이는 어느 잃어진 추억의 조각이기에
싸늘한 추회(追悔) 이리 가쁘게 설레이느뇨.

한 줄기 빛도 향기도 없이
호올로 차단한 의상(衣裳)을 하고
흰 눈은 내려 내려서 쌓여
내 슬픔 그 위에 고이 서리다.

🌱 김광균(1914.1.19.~1993.11.23.)

　　1938년 〈조선일보〉 신춘 문예 당선작. 정지용, 김기림 등과 함께 한국 모더니즘을 선도한 시인

3. 사랑이 가져다준 것들

해바라기 연가
낙화, 강가에서
사랑의 우화
첫사랑 그 사람은
무제

해바라기 연가

내 생애가 한 번뿐이듯
나의 사랑도
하나입니다.

나의 임금이여
폭포처럼 쏟아져 오는 그리움에
목메어
죽을 것만 같은 열병을 앓습니다.

당신 아닌 누구도
치유할 수 없는,
내 불치병은
사랑

이 가슴안에서
올올이 뽑은 고운 실로
당신의 비단옷을 짜겠습니다.

빛나는 얼굴 눈부시어
고개 숙이면
속으로 타서 익는 까만 꽃씨
당신께 바치는 나의 언어들

이미 하나인 우리가
더욱 하나 될 날을
확인하고 싶습니다.

나의 임금이여
드릴 것은 상처뿐이어도
어둠에 숨지지 않고
섬겨 살기 원이 옵니다.

🌱 수녀 이해인(1945.06.07.~)

이 시는 1976년 발간한 시집 『민들레 영토』에 수록되어 있다.
시 '말의 빛'은 초등학교 5학년 교과서에 실렸다. 부산 카톨릭대 교수를 역임했으며 2007년 천상병 시문학상, 2023년 카톨릭문학 본상을 수상했다. 시집 『내 영혼에 불을 놓아』, 『엄마와 분꽃』, 『작은 기도』, 『꽃잎 한 장처럼』, 2023년에는 『인생의 열 가지 생각』 등을, 산문집 『두레박』, 『사랑할 땐 별이 되고』, 『풀꽃 단상』 등을 출간했다. 번역서로는 『마더 테레사의 아름다운 선물』, 『마지막 선물』 등이 있다.

이 시에서 작가의 신분 때문에 임금이 절대자임을 유추해 볼 수 있지만 시를 읽다 보니 이 시가 수녀가 되기 전에 한 남자를 사랑하여 그 남자에게 바친 시가 아니었을까? 하는 생각이 든다.

낙화

가야 할 때가 언제인가를
분명히 알고 가는 이의
뒷모습은 얼마나 아름다운가.

봄 한철 격정을 인내한
나의 사랑은 지고 있다.

분분한 낙화 …
결별이 이룩하는 축복에 싸여
지금은 가야 할 때,

무성한 녹음과 그리고
머지않아 열매 맺는
가을을 향하여
나의 청춘은 꽃답게 죽는다.

헤어지자.
섬세한 손길을 흔들며
하롱하롱 꽃잎이 지는 어느 날

나의 사랑, 나의 결별
샘터에 물 고이듯 성숙하는
내 영혼의 슬픈 눈.

이형기(1933.1.6.~2005.2.2.)

고교 재학 중(17세)인 1950년 〈문예〉에 '비', '강가에서' 등이 추천되어 한국 문단계의 '최연소 등단 시인'으로 기록된다.

동양 통신, 서울신문 기자, 부산산업대 교수, 동국대학교 교수, 한국시인협회 회장 등을 역임했다.

서울 사랑 시민상 문학 부문 수상했고 은광 문화훈장을 받았다.

시집 『해 넘어가기 전의 기도』, 『돌베개의 시』, 『꿈꾸는 한발』 등을 출간했고 수필집 『시와 언어』 등 그리고 시선집 『별이 물 되어 흐르고』 등의 작품을 발표했다.

그가 어릴 때 썼다는 아래 시도 감상해 보자.

강가에서

물을 따라
자꾸 흐를라 치면

네가 사는 바다 밑에
이르리라고

풀잎 따서
작은 그리움 하나

편지하듯 이렇게
띄워 본다

사랑의 수화

내 사랑은 소나기였으나
당신의 사랑은 가랑비였습니다

내 사랑은 폭풍이었으나
당신의 사랑은 산들바람이었습니다

그땐 몰랐었지요
한때의 소나긴 피하면 되나
가랑비는 피할 수 없음을

한때의 폭풍 비야 비켜 가면 그뿐
산들바람은 비켜갈 수 없음을

🌱 이정하(1962~)

　　1987년 〈대전일보〉와 〈경남신문〉 신춘 문예 당선으로 등단.
　　시집 『너는 눈부시지만 나는 눈물겹다』, 『그대 굳이 사랑하지 않아도 좋다』, 『한 사람을 사랑했네』, 『혼자 사랑한다는 것은』, 산문집 『우리 사는 동안에』, 『소망은 내 지친 등을 떠미네』, 『돌아가고 싶은 날들의 풍경』, 『너는 물처럼 내게 밀려오라』 등을 출간했다.
　　『나비 지뢰』, 『아이돌을 키워 보겠습니다』 등의 장편소설도 발표했다. 이 시인의 시는 사랑 때문에 가슴 아파 우는 이를 또 울린다.
　　사랑에 대한 감성이 천부적이라는 것이 동료 작가들의 평이다.

첫사랑 그 사람은

첫사랑 그 사람은
입 맞춘 다음엔
고개를 못 들었네.
나도 딴 곳으로 보고 있었네.

비단 올 머리칼
하늘 속에 살랑살랑
햇미역 냄새를 흘리고,
그 냄새 어느덧
마음 아파라.
내 손에도 묻어 있었네.

오, 부끄러움이여, 몸부림이여,
골짜기에서 흘려보내는
실개천을 보아라.
물비늘 쓴 채 물살은 울고 있고,
우는 물살 따라
달빛도 포개어진 채 울고 있었네.

🌱 박재삼(1933.4.10.~1997.6.8.)

    1955년 〈문예〉지 11월 호에 시조 '강물에서'로 등단. 한국시인협회 등에서 활동한 문단 원로로 한과 슬픔의 정서가 깔린 작품이 많다. 평화문학상 등을 수상했다.
    『추억에서』, 『춘향이 마음』, 『가을 바다』 등을 출간했다.

무게

부끄런 앞가슴 풀어 헤치고
여린 속살을 헤집어

가느다란 혈맥 속으로
파고드는
참으로 아치라운 것이다.

가을비에 젖어
저만치 홀로 피어 있는
들꽃을 꺾는 모진 짓이다.

끝을 모르는 심연을
허우적거리는
서투른 몸놀림이다.

뭔가를 찾으려는
회한의 숨 가쁜 설레임이다.

🌱 박강석(1952~)

4. 그리운 사람

어머니
아버지
부모
천생연분
나무의 주름살
할머니의 편지

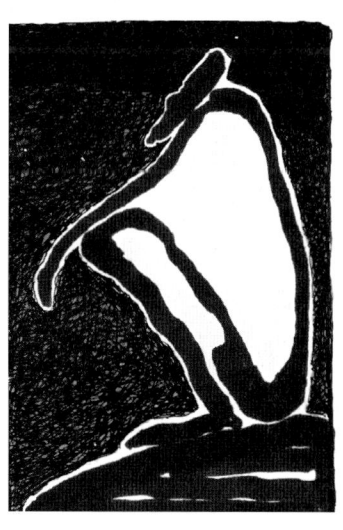

어머니

알곡이 가득 찬 너른 벌판에서
당신을 만나는 미어지는 아픔
밥 먹었냐?
억새 끝에 걸린 당신의 말 한마디

주다가 주다가 주기만 하다가
결국 텅 빈 채로 놓고 간 마음
당신의 외로움 채워 주지 못한
내 가난했던 마음
그리움은 나무 끝 하늘가에 머문다.

여기선 마음껏 먹어도 좋아
여기선 마음 놓고 웃어도 좋아
당신의 너르기만 한 가슴은 아직도 가까이 있는데

밥 먹었냐?
목메인 그 한마디
그리운 그 한마디

줄 곳 없는 마음 울음을 삼키다 삼키다
돌아오는 차 속에서 멀미를 한다.

🌱 김인숙(1950~)

2012년 〈문학예술〉 시 부문 신인상 수상으로 등단.

화순 도곡중학교 교장을 끝으로 평생 몸담아온 교직에서 은퇴했다. 광주문인협회, 서은문학회 회원으로 활동하면서 '봄은 그렇게', '시를 만난 후', '10년 되는 날', '금성을 떠나오며', '등촌의 하루', '지리산 문수리' 등의 작품을 발표했다. 시집 『추억이 꽃무늬를 그릴 때』(공저) 등을 출간했다.

소위 조국 근대화 시대를 살았던 세대에게는 '어머니'는 떠올리기만 해도 가슴 뭉클한, 소회가 남다른 단어일 것이다. 물론 어머니에 대한 애틋한 감정은 누구나 다 가지고 있겠지만 어머니에 대한 정서가 풍요의 시대를 향유한 세대와는 다를 것 같아 하는 소리다.

이 시인도 어머니 산소를 다녀오면서 사무치게 그리운 어머니를 회상하고 있다.

아버지

한 걸음도 다가설 수 없었던
내 마음을 알아주기를
얼마나 바라고 바래왔는지
눈물이 말해 준다

(점점 멀어져 가버린 쓸쓸했던 뒷모습에
내 가슴이 다시 아파 온다

서로 사랑을 하고 서로 미워도 하고
누구보다 아껴주던 그대가 보고 싶다
가까이에 있어도 다가서지 못했던
그래 내가 미워했었다)

제발 내 얘길 들어 주세요 시간이 필요 해요

서로 사랑을 하고 서로 미워도 하고
누구보다 아껴주던 그대가 보고 싶다
가슴속 깊은 곳에 담아두기만 했던
그래 내가 사랑했었다

긴 시간이 지나도 말하지 못했었던
그래 내가 사랑했었다

🌱 인순이(1957.4.5.~)

    가수 인순이는 어느 정도 연배가 있으신 분들에게는 각별히 다가오는 가수다. 2009년에 '아버지'를 부른 이 가수는 흑인 주한미군 아버지와 한국 어머니 사이에 태어난 혼혈아다.

    많은 경우 아버지는 본국으로 귀대할 때가 되면 처자식을 버리고 가든지, 같이 미국으로 돌아가서 이혼하게 된다. 이런 경우 예외가 없다시피 자식은 한국 어머니가 홀로 키운다. 전자의 경우 '인순이'가 후자의 경우 미식축구의 수퍼스타 '하인스 워드'가 대표적인 케이스다. 그나마 이렇게 나름 성공한 분들은 좀 더 나은 편이라 할 수 있지만 대부분 가난과 주변의 냉대와 멸시로 필설로는 말할 수 없을 만큼 심한 고통 속에 살아가게 된다. 지금이야 국제화, 세계와 시대가 되어 많이 나아졌으나 이분이 태어난 시기는 1960년대다.

    태어나고 얼마 안 되어 아버지가 미국으로 가버렸고 12살에 편지 몇 번 교환한 것이 전부다. 어머니는 친정으로부터 철저히 외면당했고 2005년 9월 74세를 일기로 세상을 떠나자 40년 만에 외가 친척을 장례식장에서 볼 수 있었다고 한다.

    인순이는 철저한 차별과 냉대 속에서 성장했다. '밤이면 밤마다', '거위의 꿈' 등 많은 히트곡을 내어 대중의 사랑을 받게 된 것은 그나마 다행한 일이다. 정말 우리의 인종 차별은 용서를 빌고 속죄해야 할 너무나 잘못된 사회심리다. 노래 '아버지'는 가사도 그렇지만 음색은 아버지에 대한 원망과 인순이의 모친과 함께 혼혈아로 살아온 가수 자신의 아픈 삶을 울면서 얘기하는 것처럼 들린다. 이 노래를 듣다 보면 가슴 한구석이 아려오는 것이 견디기 어렵게 만든다.

부모

낙엽이 우수수 떨어질 때
겨울의 기나긴 밤
어머님하고 둘이 앉아
옛이야기 들어라
나는 어쩌면 생겨 나와
이 이야기 듣는가
묻지도 말아라
내일 날에
내가 부모 되어서 알아보리라

🌱 작시 : 김소월(1902~1934), 작곡 : 서영은(1927~1989),
　노래 : 유주용(1939~)

　1968년에 발표된 이 노래는 크게 유행하여 모든 세대의 애창곡이었던 것 같은데 그중에서도 소위 국제시장을 전후한 세대들에게는 '부모'라는 단어 자체가 남다른 의미로 다가온다.
　이 세대들이 '초'든 '중'이든 '고'든 동창 몇 명이 모여서 술을 마시면 거의 어김없이 나타나는 상황이 있다. 막걸리 잔을 비우거나 소주잔을 돌리면서 분위가 무르익으면 거나하게 취한 어느 한 친구가 '부모'를 부른다. 그러면 모두 콧잔등이 시큰해지고 눈시울이 붉어지면서 너나없이 함께 따라 부른다. 이 노래가 끝나면 자동으로 누군가가 '젓가락으로 반주를 맞추면서,' 불러 봐도 울어 봐도 못 오실 어머님을, 원통해 불러 보고 ~' 이렇게 시작한다.

모두 목이 메어 합창하다가 결국 노래 제목 그대로 불효자들은 운다. 여기서 끝나는 게 아니다. 이 노래가 끝나면 노래 좀 안다는 친구가 인순이의 '아버지'를 부른다. 이 노래까지는 잘 몰라 분위기는 경청 모드로 전환되는데 노래가 아예 말을 못 하게 만들어 버린다.

당시 우리나라 전체 세대 중 '국제시장 세대'는 몇 세대나 되었을까? 이미 자신들이 다 고령이 되었고 부모 중 한 분이라도 살아계신다면 90이 넘으셨을 것인데 이분들은 세대수만큼 많은 각자 자신만이 간직한 부모님에 대한 애절한 사연이 있을 터다. 특히 어머니는 단어만 떠올려도 울컥하여 누가 볼세라 고개를 돌릴 것이다.

"강석아! 너는 부모님 다 살아계시냐?"

그때가 50대쯤이었을까? 친구가 위와 같이 물었다. 나는 대답했다.
"왜? 아버님은 일찍 돌아가셨고 어머니만 살아계셔"
"그래? 가족은 몇 남매냐?"
"응! 4남 2녀인데 내가 둘째야."
"그래? 나와 비슷하구나. 그런데 말이야, 이런 말 물어보기가 참 그렇다만 너희는 어머님을 누가 모시냐?"
친구 이야기를 종합하면 자기도 6남매인데 어머니는 돌아가시고 아버님만 살아계시는데 아버님 모시는 문제로 남매간에 불화가 많다는 것이다. 누가 크게 경제적으로 성공한 친구는 없고 모두 고만고만 평범하게 살아가는데 자신이 장남으로 아버님을 모셔야 하는데 그럴 형편이 안 되다 보니까 이런 일이 생겼다는 것이다.
친구 이야기는 당시 팍팍한 우리네 삶에 적지 않은 집안에서 다 안고 있는 결코 풀기가 쉽지 않은 문제였다고 할 수 있다. 문제는 이것뿐만이 아니다. 그때만 해도 설이나 추석이 되면 귀향 교통 체증으로 온 나라가 들썩이었다. 이렇게 힘들게 고향에 내려가 오랜만에 부모·형제를 다 만나고 친지들을 만나 행복한 명절을 보낸다는 방송이나 TV를 보게 되는데 꼭 그런 것만은 아니다. 풀지 못한 오랜 갈등으로 크고 작은 다툼이 일어나는 경우가 적지 않다.

어느 해인가는 시골에서 논 팔고 선산도 팔아 장남만 대학까지 보내놓았더니 부모도 모시지 않고 서울서 자기들끼리만 잘 산다고, 자신들은 형 때문에 대학도 못 가 배운 것도 없고 가진 것도 없이 이렇게 촌놈으로 살아간다고 명절날 내려온 형과 동생들이 다투는 이야기를 소재로 한 단편소설이 신춘 문예에 당선된 적도 있다.

시골에서는 이렇지만 도시에서도 그 나름대로 아픈 사연들이 다 있다. 하여튼 나는 친구 이야기를 다 듣고 나서 어머니를 내 막내 여동생이 모시고 있는데 아들놈이 4명이나 되는데 다 소용없네, 그러면서 얼버무려 버렸다. 더 이상 얘기를 할 수가 없었다.

부모 관련 얘기를 하다 보니 이 노래 이야기를 이제야 한다. 나는 '부모' 노래를 여가수가 부른 것으로 알고 다정한 모녀가 대화를 나누는 장면을 떠올리곤 했는데 이제 보니 남자가수가 부른 노래다.
   이 노래 가사가 김소월의 시였다는 것도 이번에야 알았다. 그래서 노래로 더 알려졌지만, 부모에 관한 시가 있는 여기에 실었다.

천생연분

아버진 엄마보고
예펜네란다
우리 예펜네, 저 예펜네
저 주책없는 예펜네
절대로 마누라가 아니다

울 엄마 아버지보고
웬수란다
저 웬수 술주정뱅이
저놈의 웬수
단 한 번도 당신이 아니다

웬수와 예펜네가 단칸방에서
새끼를 다섯이나 낳고
한평생을 같이 살았다

난 이제야 깨닫는다
웬수와 예펜네는
전생에 인연으로 맺어진
천생연분이란 것을!

🌱 최명자(1957~)

나무의 주름살

상수리나무는 자글자글 주름이 많다
우여곡절이 나무의 나이테를 만들고
계절을 돌본 고생이 만든
몽고주름 눈두덩이는 다 슬하를 돌보는 힘이라고
가을이 되면 툭툭 잘 익은 잔소리를 떨군다
그런 상수리나무의 잔소리를 듣고
꼬리가 예쁜 숲은 겨울의 식량을 저장하고
잡식의 우거진 털은 제 몸에다
탐식의 두께를 더한다

들을 준비만 되어 있다면
숲의 주름살이 바뀌는 소리를 들을 수 있다
귀를 열고 상수리나무의 한 그루를 듣고 온 날
거울을 보았다
거울 속엔 상수리나무의 동년배쯤 되는
주름 많은 얼굴이 물끄러미 내다보고 있었다
그 주름 속엔 몇 명의 자식들과
뭉툭한 옹이 같은 옛날 말들이 들어 있다
휩쓸리지 않고 열매를 키워 내는
나무는 없을 것이므로 푸른 이파리
다 떨어진 뒤의 나뭇가지들 같은 주름은
촘촘하게 얽힌 바람의 흔적이다

연두색 햇순이 오르며 크는 가지들의 성장과
휘어지고 꺾어진 가지의 낙하가
반가움과 수심으로 틈을 채우는 중이다
주름은 세월을 가로 세로로 촘촘히 접고 있다
웃음 반, 울음 반에 섞여 접힌 흔적의 주름
표정을 잘 살피면 슬픈 일과 즐거웠던 날의
비례를 읽을 수 있다
이리저리 바람에 휩쓸리는 나무들
알고 보면 웃는 중일 테고
또 우는 중일 것이다

🌱 김화연(1953.~), 본명 김정희

  2015년 계간지 〈시현실〉로 등단. 한국시인협회 회원. 닻 문학 회원, 전남여고 문인회 회원. 단국대 평생교육원 외래교수를 역임했다. 2022년 '물의 옹이' 등 7편과 2023년 '테두리에 관하여' 등 7편이 한국문화예술위원회 발표 지원금 수혜 작으로 선정되었다. 브런치 작가로 활동, 2023년 최충 문학상, 2024년 여수 해양문학상을 수상했다. 시집 『내일은 나하고 놀래』, 『소낙비』, 『단추들의 체온』 등을 출간했다.

  이 시인은 '섬세한 언어의 감각성으로 삶의 심연을 울리는, 평범한 일상에서도 인생론적 진실을 발견해 내는 작가'로 알려져 있다.

  부모가 자기 자신을 얘기하고 있는 이 시를 읽다가 나의 자화상을 보고 있는 듯한 느낌이 들었다. 어느새 노부모가 되어 버린 나 자신을 돌아보면서 이런저런 상념에 빠져들었다.

할머니의 편지

느그들 보고 싶어 멧 자 적는다.
추위에 별일 없드냐

내사 방 따스고
밥 잘 묵으이 걱정 없다.

건넌 말 작은 할배 제사가
멀지 않았다.

잊아뿌지 마라.
몸들 성커라.

돈 멧 닢 보낸다.
공책 사라.

🌱 이동진(1945~)

　박두진 시인의 추천으로 월간 〈현대문학〉으로 등단. 외교관. 나이지리아 대사를 역임. 대학 졸업 직후 극단 〈상설무대〉를 창설하여 '금관의 예수', '누더기 예수', '독신자 아파트' 등을 무대에 올렸다. 시집 『韓의 숲』, 『내 영혼의 노래』, 번역서 『장미의 이름으로』, 『걸리버 여행기』, 『천로역정』, 『링컨의 일생』, 『아우렐리우스 명상록』, 등을 출간했다. 한국외교협회, 한국시인협회, 한국소설가협회 등의 회원으로 활동하고 있다.

5. 사연을 간직한 시

전라도길
겨울밤
귀천
별 볼 일 없는 나는
죽음이 마지막 말이 아니다
박완서 작가의 일기 중에서

전라도길
- 소록도로 가는 길에 -

가도 가도 붉은 황톳길
숨막히는 더위뿐이더라.

낯선 친구 만나면
우리들 문둥이끼리 반갑다.

천안 삼거리를 지나도
쑤세미 같은 해는 서산에 남는데.

가도 가도 붉은 황톳길
숨막히는 더위 속으로 쩔름거리며
가는 길……

신을 벗으면
버드나무 밑에서 지까다비를 벗으면
발가락이 또 한 개 없다.

앞으로 남은 두 개의 발가락이
잘릴 때까지
가도 가도 천리. 먼 전라도길.

🌱 한하운(1920~1975)

이 시인의 시집 〈보리피리〉 첫 장에는 이 말만 쓰여 있다.
"나는 문둥이다. 이 말에 아무렇지도 않다.
 슬프지도 부끄럽지도 않다.---"

어렸을 때 아버지께 들은 얘기다. 이 시인의 시가 동아일보에 당선되고 나서 나병환자인 것을 알았을 때 거짓인 줄 알고 신문사에서 불러서 앉은 그 자리에서 직접 시를 써보라고 했다고 한다. 이때는 아직 알려지지 않아 주옥같은 이분의 시들이 '생명을 부르는 영혼의 노래'라고 일컬어지기 전이다.

이 시인이 천형(天刑)을 안고 떠난 유형의 길이 전라도 땅끝 소록도다. 다산 정약용, 다산의 형 정약전, 송강가사의 정철, 고산 윤선도 이분들도 모두 전라도로 귀양살이를 떠났다. 조선 시대에는 오지(奧地)로 유배를 보냈다는데 남쪽 끝이 대표적인 오지였나 보다.

전남과 경계선에 있는 경남의 남해도도 서포 김만중, 자암 김구, 이이명, 남구만 등이 유배된 곳이다. 제주도에는 김정희, 송시열 등이 유배되었다. 가장 험한 유배지는 개마고원의 중앙에 있는 함경도의 삼수군과 갑산군이었다고 한다. '삼수갑산(三水甲山)'이 여기서 유래했다는 것을 당연히 알겠다.

그러니까 "내가 삼수갑산을 가는 한이 있더라도 ~"라는 말은
"내가 매우 힘들고 험난한 곳으로 가게 되더라도~" 또는 "내가 필설로는 다 표현할 수 없는 어려운 지경에 처하게 되더라도 ~"라는 의미로 이해하면 될 것 같다.

겨울밤

우리는 협동조합 방앗간 뒷방에 모여
묵내기 화투를 치고
내일은 장날. 장꾼들은 왁자지껄
주막집 뜰에서 눈을 턴다.
들과 산은 온통 새하얗구나. 눈은
펑펑 쏟아지는데
쌀값 비료 값 얘기가 나오고
선생이 된 면장 딸 얘기가 나오고,
서울로 식모살이 간 분이는
아기를 뱄다더라. 어떡할거나
술에라도 취해 볼거나. 술집 색시
싸구려 분 냄새라도 맡아 볼거나
우리의 슬픔을 아는 것은 우리뿐.
올해에는 닭이라도 쳐 볼거나
겨울밤은 길어 묵을 먹고.
술을 마시고 물세 시비를 하고
색시 젓갈 장단에 유행가를 부르고
이발소 집 신랑을 다루러
보리밭을 질러가면 세상은
온통 하얗구나. 눈이여 쌓여
지붕을 덮어 다오. 우리를 파묻어 다오.
오종대 뒤에 치마를 둘러쓰고

숨은 저 계집애들한테
연애편지라도 띄워 볼거나. 우리의
괴로움을 아는 것은 우리뿐.
올해에는 돼지라도 먹여 볼거나.

🌱 신경림(1936.04.06.~)

    1955년에 등단. 동국대학교 석좌교수 등을 역임한 이 시인은 이 시가 실린 시집 『농무』로 1973년 만해문학상을 수상했다.
    1981년에는 한국문학 작가상을 수상한 문단의 원로로 천상병, 감관식, 조태일, 황석영 등과는 친분이 두터웠다고 한다.
    이늘은 알아주는 수당으로 함께 지내면서 많은 일화나 에피소드를 만들어 내는데 『못난 놈들은 서로 얼굴만 봐도 흥겹다』라는 재미있는 수필집을 내기도 했다. 이분의 작품 중 '농무', '가난한 사랑의 노래', '목계장터' 등이 중·고등학교 교과서에 실렸다.

    소설가 이호철은 시 감상 소감을 이렇게 밝혔다.
    "이 시인의 시를 대하면 아득하게 잊어버렸던 고향을 생생하게 되살아나게 하고 고향 사람들의 얼굴이 가까이 보이곤 한다."

    이 시의 시대적 배경이 된 1960년대를 생각하면서 희망은 있기나 한 건지 암울한 농촌 마을을 그냥 쳐다만 보고 있는 심정이었다.

귀천

나 하늘로 돌아가리라.
새벽빛 와 닿으면 스러지는
이슬 더불어 손에 손을 잡고,

나 하늘로 돌아가리라.
노을빛 함께 단둘이서
기슭에서 놀다가 구름 손짓하며는,

나 하늘로 돌아가리라.
아름다운 이 세상 소풍 끝내는 날,
가서, 아름다웠더라고 말하리라 ……

🌱 천상병(1930.1.29.~1993.4.28.)

  시대를 잘 못 만난 자유로운 영혼을 가진 천재라고 해야 할까?
  천상병 시인의 일대기를 읽다 보면 가슴이 먹먹해진다. 웃으면 안 되는데 재미있는 일화도 많다.
  그중에 하나만 소개하자면 언제부터 이 시인이 보이지 않았다. 갈만한 곳을 모두 찾아보아도 없자 죽은 것으로 알고 지인들은 유고 시집 『새』를 출간하게 된다. 살아있는 시인의 유고집 발행은 아마 세계 최초일 것 같다. 나중에 청량리 정신병원에서 발견되었는데 알고 보니 남의 자전거를 잡아 타려다가 주인에게 들켜 성북경찰서에 끌려갔는데 경찰들은 음주 및 영양실조로 꼴이 말이 아닌 데다가 횡설수설하는 바람에 택시에 태워 정신병원으로 보내버린 바람에 그리되었다고 한다. 시인의 몰골이 이렇게까지 되어 버린 것은 당시 세상을 떠들썩하게 만든 '동백림사건'(1967)에 연루되어 6개월간 옥고를 치렀는데 이때 받은 고문 때문이다.

몸무게가 40kg으로 빠지고 치아도 대부분 빠져 버리고 신체가 성한 데가 없었다. 말을 더듬는 버릇까지 생기고 한동안 정신착란에 가까운 증세까지 보였다. 이분의 죄는 독일에서 유학 중 귀국한 친구를 만난 것이 전부다. 기막힌 시대였다.

그러나 참으로 다행이고 감동스럽게도 이 시인의 친구 여동생인 목순옥 여사가 이런 상태의 천상병을 수년간 간병해 주다가 1972년에 아예 결혼을 해버려 이 시인의 불안정한 삶이 끝나게 되었다.

함께 기거를 같이하게 된 아내의 극진한 보살핌으로 건강도 그렇고 서서히 안정을 찾아간 것이다.

목순옥 여사는 천상병 시인의 사후인 1993년 8월에 『날개 없는 새 짝이 되어』라는 글 모음집을 펴내면서, 유고 시집 『나 하늘로 돌아가네』를 함께 펴냈다. 나는 여사의 수필을 읽으면서 사랑의 또 다른 의미를 정의하려고 애쓴 기억이 난다.

1994년에는 KBS 1TV에서 〈인간극장〉 9화 '귀천'이 방영됐다.

여사는 1985년 인사동에 귀천 찻집을 열어 문인들의 사랑방이 되었는데 이 찻집은 서울시 미래 유산으로 지정되었다. 그런데 여사가 돌아가신 2010년에 폐업했고 처조카가 인근에 다시 개업하여 운영 중이다. 경기도 파주시 헤이리 예술마을에도 귀천 찻집이 있다.

별 볼 일 없는 나는

얼굴도 못생기고
말주변도 어눌하고
백도 없고 돈도 없고
최종 학력 중퇴에다 촌스러워서
내 스스로 주제를 생각해 봐도
참말로 한심하게 별 볼 일 없는 나는
사기는 안 친다.
남의 것을 뺏지도 억누르지도
나로 인해 타인에게 슬픔은 주지 않는다.

별 볼 일 없는 나를
후배들은 자상한 형이라 따르고
동료들은 신의 싶은 놈이라고 믿어주고
선배들은 싸가지 있는 놈이라 인정해 준다.

별 볼 일 없는 나이지만
내가 없었다면
이렇게 바르게 살아가고
우리 권리 찾아 싸워 가는 좋은 벗들은
제 밑 닦기에 허둥대다
유성처럼 의미 없이 스쳐 갔을지도 모른다.

그래,
니나 내나 좆도 별 볼 일 없지만
우리는 흩어진 돌멩이를 모아
딴딴히 굳히는 시멘트지

돈 가지고 백 가지고 이론 가지고
찬란하게 인품 잡는 스타는 아니어도
우리 모두를 굳건한 단결로 엮어 세우는
굵고 썩지 않은 동아줄이지

소중하고 소중한 우리 속의 희망
끝까지 현장에서
살아 활동하는 노동자이지

🌱 박노해(1957.11.20.~)

    이 시인이 1984년 27살에 낸 시집 『노동의 새벽』은 노동자가 노동자 입장에서 쓴 최초의 시집으로 알려져 있다. 문단은 물론 지식인에게 아니 한국 사회에 큰 충격을 안겨준 이 시집은 금서로 지정되었는데 100만 부가 팔렸다고 한다.

    이 시인에 대한 정보가 거의 없어 얼굴 없는 시인으로 세상에 알려지게 되는데 이 시집 출간 후 7여 년의 도피 생활을 하였다. 1991년 체포된 후 사형을 구형받고 무기수로 7년 6개월을 복역하다 특별사면으로 출소한다. 후에 국가유공자로 복권되었으나 국가보상금을 거부한다. 2000년 이후에는 "과거를 팔아 오늘을 살지 않겠다"며 비영리 사회운동 단체를 설립하고 반전 평화운동에 전념한다.

죽음이 마지막 말은 아니다

삶은 누구나 자기 고유의
비밀에 쌓인 개인적인 세계를 지난다.

이 세계 안에는 가장 좋은 순간이 존재하고
이 세계 안에는 가장 처절한 시간이 존재하기도 한다.
하지만 이 모든 것이 우리에게는 숨겨진 것

한 인간이 죽을 때에는
그와 함께 그의 첫눈도 녹아 사라지고

그의 첫 입맞춤, 그의 첫 말다툼도 ------
이 모두를 그는 자신과 더불어 가지고 간다.

벗들과 형제들에 대하여 우리는
무엇을 알고 있으며,

우리가 사랑하는 이에 대하여
우리는 과연 무엇을 알고 있는가?

그리고 우리의 참 아버지에 대하여
우리가 알고 있는 그 모든 것은
우리가 아무것도 모른다는 것

사람들은 끊임없이 사라져 가고 ------
또다시 이 세계로 되돌아오는 법이 없다.

그들의 숨은 세계는 다시는 나타나지 않는다.
아하 나는 매번 새롭게
그 유일회성(唯一回性)을 외치고 싶다.

🌱 로핑크(Gerhart Lohfink, 1934~)

　독일 프랑크푸르트 출생. 림부르크 교구 사제. 독일 뮌헨에 있는 카톨릭 공동연합체에서 연구 중인 성서학자이다. 그의 저서 중 『예수는 어떤 공동체를 원했나?』, 『예수 마음 코칭』, 이 시가 실린 『죽음이 마지막 말이 아니다』 등이 국내에서 출간되었다.

박완서 작가의 일기 중에서

슬하에 4녀 1남을 두었던 박완서(1931.10.20.~2011.1.22.) 작가의 신작 소설집 『한 말씀만 하소서』의 소설 첫 부분이 의대를 졸업하고 레지던트 과정에 있던 25세의 아들을 교통사고로 잃은 후 그 절절한 심정을 적은 일기인데 이 일기에서 천주교 사제 로핑크가 쓴 위 시를 언급하고 있다. 일기가 너무 참적(慘迹)3)의 기록이라 출판사에서 소설집에 포함해야 할지 무척 고민했다고 한다. 그 일기의 일부를 읽어 보기로 하자. '---' 부분은 원문을 생략한 부분이다.

「1988년 여름, 아들을 잃었습니다. 다섯 자식 중의 하나였지만 아들로서는 하나밖에 없는 자식이었습니다. 그 최초의 충격을 어떻게 넘기고 아직도 목숨을 부지하고 있는지 잘 모르겠습니다. 통곡하다 지치면 설마 이런 일이 나에게 정말 일어났을 라구, 꿈이겠지 하는 희망으로 깜박깜박 잠이 들곤 했던 게 어렴풋이 생각납니다.

나는 딸에게 참 좋은 사람이더라고 딸의 친구를 칭찬했다. 딸도 제 친구가 엄마 마음에 든 게 기쁜지 묻지도 않은 그의 가정환경까지 들려주었다. 그는 양친이 구존 해 계시고 형제자매도 여럿인데 하나같이 좋은 학교 나와 출세하고 경제적으로도 유복하게 산다고 했다. 또 그 여러 형제·자매들이 낳은 손자녀까지 합치면 그 양친이 퍼뜨린 직계가족이 오십 명 가까운데 여지껏 한 번도 참척(慘慽)4)을 겪은 일이 없다고 했다.

---
3) 참적(慘迹) : 참혹한 흔적

거기까지는 듣기가 좋았는데, 그 집안이 그렇게 잘 되는 것은 그 어머니의 독실한 신앙과 끊임없는 기도 생활 덕분이라는 것을 자손들이 느끼고 늘 감사하며 산다는 대목에서 그만 나는 마음이 몹시 상하고 말았다. 상한 정도가 아니라 가슴에 못이 되어 박히는 기분이었다. 딸도 들은 대로 말했을 뿐 그 한마디가 애미를 이토록 아프게 한 줄은 미처 몰랐으리라.

나는 그럼 기도가 모자라서 아들을 잃었단 말인가. 꼭 그렇게 들려서 고깝고 야속했다. 세상에 자식을 위해서 기도하지 않은 어미가 어디 있단 말인가.

카톨릭에 입교한 지가 4년밖에 안 되니까 예수 그리스도를 통해 기도한 지는 그 밖에 안될지도 모른다. 그렇다고 그 전에 기도가 없었을까? 영세 받고 성당이나 집에서 격식에 맞게 올리는 기도보다, 그 전에 마음에서 우러날 때마다 자연발생적으로 바친 기도, 기도하듯 삼가는 마음가짐이 훨씬 더 순수하고 간절했다.

애미 눈에 자랑스럽지 않은 자식이 어디 있을까마는 자식들마다 건강하고 공부도 잘해 한 번도 속 안 썩이고 일류학교만 척척 들어가고 마음먹은 대로 풀릴 때, 그 애미의 자랑은 기고만장할 수밖에 없었다. 나 역시 그랬다. 기고만장 정도가 아니라 서슬푸른 교만이었다. 그래서 남의 공부 못하는 자식, 방탕하거나 버르장머리 없는 자식을 은근히 깔보았다. 그것도 학교라고 허리가 휘게 번 돈으로 등록금을 내야 하다니, 이런 마음으로 내 눈엔 도무지 차지 않은 대학을 보내고도 좋아하는 친구나 친척을 겉으론 축하해 주는 척하면서 속으론 불쌍해한 적도 한두 번이 아니었다.

뇌성마비로 태어난 남의 자식을 보고 차라리 죽는 게 나았을 것을 하는 모진 생각을 한 적도 있었다.

---

4) 참척(慘慽) : 자손이 부모나 조부모보다 먼저 죽는 일

내가 받은 벌은 내 그런 교만의 대가였을까. 하느님이 가장 싫어하시는 게 교만이라니 나는 엄중하지만, 마땅한 벌을 받은 것이었다. 조금 마음이 가라앉는 듯했다. 나는 내 아들이 이 세상에 없다는 무서운 사실을 견디기 위해서 왜 그런 벌을 받아야 하는지 영문을 알아야만 했다. 나는 아들을 잃은 것과 동시에 내 교만도 무너졌다. 재기할 수 없을 만큼 확실하게 그러나 교만이 꺾인 자리는 겸손이 아니라 황폐였다.

내 죄목이 뭔지 알아냈다고 생각되자 조금 가라앉는 듯하던 마음이 다시 끓어오르기 시작했다. 내가 교만의 대가로 이렇듯 비참해지고 고통받는 것은 당연하다고 치자. 그럼 내 아들은 뭔가. 창창한 나이에 죽임을 당하는 건 가장 잔인한 최악의 벌이거늘 그 애가 무슨 죄가 있다고 그럼 벌을 받는단 말인가.

이 애미에게 죽음보다 무서운 벌을 주는 데 이용하려고 그 아이를 그토록 준수하고 사랑 깊은 아이로 점지하셨더란 말인가, 하느님이란 그럴 수도 있는 분인가. 사랑 그 자체란 하느님이 그것밖에 안 되는 분이라니 차라리 없는 게 낫다.

이해인 수녀님으로부터 받은 3권의 책 중에서 『죽음이 마지막 말은 아니다』는 50쪽 정도의 얇은 책이었지만 그 속에서 발견한 아름다운 한 편의 시 때문에 날이 샐 때까지 한잠도 이루지 못하고 말았다.

베개가 젖도록 흐느껴 울었다. 죽음이 왜 무시무시한지, 아들의 죽음이 왜 이렇게 견디기 어려운지, 정연한 논리로서가 아니라 폭풍 같은 느낌으로 엄습해 왔다. 하나의 죽음은 그에 속한 모든 것, 사랑과 기쁨, 고통과 슬픔, 체험과 인식 등 아무하고도 닮지 않은, 따라서 아무하고도 뒤바뀔 수 없는 그만의 소중하고도 그만의 고유한 세계의 소멸을 뜻한다.

그러나 그의 시 속에 묘사된 한 인간의 죽음과 더불어 소멸되는 세계 속엔 그의 고유하고 신비한 체험만 있지 미래는 포함되어 있지 않다. 젊은 죽음과 함께 사라지는 세계 속엔 그의 자신과 그의 부모가 걸던 얼마나 다채롭고 풍부한 미래가 포함되어 있는가.

특히 자식이 부모의 소망은 물론 허영심까지 충족시켜 줄 만큼 잘 자라 부모가 한참 우쭐해 있을 때, 부모는 어리석게도 자식이 성취한 것을 자신의 것으로 착각하게 된다.

나 역시 그랬었다. 아들의 세계와 나의 세계는 동일한 축을 가지고 팽배해 가고 있었다. 그 나름의 독립, 혹은 연애나 결혼 등으로 애미로부터 분화해 나가기 직전, 모든 가능성과 희망을 공유하던 애미로서는 가장 행복한 착각의 시절에 아들은 홀연 자취도 없이 사라져 버렸다. 그러니까 그의 죽음은 하나의 세계의 소멸이 아니라 두 개의 세계의 소멸을 뜻했다.

그날 이후 내 배는 영락없이 끼니때만 되면 고파왔다. 그 이상 얘기한다는 것은 너무 부끄럽고 괴로운 일이다. 참척을 겪은 기막힌 애통과 절망은 당연히 애미의 목숨을 단축시킬 줄 알았다.

살고 싶지 않은 게 조금도 거짓이 아닌 이상 육신은 의당 거기에 따라 주려니 했다. 그러나 내 육신은 내 마음과는 별개의 남처럼 끼니때마다 먹고 살고 싶어하는 게 아닌가? 나는 내 육신에 대해 하염없는 슬픔과 배신감을 느꼈다. 삶이 짐승과 다를 게 없다는 생각이 들었다.」

6. 시대의 아픔을 간직한 시

꿈을 비는 마음
목마와 숙녀
황톳길
끌려가던 날
명줄
서른, 잔치는 끝났다
나 하나 꽃 피어

꿈을 비는 마음

개똥같은 내일이야
꿈 아닌들 안 오리오마는
조개 속 보드라운 살 바늘에 찔린 듯한
상처에서 저도 몰래 남도 몰래 자라는
진주 같은 꿈으로 잉태된 내일이야
꿈 아니곤 오는 법이 없다네

그러니 벗들이여!
보름달이 뜨거든 정화수 한 대접 떠 놓고
진주 같은 꿈 한자리 점지해 줍시사고
천지신명께 빌지 않으려나!

벗들이여!
이런 꿈은 어떻겠오?
155마일 휴전선을 해 뜨는 동해바다 쪽으로
거슬러 오르다가 오르다가
푸른 바다가 굽어보이는 산정에 다달아
국군의 피로 뒤범벅이 되었던 북녘땅 한 삽
공산군의 살이 썩은 남녘땅 한 삽씩 떠서
합장을 지내는 꿈,
그 무덤은 우리 5천만 겨레의 순례지가 되겠지

그 앞에서 눈물을 글썽이다 보면
사팔뜨기가 된 우리의 눈이 제대로 돌아
산이 산으로, 내가 내로, 하늘이 하늘로,
나무가 나무로, 새가 새로, 짐승이 짐승으로,
사람이 사람으로 제대로 보이는
어처구니없는 꿈 말이외다

그도 아니면
이런 꿈은 어떻겠오?
철들고 셈들었다는 것들은 다 죽고
동남동녀들만 남았다가
쌍쌍이 그 앞에 가서 화촉을 올리고

- 그렇지, 거기는 박달나무가 있어야지 -
그 박달나무 아래서 뜨겁게들 사랑하는 꿈,
그리고는 동해바다에서 치솟는 용이
품에 와서 안기는 태몽을 얻어
딸을 낳고
아침 햇살을 타고 날아오는
황금빛 수리에 덮치는 꿈을 꾸고
아들을 낳는
어처구니없는 꿈 말이외다

그도 아니면 이런 꿈은 어떻겠오?
그 무덤 앞에서 샘이 솟아
서해 바다로 서해 바다로 흐르면서

휴전선 원시림이
압록강 두만강을 넘어 만주로 펼쳐지고
한려수도를 건너뛰어 제주도까지 뻗는 꿈,

그리고 우리 모두
짐승이 되어 산과 들을 뛰노는 꿈,
새가 되어 신나게 하늘을 나는 꿈,
물고기가 되어 펄떡펄떡 뛰며 강과 바다를 누비는
어처구니없는 꿈 말이외다

비나이다 비나이다
천지신명님 비나이다
밝고 싱싱한 꿈 한자리
평화롭고 자유로운 꿈 한자리
부디 점지해 주사이다

늦봄 문익환(1918.6.1.~1994.1.18.)

1978년에 쓴 작품.
민주화 투쟁의 역사라고 할 수 있는 분이다. 만주 북간도 출신으로 평생 여섯 차례 투옥되셨는데 감옥에서 보낸 기간이 10년이 넘는다. 구교와 신교가 공동 번역한 성경의 구약 번역 책임자로도 활동했다. 윤동주, 장준하와 소학교를 같이 다닌 친구라고 한다. 평양도 맘대로 갔다 왔다 하셨는데 이분이 받은 상이 정신없게 만든다.
1990년에는 북한 조선민주주의 인민공화국으로부터 '조국통일상'을 2002년에는 남한 대한민국으로부터 '국민훈장 모란장'을 받았다.
탤런트 문성근이 이분의 아드님이다.

목마와 숙녀

한 잔의 술을 마시고
우리는 버지니아 울프의 생애와
목마를 타고 떠난 숙녀의 옷자락을 이야기한다
목마는 주인을 버리고 거저 방울 소리만 울리며
가을 속으로 떠났다 술병에 별이 떨어진다
상심(傷心)한 별은 내 가슴에 가벼웁게 부서진다
그러한 잠시 내가 알던 소녀는
정원의 초목 옆에서 자라고
문학이 죽고 인생이 죽고
사랑의 진리마저 애증(愛憎)의 그림자를 버릴 때
목마를 탄 사랑의 사람은 보이지 않는다
세월은 가고 오는 것
한때는 고립을 피하여 시들어가고
이제 우리는 작별하여야 한다
술병이 바람에 쓰러지는 소리를 들으며
늙은 여류작가의 눈을 바라다보아야 한다
……등대……
불이 보이지 않아도
거저 간직한 페시미즘의 미래를 위하여
우리는 처량한 목마 소리를 기억하여야 한다
모든 것이 떠나든 죽든
거저 가슴에 남은 희미한 의식을 붙잡고

우리는 버지니아 울프의 서러운 이야기를 들어야 한다
두 개의 바위틈을 지나 청춘을 찾는 뱀과 같이
눈을 뜨고 한 잔의 술을 마셔야 한다
인생은 외롭지도 않고
거저 잡지의 표지처럼 통속(通俗)하거늘
한탄할 그 무엇이 무서워서 우리는 떠나는 것일까
목마는 하늘에 있고
방울 소리는 귓전에 철렁거리는데
가을바람 소리는
내 쓰러진 술병 속에서 목메어 우는데-

🌱 박인환(1926.8.15.~1956.3.20.)

    젊은 시절 이 시를 처음 보았을 때 뭔지는 잘 모르겠지만 하여튼 멋있는 시 같았다. '버지니아 울프'가 '처녀 여우'라는 별명인 줄 알고 그 의미가 뭔지 궁금해했고, 목마는 트로이 목마를 말하는 것은 아닌지, '페시미즘'이 무엇인지 부지런히 찾아보았던 기억이 새롭다.

    이 시를 싣기 위에 이런저런 자료를 찾아보다가 대체로 '6·25전쟁 이후의 황폐한 삶에 대한 절망과 허무를 표현한 시'라고 평하고 있는 것을 알고 깜짝 놀랐다. 생각도 못 했던 평이다.

    다시 읽어 보면서 이 시가 발표된 시점이 1955년이고 이분의 출생과 사망 시기를 보았을 때 일제 강점기에 태어나 해방과 남북분단에 이은 한국전쟁의 혼돈시대를 살고 간 젊은이들의 좌절과 허무, 그리고 체념을 감미로운 언어로 그려내고 있는 것이 아닌가 하는 생각이 들었다. 여전히 멋진 언어의 향기도 느껴졌다.

황톳길

황톳길에 선연한
핏자욱 핏자욱 따라
나는 간다 애비야
네가 죽었고
지금은 검고 해만 타는 곳
두 손엔 철삿줄
뜨거운 해가
땀과 눈물과 모밀밭을 태우는
총부리 칼날 아래 더위 속으로
나는 간다 애비야
네가 죽은 곳
부줏머리 갯가에 숭어가 뛸 때
가마니 속에서 네가 죽은 곳

밤마다 오포산에 불이 오를 때
울타리 탱자도 서슬 푸른 속니파리
뻗시디 뻗신 성장처럼 억세인
황토에 대낮 빛나던 그날
그날의 만세라도 부르랴
노래라도 부르랴

대샆에 대가 성긴 동그만 화당골
우물마다 십 년마다 피가 솟아도

아아 척박한 식민지에 태어나
총칼 아래 쓰러져간 나의 애비야
어이 죽순에 괴는 물방울
수정처럼 맑은 오월을 모르리 모르리마는

작은 꼬막마저 이사하는
길고 잔인한 여름
하늘도 없는 폭정의 뜨거운 여름이었다
끝끝내
조국의 모든 세월은 황톳길은
우리들의 희망은

낡은 짝배들 햇볕에 바스라진
뻘길을 지나면 다시 모밀밭
희디흰 고랑 너머
청천 드높은 하늘에 갈리든
아아 그날의 만세는 십 년을 지나
철삿줄 파고드는 살결에 숨결 속에
너의 목소리를 느끼며 흐느끼며
나는 간다 애비야
네가 죽은 곳
부줏머리 갯가에 숭어가 뛸 때
가마니 속에서 네가 죽은 곳.

🌱 김지하(1941.2.4.~2022.5.8.)

'황톳길'은 오적(五賊)으로 너무나 유명한 이 시인의 문학정신의 원형을 간직하고 있는 시로 평가받는다.

이 시에 대해 저자는 이렇게 밝히고 있다.

「나의 출사표로도 불리는 그 비극적인 시 '황톳길'은, 그리고 나의 민중 민족 문학의 길은, 나아가 생명 문학의 길은 이렇게 해서 그곳, 핏빛이 땅에서, 과거의 아픈 상처에 대한 기억과 대면을 통해서, 직시를 통해서 어렵게 탄생했다.」

가슴을 먹먹하게 하는 슬픈 서정시라고나 할까. 이 시가 내겐 일제 강점기부터 이 시인이 활동하던 군사독재정권에 이르기까지 역사의 소용돌이가 휘몰아칠 때마다 억울하게 죽임을 당한 영혼들을 위로하기 위한 위령제의 제문 같기도 하고 그들의 한을 달래는 진혼곡처럼 들리기도 한다.

오적(五賊)의 시인, 타는 목마름으로

'오적'으로 더 잘 알려진 김지하 시인이 독재 정권 저항의 대명사와 같이 되는 동기와 이분의 시 '오적'에 대한 간략한 설명과 함께 이분의 시집 『타는 목마름으로』에 얽힌 나의 이야기를 해 보겠다.

김지하는 학창 시절인 1965년 3월 친구들과 한일회담 반대선언문을 작성하다 발각되어 피신 중이었는데 정보부에서 부모님을 연행하여 숨은 곳을 데라고 전기 고문을 하는 과정에서 아버지가 졸도하고 고혈압이 터져 반신불수가 되는 사건이 발생한다.

이 소식을 전해 들은 김지하는 "내 눈에 흙이 들어가기 전까지는 반드시 박정희를 무너뜨리겠다."고 결심하게 된다.5)

'오적'이란 '을사오적'에서 따온 말로 이 시는 재벌, 국회의원, 고급 공무원, 장차관, 장성을 다섯 도둑으로 간주하고 이들을 풍자한 판소리 형식의 담시(譚詩)이다. 시는 너무 길어 소개는 생략한다.

시인은 '오적'의 한자를 아래와 같이 달리 표기했다.

재(狾) : 미친 개 제	고(跍) : 걸터앉을 고
벌(柫) : 엮을 줄 벌	급(礏) : 산 높은 모양 급
국(菊) : 국화 국	공(功) : 공 공
회(獪) : 간교할 회	무(無) : 업을 무
의(狋) : 개 성난 모양 의	원(獂) : 돼지 원
원(猿) : 원숭이 원	장(瞕) : 눈에 예막 생길 장
장(長) : 길 장	차(猚) : 개 미칠 차
성(猩) : 성성이 성	관(矔) : 눈 굴려 돌아볼 관

이 '오적'의 한자 중 몇 자는 큰 옥편에서도 찾기 어려운 한자다.

한글학자 이희승 박사가 김지하 시인을 만났을 때 "젊은 친구가 왜 그렇게 한학이 도져?"라고 말씀하셨다고 한다.

한편 1970년 5월 이 시를 게재한 『사상계』가 강제 폐간을 당하게 된다. 『사상계』는 1962년 막사이사이상을 수상한 장준하 선생이 1953년 창간한 월간 종합잡지로 한국 지성을 대표해 왔다고 해도 이의가 없을 만큼 사회에 영향력이 큰 잡지였다.

유홍준 저서 『나의 문화유산 답사기』에는 '인생도처유상수(人生到處有上手)'라는 말이 나온다. 중국 북송 시대 소동파 시인이 쓴 '인생도처유청

---

5) 송철원(2020). 『아, 문리대 ① 1961~1963』, 도서출판 현기연, P33.

산'(人生到處有靑山)이라는 시구를 응용한 것이라고 하는데 우리가 살아가는 이 세상 곳곳에는 우리가 모르는 고수들이 많이 있다는 의미인 것 같다.

젊은 시절 '오적'을 읽으면서 특히 한자 말에 터져 나오는 웃음을 참으면서 그야말로 무궁무진한 단어를 보고 어떻게 이렇게 많은 말을 아는가 싶어 이분은 상수(上手)를 넘어선 천재라고 생각했다.

나는 이 시가 실린 『사상계』를 구하고 싶었다. 『타는 목마름으로』라는 이분의 시집이 금서였는데 당시는 금서를 가지고만 있어도 구속되는 시대였다. 나는 이것도 갖고 싶어 두 책을 구하려고 청계천 헌책방과 서울 일대를 돌아다녔다.

'한양도처유서점'(漢陽到處有書店)이라고나 할까, 당시 서울 곳곳에는 조그만 서점이 정말 많았다. 나는 눈에 띄는 서점은 다 찾아 들어갔다. 그렇게 얼마 동안 헤매었을까. 그러던 어느 날 남대문 근처 언덕배기에 있는 조그만 서점에서 중년쯤 되는 서점 주인과 한참 실랑이가 벌어졌다.

"내가 『타는 목마름』 시집을 한 권 갖고 있긴 한데 청년을 믿어야 할지 모르겠네! 내가 아는 서점 주인이 얼마 전에 이 책을 팔았다가 안 죽을 만큼 맞고 나왔다니까."

"아이고 저 학생입니다. 어떤 자식이 무슨 영화를 보겠다고 책 한 권을 가지고 그런 밀고를 했는지 모르겠지만요. 저는 이분을 존경해서 이분 책을 꼭 가지고 싶어서 그럽니다."

이렇게 해서 나는 『타는 목마름으로』라는 시집을 손에 넣을 수 있었다. 이 글을 쓰려고 이 책을 펼쳐 보니 1982년 5월 인쇄, 6월5일 발행, 가격은 2,000원이었다. 『사상계』는 결국 구하지 못했다.

끌려가던 날

너희들은 지금 나를 끌고 가지만
역사는 내가 끌고 간다

아내여 그렇게 말해 다오

레아 수녀에게 맡긴 두 편의 시는
새봄이 오면 진달래 타오르는 동산에서
우리 또 애들처럼 다시 만날 날이 있을 거라고
그렇게 말해 주시고

내일 내가 가명으로 입원키로 했던
대구 그 병원 그 병실은
요즘 오죽이나 병실 얻기가 힘이 드오
그러니 나보다 더 급한 환자가
들었으면 쓰겠다고
주선한 원장 수녀님한테
그렇게 말해 주고

총부리에 놀라
포위된 요양원 산자락에서
불쑥불쑥 내밀던 총부리에 놀라
밭은기침이 잦던 그곳의 환자들

특히 불쌍한 결핵환자들에게 겐
솔직히 털어 놓아주시오
원래 내 이름은 김아모스가 아니라
거리에서 쓰러졌던
번지 없는 행객이 아니라

무어라고 할까 좌우간
지팽이에 의지한 몸이
어델 끌려가는지 걱정이랑 마시오
지금 나는 옥으로 가는 길이
아니란 말이요
휴전선을 넘어 신의주 두만강까지
험한 장벽을 맨주먹으로
뚫고 있는 중이란 말이오

다만 거기까지 가는데
비록 주막은 없지만
들려야 할 곳이 있어서
이렇게 가는 것뿐이니
먼 훗날 혹 묻는 이 있거든
나는 오늘 지팽이를 짚고서라도
곧바로 가슴을 펴고
역사의 길 해방통일의 길만 간다고
바람아, 쌩쌩 달리는 바람아

🌱 백기완(1932.1.24.~2021.2.15.)

해방 이후 분단과 독재 그리고 민주화에 이르는 우리 국민 수난의 역사가 곧 백기완 삶의 역사였다고 단언하고 싶다.

이분을 몰라도 '사랑도 명예도 이름도 남김없이 ~'로 시작하는 '임을 위한 행진곡'을 모르는 사람은 없을 것 같다. 이 노래 가사는 이분이 옥중에서 쓴 시 '묏비나리'에서 가져온 것이다. 이와 관련된 용어들을 여기 정리했다.

> * 비나리 : 걸립패가 마지막으로 행하는 마당 굿에서 곡식과 돈을 상위에 받아 놓고 외는 고사문서, 또는 그것을 외는 사람
> * 걸립패 : 걸립굿을 맡은 직업적인 농악대. = '걸궁패', '비나리패'
> * 걸립 : 불교에서 불사를 위해 자금이 필요할 때 걸립승(乞粒僧)이 민가를 돌면서 경문이나 염불을 외워주고 곡식이나 돈을 기부받는 것에서 유래한 용어로 민가에서 자금이 필요할 때 풍물패를 조직하여 집집마다 돌아다니며 풍물을 치면서 축복을 해주고 각 가정에서 돈과 곡식을 얻는 것을 말함.

신생님은 고문 후유증이 악화되어 여러분들의 도움으로 경상북도 왜관에 있는 파티마요 요양원에 김 아모스란 이름으로 몰래 입원 중이었다가 상태가 더 안 좋아져서 대구에 있는 파티마병원으로 옮기기로 하고 병실까지 잡았는데 옮기기 하루 전인 1986년 12월 7일 오후에 잠복해 있던 형사대에 붙잡히고 만다. 무슨 중요한 군사작전을 하듯이 무장한 경찰부대가 요양원을 포위하고 특공대처럼 진입하여 요란하게 잡아가는데 수녀님들이 울고 매달리고, 병원 이전을 준비하던 아내도 너무 놀라고, 환자들은 무슨 엄청난 흉악범인 줄 알고 난리가 아니었다고 한다.

이 시 '끌려가는 날'은 그때 상황을 묘사한 시다.

명줄

칠년 가뭄에도
우리 어머니 살았습니다. 죽지 않고
시원하게 물 한 모금 없이
한낮의 불같은 더위 먹고 살았습니다.
보릿고개 너머로 불어오는 황사 바람이
우리 어머니 노한 숨결이었습니다.
칡뿌리 나무껍질이 아침저녁의 밥이었고
손톱 끝에 피나는 노동이
칠십 평생 우리 어머니 명줄이었습니다.

그 명줄 한 매듭 끊고 태어나
나 이 땅에 갇혀 삽니다.
가뭄의 자식 칠년 옥살이에도 시들지 않고
주먹밥 세 덩이로 살아 있습니다.
철창 끝을 때리는 북풍한설이 나의 숨결입니다.
내 어머니 노동의 착취에 대한 증오가 내 명줄입니다.
증오 없이 나 하루도 버틸 수 없습니다.
증오는 나의 무기 나의 투쟁입니다.
노동과 그날그날이 우리 어머니 명줄이듯이
나의 명줄은 투쟁과 노동과 그날그날입니다.
노동과 투쟁 이것이 어머니와 나의 통일입니다.

김남주(1945.10.16.~1994.2.13.)

이 시인은 민청학련, 인혁당, 남민전 등 분단 조국의 비극을 말해 주는 우리 현대사의 역사적인 사건에 고루 연루되어 옥고를 치렀다. 그래서 스스로도 그렇지만 세상 사람들은 시인 김남주보다는 전사 김남주를 더 반겨 부른다.

이 시인은 1964년 소위 호남의 명문고 광주일고에 입학했으나 이듬해 자퇴하고 검정고시로 전남대학교 문리과대학 영문과에 입학했다.

이후 골리앗과 싸우는 다윗이라고나 할까. 반민주 독재 정권에 정면으로 도전하여 끝까지 저항하는 불꽃과도 같은 삶을 살아오다 48세 나이로 너무 일찍 우리 곁을 떠나고 말았다.

1972년 유신 헌법이 선포된 이후 1973년에 반공법 위반으로 구속되어 징역 2년에 집행유예 3년을 선고받고 8개월 만에 출소하게 된다.

이 사건으로 전남대학교에서 제적당하게 되고 출소 후 낙향하여 잠시 농사 일을 하면서 '진혼가', '잿더미' 등의 시를 발표한다. 이후 상경하여 〈남조선 민족 해방 전선 준비위원회〉(약칭 '남민전')에 가입, 활동하다가 1979년 체포되어 15년형을 선고받는다.

광주교도소에서 복역 중이 1984년에 그의 첫 시집 『진혼가』가 출간되는데 시를 주로 우유갑, 심지어 낙엽에 손톱이나 이쑤시개 같은 날카로운 도구들로 꾹꾹 눌러써서 교도관이 시인의 아내에게 전달하여 출간할 수 있었다고 한다. 이 시집은 당시 문학계에 큰 파장을 일으켰다.

이후 광주교도소에서 전주교도소로 이감되었고, 1988년 12월 21일 형집행정지로 9년 3개월 만에 석방된다. 수년에 걸친 문인들의 구명운동과 88서울올림픽을 앞두고 세계 곳곳의 문인들이 그의 석방을 촉구하는 결의문과 서한을 노태우 정부에 발송하여 얻어낸 결과였다.

이듬해 그는 옥바라지를 해준 '남민전' 동지 박광숙과 결혼했다. 슬하에 자녀를 두었는데 이름을 특이하게 토일(土日)'이라고 지었는데 성 김(金)을 합치면 '금토일'이 되는데 노동자는 '금토일'은 휴일을 누려야 한다는 뜻으로 지은 이름이라고 한다.

1990년 〈민족문학작가회의 민족문학연구소〉 소장에 취임했으나 1992년 건강이 악화되어 사퇴한 뒤 췌장암으로 고생하다 1994년 48세의 나이로 요절하고 만다. 그는 광주시 망월동 '5·18 묘역'에 안장되었다.

사후 6년 후인 2000년에는 그의 시에 곡을 붙인 안치환의 헌정 앨범 〈Remember〉가 발매되었고, 같은 해 5월 광주 중외공원에 노래가 새겨진 시비가 제막되었다. 2006년에는 민주화 운동 관련자로 인정받았다. 그의 모교였던 전남대학교 인문대학에 김남주 기념관이 있다.

고인은 시집 『나의 칼 나의 피』(1987), 『조국은 하나다』(1988), 산문집 『시와 혁명』(1991),을 출간했고 번역서 『자기 땅에서 유배당한 자들』(프란츠 파농, 1978)등 많은 저서를 남겼다.

나는 이 시인의 쓴 시중에서 어머니를 회상하는 시 '명줄'을 골랐다.

이 지구상에 대한민국의 자녀들처럼 어머니에 대해 각별한 나라가 있을까? 특히 18년 독재 시대를 살아온 국제시장 세대는 남다른 데가 있다. 이런 아들을 둔 어머니의 심정이 어떠했을지를 생각하면서 온갖 상념 속에 빠져들었다.

서른, 잔치는 끝났다.

물론 나는 알고 있다
내가 운동보다는 운동가를
술보다도 술 마시는 분위기를 더 좋아했다는 걸
그리고 외로울 땐 동지여!로 시작하는 투쟁가가 아니라
낮은 목소리로 사랑 노래를 즐겼다는 걸
그러나 대체 무슨 상관이란 말인가

잔치는 끝났다
술 떨어지고, 사람들은 하나둘 지갑을 챙기고
마침내 그도 갔지만
마지막 셈을 마치고 제각기 신발을 찾아 신고 떠났지만
어렴풋이 나는 알고 있다

여기 홀로 누군가 마지막까지 남아
주인 대신 상을 치우고
그 모든 걸 기억해 내며 뜨거운 눈물 흘리리란 걸
그가 부르다 만 노래를 마져 고쳐 부르리란 걸
어쩌면 나는 알고 있다
누군가 그 대신 상을 차리고, 새벽이 오기 전에
다시 사람들을 불러 모으리라
환하게 불 밝히고 무대를 다시 꾸미리라
그러나 대체 무슨 상관이란 말인가

🌱 최영미(1961.9.25.~)

1994년 봄에 발간된 이 시집은 폭발적인 반응을 불러일으켜 50만 부가 팔렸다고 한다.

「1980년대를 살아온 젊은이들의 삶을 묘사한 점이 특이한데 독재와 폭력적 정치 현실에 대응하면서 1980년대 그 시대를 지나온 많은 대학생이 1990년대를 지나 30대의 나이로 들어가면서 점차 무기력한 일상의 모습으로 변해가는 굴절된 삶을 바라보면서 도발적으로 형상화한 작품들로 가득 차 있다.」라는 평이 있다.

우리가 직접 지내온 학창 시절은 시대마다, 즉 60년대 4·19나 6·3항쟁, 70년대 3선 개헌, 유신반대, 80년대 민주화 등 어떻게든 대처해 온 시대 상황이 있어 왔다. 이런 사회적 전환기마다 학생들이 결정적 역할을 한 것은 틀림없는 사실이다. 전체적으로 보면 그렇지만 많은 세월이 흐른 지금 당시 학창 시절을 보낸 학생 개개인으로 들어가 보면 쉽지 않다. 목숨을 잃은 학생, 똑같이 적극 뛰어들었는데 고난의 세월을 산 사람이 있는가 하면 크게 출세한 사람도 있다. 적극 나서고 싶었으나 그럴 형편이 못 된 경우, 비판적인 시각을 가진 경우, 자신을 낮게 평가하여 자괴감을 가진 경우 등 그야말로 뭐라 쉽게 단정 지을 수 없는 고뇌와 아이러니가 있다.

그 와중에 의자를 비워 주고 사회에 나와 나이를 먹었고 세상은 나름대로 흘러갔다. 그래도 우리나라에서 대학생이라고 하면 본인 생각이야 어떻든 우리 사회의 지성인인데 그 시대에 내가 무엇을 해야 했고, 무엇을 할 수 있었는지, 지금의 나는 무엇인지, 이놈의 세상은 또 무엇인지 --- 잔치가 끝나고 홀로 남은, 이 30대는 가이없는 고뇌와 자조 속에 술이 깨어 가고 있는 것이 아닌지 모르겠다.

나 하나 꽃 피어

나 하나 꽃 피어
풀밭이 달라지겠느냐고
말하지 말아라

네가 꽃 피고 나도 꽃 피면
결국 풀밭이 온통
꽃밭이 되는 것 아니겠느냐

나 하나 물들어
산이 달라지겠느냐고도
말하지 말아라

내가 물들고 너도 물들면
결국 온 산이 활활
타오르는 것 아니겠느냐

🌱 조동화(1949~)

    1978년 〈중앙일보〉 신춘 문예에 시조 '낙화암', 〈조선일보〉에 '첨성대', 〈부산일보〉에 '낙동강'이 당선되었다. 김천중앙고등학교, 문화고등학교 교사, 21세기 문예 창작연구소 소장 등을 역임했다. 중앙 시조 대상. 유심 작품상, 통영 문학상 등을 수상했다. 시집 『낙화암』, 『눈 내리는 밤』, 『나 하나 꽃피어』 등과 동시집 『우리나라 나비 새 풀 나무』 등을 출간했다.

7. 친구와 내가 쓴 시 그리고 나의 인연 이야기

남한산성 / 상황 사
45년 만의 인연 - 송철원 선생님
환갑에 맺은 사제의 인연 - 인간 윤조덕

　이 시를 감상하기 전에 일본 강점기 이전 우리나라 역사에서 적에게 완전히 항복한 것이 처음이었다는 병자호란 당시 인조가 항복하던 그 처연한 역사의 현장으로 돌아가 보자.
　「그해 섣달 열 나흗날, 조선 조정은 두 왕자와 비빈 종실, 그리고 남녀 귀족을 우선 먼저 강화로 피난케 하고 임금은 세자와 백관을 거느리고 그 뒤를 따르려 하였으나, 이미 길이 막혔다는 소식을 듣고 허둥지둥 길을 돌려 찾아 들어간 곳이 남한산성이었다. 다행히 성안에는 1만 3천의 군사와 50일분의 식량이 비축되어 있었다. 여기서 그 추운 겨울에 47일을 버티다가 이듬해인 1637년 정월 그믐날, 성에 가득한 백성들의 호곡 속에 인조는 서문으로 나가 삼전도에서 청나라 황제에게 굴욕의 삼배구고두례를 올리며 항복하였으니 그 치욕의 삼전도비가 서울 송파구 잠실동에 지금도 남아있다.

　항복 후에 두 왕자가 볼모로, 50여만 명이 포로로 끌려갔다. 후세 삼학사로 칭송되는 홍익한, 윤집, 오달제는 모진 고문에도 끝까지 척화(斥和)의 뜻을 굽히지 않아 중국 선양에서 참형당하였다. 우리가 역사에서 배운 최명길을 비롯한 주화파와 김상헌을 비롯한 주전파가 항복 여부를 놓고 남한산성에서 펼친 이 나라 역사에서 가장 처절했던 장면을 지켜보자.

'조선 국왕은 삼가 대청국 관온인성 황제 폐하께 글을 올립니다. 소방은 대국에 거역하여 스스로 병화를 재촉하였고 고성에 몸을 두게 되어 위난은 조석에 닥쳤습니다. … 지금 원하는 바는 대국의 명을 받들어 그 번국이 되고자 합니다. …'

이미 퇴고를 거듭한 국서를 이조판서 최명길이 다시 고치는 것을 예조판서 김상헌이 보고는 그것을 빼앗아 찢어버리면서

"대감은 항복하는 글만 쓰오? 선대 부(父)는 선비들 사이에 명망 있는 분이었소. 먼저 나를 죽이고 다시 깊이 생각해 주오" 하며 통곡하니 세자 역시 임금 옆에서 목 놓아 울었다.

최명길은 찢은 종이를 다시 붙이며

"찢는 사람도 없어서는 안 되고, 다시 붙이는 사람도 없어서는 안 되오. 찢는 것은 대감으로 마땅히 하실만한 일이나 종사를 위해서는 다시 붙이지 않을 수 없습니다" 하는 최명길 역시 울고 있었다.

그러자 옆에 있던 이성구가

"대감이 척화하여 국사가 이렇게 되었으니, 대감의 이름은 후세에 남겠지만, 종사는 어떻게 할 것이오?" 하며 김상헌에게 달려들자, 김상헌이 "나를 묶어서 적진에 보내주오"라고 통곡하며 밖으로 나가버리니, 옆에서 지켜보고 있던 신익성이

"이 칼로 주화자를 목 베리라"라고 격분하여 소리쳤다.

그러나 성 밖의 전황을 고려할 때 화의가 부득이하다는 주화파가 우세하여 결국 왕은 좌의정 홍서봉을 청나라 병영에 보내 화의를 청하게 된다.」6)

---

6) 〈다산연구소. 다산 포럼 제711호(2016)〉 김정남의 글 '남한산성에서 있었던 일'에서 일부를 발췌하여 가필·정정함.

인조실록 34권에 적힌 당시 전황의 기록을 보면 1636년 12월 2일에 청 태종이 10만 군대를 이끌고 침공하여 12월 12일에 압록강을 건너고, 13일에는 평양, 14일에는 개성까지 진격했는데 인조는 12월 12일에야 청나라가 조선을 침공했다는 보고를 받는다. 남한산성에서 47일을 버티던 인조는 1637년 1월 30일 항복하고 마니, 전쟁 발발 60일 만의 일이다.
　불과 한 달 남짓 전인 1월 2일 쌍령 전투에서는 청나라 기마병 불과 300여 명이 조선 군대 4만 명을 대파하였는데 이 전투에서 조선군인 1만여 명이 전사했다. 그렇게 허망하게 죽은 이들이 누구인가, 우리의 선조들이 아닌가. 누가 그렇게 만들었는가.
　이뿐만 아니다. 엄청난 조공품을 바치고, 포로로 50만 명이 끌려갔다는 기록이 있는데 과장됐다는 주장을 감안하더라도 너무 많은 민초들이 생사의 기로에서 헤매다가 스러져 갔다.

　실학자 초정 박제가는 이 일을 두고 이렇게 한탄했다.
　"우리나라 사람은 빈말을 잘하면서 실효에는 모자라며, 눈앞의 계교에는 부지런하면서 큰일에는 어둡다. --- 사대교린을 말하는 사람이 도로에 깔렸지만, 다른 나라의 법은 마침내 하나도 배우지 못하고 웃으면서 말하기를 왜놈, 뙤놈 하며 천하만국이 우리만 못 한 것 같이 믿고 있다. 그러면서 임진년에 한 번 패하고 정축7)년에 두 번째 함락되었는데 구대의 원수와 평성의 수치에 대해서 지금까지 거론하지 않은 것이 괴이할 것이 없다."
〈북학의(1778)〉

---

7) 병자호란을 말함. 청나라는 병자년에 이어 이듬해인 정축년(1637)에도 쳐들어 와 항복을 받아낸다.

남한산성

피에 젖었다는
산하에
말발굽 소리에 놀란
풀무치는 짐을 챙기고

뙤약볕 쏟아지는
대지 위에
임금은 피가 터지도록
머리를 쳤고,

온 산은 눈물이 샘솟아
나무를 길렀다.
저기 보이는 붉은 꽃은
그래서 피어 있는가?

저렇듯 함초롬히
피를 먹은 꽃
젊고 날개 돋친
임금의 피를 먹은 꽃

호곡(號哭)의 하늘 가린
떡갈나무 웅크린 새로
소담스레 무더기 진
꽃, 피의 꽃, 꽃들

🌱 김명환(1954.10.24.~)

이 시 '남한산성'은 죽마고우가 대학교 1학년 때 남한산성에서 병영 훈련을 받던 중 휴식 시간에 메모지에 쓴 시다. 병자호란(1636) 당시 인조 임금이 이곳에서 항거하다가 삼전도에서 삼궤구고두례8) 라는 굴욕적인 예를 갖춰 항복하고 마는 치욕의 역사를 상기하며 썼다고 한다.

사실 위의 병자호란 글은 학창 시절에 역사에 관심이 많았던 이 친구에게 들은 이야기를 토대로 관련 자료를 참조하여 정리한 것이다. 항복 의식이 인조 이하 만조백관이 높이 앉아 있는 청 태종 앞으로 기어서 가는 것으로부터 시작되었다는 얘기는 지금도 생생하다. 나는 이 시를 보았을 때 친구가 들려준 이야기가 오버 랩 되면서 큰 감명을 받았다.

친구는 성균관대 상대를 졸업하고 〈GS칼텍스〉에 입사 이 회사의 부사장, 자회사인 〈해양도시가스〉 사장을 끝으로 은퇴했다. 서울과학기술대에서 경제학 박사학위를 받았다.

다음의 시 '상황 사'는 내가 쓴 시이다. 1980년 소위 서울의 봄에 나는 한양대 총학생회장에 당선되어 학생들과 더불어 데모로 날을 지새웠는데 그해 제야의 밤에 격동의 한해를 회상하며 썼다.

제목 '상황 사'에서 '사'는 사계절을 뜻하기도 하고 죽을 사(死)를 의미하기도 한다. 첫 부분의 문둥이 시인이란 파랑새, 전라도길, 보리피리 등의 주옥같은 작품을 남긴 고 한하운 시인을 말한다.

그해 여름엔 비가 정말 많이 왔다. 어쨌거나 우리는 시인도 아니면서 우연찮게 학창 시절에 시를 한 수씩 지어 본 셈이 되었다.

---

8) 삼궤구고두례(三跪九叩頭禮) : 3번 무릎 꿇고 9번 머리를 조아리는 예법

상황 사

0
업고(業苦)도 없이
비취옥 천공(天空)이
부끄러워라

심은 대로
거둘 수 없는 이 땅

생사가 다 뭐냐
그냥 가자

문둥이 시인
고달피 걸어갔던
그 길

붉은 황토길을
맨발로 가자

한 맺힌 남도 길을
울면서 가자

1
꽃뱀 도사린
봄 언덕

살얼음 딛고
핏빛처럼 번지는
진달래 미소

매운 바람에
속을 태우네

이 찬바람 속에
백화는 만발하는데
정녕 봄은 오려나

쪽발이 뙤놈에
굽신거리고

엽전들
무참히 짓밟은

못난 양반
설치는 산하여
목메인 강토여

설레이는 불안일랑
고구려 말발굽으로 하고

역풍에 빛바랜 시대를
꿈으로 칠해보자

2
담천 불볕에
무서리 지고

허위가 허구를
타개하던 날

색시집에서
소주잔을 세다가
사탄에게 경배했다.

아하! 양심은
당한 이들의 생명
아니 슬픈 변명

진실은
그들만의 자화상

중량에 시달린 고목
독버섯 자라도
어쩔 수 없네

엄청난 소낙비
어리석은
자유를 키우고

원통한 마음은
태양이 되자

3
쪽빛으로 내친걸음
피의 절규 되었나

청상(靑孀)의 흐느낌
어둔 방이
붉게 물들여지네

영글어 가는 꿈
이렇게 무참히
깨고 마는가

아픈 마음에
낙엽처럼 구르는
꿈 조각이여!

수단과 목적의
교차로에서

붉은 신호등이
무색하다

원망을 먹고
증오를 먹고
분노를 삼킨

덩그런 달밤에
울자

필연의 역사에
목 놓아 울어 버리자

4
꿈의 조각이
날린다

밤을 지키기엔
너무 가벼워

회한의 안타까움이
흔들리는가

신의 축복엔
사심이 없는데

누리는 어둠에
숨을 죽이네

아득히
어머니 입김이 서리고

도란도란
오누이 정이
깊어가는 밤

아하!
고뇌를 삼키는 이는
고통 받는 이들 뿐

차라리
새하얀 소년이고 싶어라

아니다! 아니다!
젊음은 그게 아니다.

황량한 벌판을
울면서 가자

끝없는 동토를
맨발로 가자

45년 만의 인연 - 송철원 선생님

군 복무를 막 마치고 종로 2가 재수 학원가를 돌아다니면서 학원을 알아보던 그때가 아마 1977년 초여름이 아니었나 싶다.

당시 재수학원은 종합반과 단과반이 있었다. 종합반은 학교와 같이 재수생을 관리했다. 담임선생님도 있어 출결은 물론 진학 상담도 했다. 종합반은 처음부터 서울대 반과 연고대 반 등으로 구분하여 지원하게 했는데 당시 재수학원 중에는 종로학원, 대성학원, 양영학원, 경복학원 등이 유명했다. 여기에는 전국 재수생이 다 모여들어서 이 학원에 다니기 위해서는 학원 입학시험을 봐야 했다.

단과반은 그야말로 영어, 수학, 물리. 화학, 국어, 국사, 사회 등의 과목을 매 1~2개월 단위로 강의하는 것을 말한다. 이 단과반은 종로 2가 YMCA 주변에 특히 많았는데 재수생만 수강한 것이 아니다. 야간에는 재학생도 많았다. 이 단과반에는 과목별로 소위 스타 강사가 많았다. 이런 유명한 강사의 경우 족히 수백 명이 넘는 재수생이 수강해서 몇 개의 강의실을 터서 큰 강의실을 만들어 공간이 넓었는데도 항상 가득 찼다.

나는 영어를 듣기 위해 강사 소개 전단지도 보고 탐문 결과 인기가 높다는 송문영 선생님의 단과반에 등록했다. 강의실에 들어가자마자 깜짝 놀랐다. 강의실 3~4개를 터서 만든 그 큰 강의실에 수강생이 꽉 차 있었다. 더 놀라운 점은 선생님은 긴 지휘봉 같은 것을 들고 수업을 진행하셨는데 수업 중에 학생들 책상 사이를 돌아다니면서 과제를 안 해 왔거나 배운 것을 질문하여 틀리면 그 지휘봉으로 매를 때렸다는 점이다. 단과반에서 수강생에게 과제를 내주었다는 점도 신기한 일이었지만 송 선생님은 학원가에서 수강생에게 매를 때리는 선생님으로도 유명했다. 나도 몇 차례

맞지 않았나 싶다. 하여튼 수강생의 수가 그 강사의 월급에 직결되기 때문에, 수강생님으로 받들어 모셔도 시원찮을 판에 매를 때리다니!

학원에는 강의실마다 쉬는 시간에 칠판도 닦고 수강생에게 공지 사항도 전달하는 강사를 보조하는 수강생이 한 명씩 있었다. 그런데 우연히 이 친구가 하는 말을 들었다. 선생님 본명이 송철원인데 1960년대 당시 서울대 문리대생으로 6·3 항쟁의 대표적인 인물이었다고 하면서 당시 데모하다가 정보부에 끌려가서 고문당하면서 갈비뼈가 3개나 부러졌다는 것이다. 그리고 '광복 20년'이라는 다큐멘터리에 이분의 이야기가 나온다는 것이다.

알고 보니 '광복 20년'은 1967년 8월 7일부터 1977년 9월 30일까지 방송된, 당시 장안의 화제가 된 TBC 드라마였다. 대하소설로도 발간되어 인기가 많았다.

이 친구 이야기는 내게 충격으로 다가왔다. 나는 어떻게든 애제자(?)가 되고 싶었으나 단과반 수업을 들으면서 그 강사와 특별한 인간관계를 맺는다는 것은 현실적으로는 있을 수 없는 일 이었다. 단과반 강의가 끝나자, 송 선생님과 나의 인연은 나에게 깊은 여운만 남긴 채 그렇게 끝이 났다.

그 이듬해인 1978년에 나는 한양대학교에 입학했다. 학교에 다니면서 교정에 TOEIC 강좌를 개설한다는 플래카드가 걸린 것을 보면 선생님 생각이 나곤 했는데 그것이 전부였다. 이렇게 학창 시절을 보내던 중 1979년 10월 26일에 소위 10·26이라는 엄청난 사건이 발생한다. 1980년 소위 '서울의 봄'에 나는 한양대학교 총학생회장에 출마하여 당선된다. 그 후 5·18로 지명수배자가 되어 도피 생활을 하다가 구속되었다가 풀려나게 된다.

그때가 그해 겨울이었던가? 석방되고 나서 문득 재수학원 송 선생님이 떠올랐다. 나는 송 선생님을 찾아뵈려고 종로 학원가 일대를 탐문 했는데 어느 학원 교무실에 있던 한 선생님이 남영동에 있는 어느 학원에 계신다고 알려 주었다.

좁은 계단을 따라 몇 층을 걸어 올라가서 문을 열고 들어가니 송 선생님이 앉아 계셨다. 되돌아보니 나로서는 4년 만에 재회인 셈이었다. 선생님이 내가 누구인지를 모르는 것은 당연했다. 고3 담임선생도 아니고 매달 백여 명 이상이 바뀌는 단과반 수강생을 기억한다는 것은 앞서 언급한 대로 말이 안 되는 일이다.

나는 4년 전에 단과반 수강생이었다는 점과, 어쩌면 영어를 그렇게 잘 가르치시는지 존경심이 생겼는데 선생님의 학생운동 이력을 알고 나서는 더욱 존경하게 되었다는 것, 대학을 다니면서 가끔 선생님을 생각했다는 것, 그리고 영어 강의를 듣던 당시 내가 학창 시절의 송 선생님처럼 학생운동을 하게 되리라고는 전혀 생각지 못했는데 10·26을 계기로 한양대 총학생회장에 당선되어 구속되었다가 풀려나서 이렇게 찾아뵙게 되었다는 것을 말씀드렸다.

나의 얘기를 다 들으신 선생님은 "고생 많이 했겠구만!" 이렇게 말씀하셨다. 우리는 한동안 이런저런 얘기를 나누었는데 이것이 송 선생님과 나의 마지막 만남이었다. 그 후 세월이 흐르면서 나의 삶에서 송 선생님의 존재는 시나브로 완전히 사라지고 말았다.

이야기가 너무 멀리 건너뛰게 되는데 세상을 살다 보니 무심한 세월이 이렇게나 많이 흘러 나도 어느새 이순의 노친네가 되어 버렸다. 2023년 어느 봄날 윤조덕 박사님과 차를 마시면서 한담하던 중 대입 재수 얘기가 나왔는데 박사님도 재수를 했다고 하셨다.

나는 대학 입시에 낙방 군대를 다녀와서 다시 도전하기 위해 종로에 있던 학원 영어 단과반에 다녔는데 그 영어 선생님이 참 존경스러운 분이었다고 하면서 아무 생각 없이 이렇게 말했다.

"그분 성함이 송문영? 송성문? 아니 송성문은 〈정통종합영어〉 저자인데 --- 그분 성함이 송철원인가 송원철인가 그랬어요. --- 어? 아니 그러면 송문영이라는 분은 누구신지 거참 이상하네요. 하여튼 이분이 6·3항쟁의 주역으로 당시에 데모하다가 끌려가서 갈비뼈가 3대나 부러졌다고 하는 그런 분이셨어요."

내가 이렇게 얘기를 하자 윤 박사님이 깜짝 놀라면서 "그분을 알아요? 그분은 내가 잘 아는 분인데 성함은 송철원이 맞아요."라고 하셨다. 나도 놀라면서 "윤 박사님이 그분을 아신다고요?" 하고 반문했다. 윤 박사님은 이분에 관해 말씀하시다가 그럴 게 아니라 이분을 직접 뵙는 것이 좋겠다고 하시면서 그 자리에서 바로 전화하시고 만날 약속을 잡으셨다. 물론 내 얘기는 하지 않으셨다.

우리가 사무실로 들어가니 거기에 송 선생님이 앉아 계셨다.

'아! 송철원 선생님! 꿈에도 생각지 못했던 이분을 이렇게 뵙게 되다니! ---' 순간 뭐라 형언하기 어려운 감정에 사로잡혔다.

윤 박사님이 멍하니 서 있는 나를 송 선생님께 소개하고 어떻게 하여 함께 찾아뵙게 되었는지를 설명했다. 송 선생님은 깜짝 놀라셨다. 인사를 드리면서 가까이서 보니 80세가 넘으셨다는데 정정하신 모습이다. 내가 기억하는 젊은 시절의 모습도 많이 남아있다.

이렇게 하여 우리는 과거로 돌아가서 이야기꽃을 피웠다. 함께 되짚어 보니 실로 45년 만의 재회였다. 대화가 무르익어 가면서 전혀 몰랐던 새로운 사실들을 알게 되었다. 당연히 영문학을 전공하신 줄로 알았는데 서울대 문리대 정치학과를 졸업했다고 하셨다.

송문영이라는 이름은 영어 교재를 만들 때 저자명으로 사용한 것이라면서 당시 사용한 교재를 꺼내서 보여주셨다. 나는 그제야 헷갈렸던 송문영과 송철원의 실체를 비로소 알 수 있었다. 또한 내가 4년 만에 찾아뵌 그곳은 남영동이 맞고 내가 다닌 학원이 종로에 있는 제일학원이고 거기서 남영동 학원으로 옮겼다고 하셨다.

재수학원에서 영어를 가르치게 된 사연도 말씀해 주셨다.

당국에서 이 골치덩어리를 어서 빨리 내보내려고 대학은 알아서 졸업을 시켜준 셈이었고 건국대 대학원에 진학하여 경제학을 전공하여 건국대 교수가 되었으나 1976년 2월, 정부는 유신체제를 비판하고 민주화를 주장한 교수들을 교수 재임용에서 탈락시켜 전국 대학에서 수많은 교수가 해직되는 사태가 발생했는데 이때 해직을 당했다고 하셨다. 할 수 있는 일이 없어 재수학원으로 나오게 되었는데 수강생 모집 첫 달에 3명이 등록을 해서 "너희들 중 한 명이라도 중간에 그만두면 내가 강사를 할 수 없으니, 끝까지 수강하지 않으려면 수강료를 내 줄 테니 지금 그만두거라" 이렇게 시작했는데 몇 달 만에 수강생 1,000명이 넘는 유명 강사가 됐다는 것이다. 그리고 내가 궁금해했던 1960년대 상황에 대해서도 말씀해 주셨다.

6·3항쟁의 방아쇠가 된 '학원 프락치 사건' 폭로의 주인공 학생 송철원

학생 송철원은 '학원 프락치(사찰 요원) 사건'을 폭로함으로써 6·3항쟁의 기폭제 역할을 하게 된 인물이다. 1964년 6월 3일, 4·19혁명에 버금가는 많은 학생과 시민이 참여한 대규모 시위가 발생한다. 이것을 6·3항쟁이라고 하는데 이는 정부가 한일 국교 정상화라는 명목으로, 일본으로부터 3억 달러의 보상을 받고 한일협상을 조속히 타결하려 했는데 이를 대일 굴욕외교라고 규정짓고 거리에 나선 학생과 시민들의 반대 투쟁 시위를 말한다.

1964년 봄, 서울대 문리대 4학년이던 송철원은 학교 내에 정보부 프락치가 있다는 제보를 받고 남몰래 조사하여 자료 일체를 동아일보 김원기 기자에게 넘기게 된다. 이 사건은 동아일보 1면에 머리기사로 연일 대서특필 되면서 엄청난 사회적 반향을 불러일으키게 된다. 그렇지 않아도 연초부터 드러난 대일 굴욕외교가 문제가 되어 3월 9일 종로 예식장의 구국선언 등 이런저런 사건이 계속 발생하고 있었다. 이런 분위기에서 학생 송철원의 학원 프락치 사건 폭로는 불에 기름을 부은 격이 되었다. 이때부터 점점 시위가 격화되다가 6월 3일 모든 대학생이 거리로 뛰쳐나오고 시민들도 이와 합세하여 전국적인 대규모 시위로 번진 것이다.

이날 단식농성을 벌이던 서울대 문리대 학생들은 절친 김지하의 지휘로 송철원을 들것에 실은 채 중앙청 앞으로 행진했다. 그 뒤를 이어 단식으로 쓰러진 학생들의 들것 행렬과 앰뷸런스가 잇따랐다. 정부는 이날 8시를 기해 계엄령을 선포하여 사건이 일단락된다.

내가 재수학원에서 들은 송 선생님의 린치 사건은 이 일로 중앙정보부에 끌려가서 고문당하다가 발생한 사고였다.

송 선생님은 구속과 석방을 반복하면서 박정희 정권에 이어 전두환 정권에 이르기까지 탄압받았다. 현재는 「현대사 기록 연구원」 이사장으로 계시면서 저술 등 왕성히 활동하고 계신다.

돌아오는 길에 이런저런 상념에 빠져 들었다.

'단과반 선생님과 수강생으로 만나 존경심을 갖게 되었던 그분!
너무 짧은 사제지간의 인연이 너무 아쉬웠던 그분!
젊은 청년이었던 나에게 강렬한 인상을 심어 준 그분!
그분을 실로 45년 만에 이렇게 다시 뵙게 되다니!'
이런 인연이 있을 수가 있는지 인연의 신비함마저 느꼈다.

'이렇게 훌륭한 분을 가까이 모시고 세상을 함께 살아왔더라면 참 좋았을 것을---' 하는 진한 아쉬움과 회한이 잔잔한 물결처럼 밀려왔다. 문득 이제라도 인연의 끈이 계속 이어졌으면 좋겠다는 생각이 들었다. 그러나 곧바로 '그렇다고 한들 이순이 넘어 하릴없는 노친네가 되어 버린 내가 할 수 있는 일이 무엇이 있단 말인가!' 하는 자조 섞인 한탄이 절로 나오고 온몸을 휘감고 도는 무력감을 어찌할 수가 없었다. 만감이 교체하는 귀갓길이었다.

환갑에 맞은 사제의 인연 – 인간 윤조덕

나는 2012년 환갑의 나이에 경기대학교 직업학과 박사 과정에 입학했는데 여기서 '직업병학'을 가르치시는 윤조덕 박사님을 만나 사제의 연을 맺었다. 그러니까 앞서 송철원 선생님께 나를 데리고 간 이 분이 조금 덜 늙은 제자를 둔 함께 늙어가는 나의 은사이시다.

윤조덕 박사는 1970년대 학생운동의 산증인이라 할 수 있다. 그는 1969년 서울공대에 입학했는데 그해는 3선 개헌 반대 데모로 대학가가 조용한 날이 없을 때였다. 그는 서경석 선배의 영향으로 본격 학생운동에 뛰어들어 공대에서는 처음으로 '산업사회연구회'라는 서클을 창립한다. '시대의 불빛이요 민주화 운동의 성지'라 할 만큼 학생운동의 수난사를 안고 있는 새문안교회의 '대학생회'에서 '기독교 도시산업선교회' 등과 교류를 가지면서 열심히 활동했다.

그렇게 지내던 1970년 11월 13일, 우리나라 노동 운동사에 한 획을 긋는 일대 사건이 발생한다. 청계천 피복 상가 재단사, 22살의 청년 전태일이 동대문 평화시장 입구에서 "근로기준법을 준수하라!", "우리는 기계가 아니다."라는 피맺힌 절규를 남기고 자신 몸에 휘발유를 끼얹어 분신한 것이다. 이 사건은 당시 사회에 엄청난 충격과 반향을 불러일으키고 청년 윤조덕의 삶에도 큰 영향을 미치게 된다. 이 사건은 학생운동과 노동운동을 결합하는 계기가 되는데 서클 회원들은 학생운동권의 '노동 현장을 알아야 한다'는 자각을 실천하는 프로그램을 개발하게 된다. 이는 노동현장 체험활동을 체계화한 것으로 운동권 학생들의 본보기가 되었다. 이들의 이 '집단적 노동현장 체험프로그램' 개척은 산업사회의 학생운동에 대한 새로운 이정표를 세우고 그 실천적 행동 방법을 제시했다는 점에서 노동 운동사에 큰 족적을 남긴 획기적인 일이었다.

군 제대 후 복학한 윤조덕은 졸업을 한 학기 앞둔 시점에서 서클 멤버들과 논의를 통해 사회개혁의 싹을 틔우기 위해서는 장기적인 노동 현장의 체험이 필요하다는 공감대가 형성된다.

그는 결단하여 1976년 2월, 고졸로 학력을 속이고 일신제강의 기능직 사원(공장 작업원)으로 입사하여 속칭 '공돌이'가 되니 서울대 공대 69학번 중에서는 유일한, '위장취업 1세대'가 된다. 그 후 많은 사연이 있었으나 직장에서 쫓겨나지는 않고 3년 5개월을 노동자들과 함께 현장에서 생활했다. 이때 여러 업무상 부상과 질병에 시달리게 된다. 일신제강 퇴사 후 서울공대 대학원에서 인간공학을 전공하여 박사 과정을 수료했으나 대학 시절의 학생운동이 문제가 되어 조교조차 될 수 없었고 취업도 할 수 없었다. 이때 강원룡 목사, 조승혁 목사, 박경서 박사 등의 도움으로 제3세계를 지원하는 독일의 한 기독교 단체의 장학생으로 선발되어 1985년 4월 독일로 유학, 루르 공업지대에 소재한 부퍼탈대학에서 노동안전과 안전공학을 전공하여 8년 4개월 만인 1993년 8월에 박사학위를 받는다.

귀국 후에는 1994년 6월부터 2010년 6월까지 한국노동연구원에서 근무하면서 동료들과 함께 우리나라의 산업재해 전반에 대한 기틀을 마련했다. '산업안전보건법', '산업재해보상보험법' 개정 등 노동자 안전과 보건, 재해노동자 보상과 재활 등 모든 산업재해 관련 정책의 산파 역할을 한 것이다. 이 시기에 한 일 중에서 1999년 12월 '산재보험법' 개정 시 '재해근로자의 재활 및 사회복귀 촉진'이라는 문구를 제1조(목적)에 추가하여 우리나라에는 생소했던 재해노동자에 대한 체계적인 의료·직업·사회 재활

개념을 도입한 점과 2007년 재개정 시에 강력히 주장하여 '산재노동자 직업재활급여'(산재보험법 제72조)제도를 법에 반영, 시행하게 된 점이 가장 보람된 일로 기억에 남는다고 하셨다. 이 시기에 한국노동연구원 산업복지연구센터 소장, 고용노동부 '진폐제도개선협의회' 위원장 등을 역임했다. 현재는 한국사회정책연구원 원장을 맡고 계시면서 '평화통일시민연대', 한국 ILO협회 등 여러 사회단체에서 활동하고 계신다.

윤 박사와 같은 소위 운동권 사람들을 이해하기 위해서는 우리는 1970년대 사회 상황에 대해 알 필요가 있다.

과거 우리 구로공단의 노동자들이 사는 동네는 집집마다 방을 여러 칸으로 나누어 세를 놓아 '벌집'이나 '닭장'으로 표현했는데 영국의 산업혁명을 공부할 때 영국 노동자들은 이보다도 더 열악하고 비위생적인 환경에 거주하며 특히 폐결핵까지 창궐하여 각종 질병에 노출된 채 노동 현장에서 살인적인 노동으로 하루하루를 연명하는 노동자의 삶에 대해 경악을 금치 못했다. 이들을 좀비(살아있는 시체)라고 해도 할 말이 없을 정도였다. 더구나 5~6살짜리가 앉아서 일할 수 있도록 만든 의자 사진을 보았을 때는 가히 놀라움에 마침표를 찍었다고 할만했다. 말하자면 당시 영국 노동자들의 삶은 질곡 그 자체였다. 오죽했으면 이런 자본주의사회는 반드시 망한다고 하면서 새로운 유토피아를 주장하는 마르크스나 엥겔스 같은 학자가 나왔겠는가.

1960년대 우리 사회가 농업사회에서 산업사회로 전환하는 과도기였다고 한다면 1970년대는 산업사회 진입기라 할 수 있다. 전태일 열사가 "우리는 기계가 아니다"라고 외치며 분신한 때가 1970년의 일로 최소한의 법적 보호도 받지 못한 채 저임금과 장시간 노동에 시달리던 노동자들의 실상을 죽음으로밖에 고발할 수 없었던 당시의 현실이 제1차 산업혁명이 일어난 18세기 후반의 영국 노동자들이 처한 상황과 유사했다고 보면 크게 틀리지 않을 것 같다.

윤박사는 〈노동과 인간〉의 관계에 대해 다음과 같이 말하고 있다.
"〈노동과 인간〉 관계의 궁극적인 목표는 '노동의 인간화'라 할 수 있다. 이는 1973년에 국제노동기구(ILO)에서 선언한 것인데 '노동의 인간화'란 노동자를 인간답게 만들어 주는 것. 즉 자유인이 되게 해주는 것이라고 정의하고 싶다. 생산의 3요소라 하는 토지. 자본, 노동 중에서 노동은 인간의 힘과 노력, 그리고 '인격'이 결부된 생산 요소다. 초기 자본주의는 이 노동을 하나의 수단으로 간주, 노동 현장에서 몰인격의 비정을 당연시 하게 된다. 이로 인해 노동자의 피눈물 나는 투쟁의 역사가 전개되는데 이는 곧 자본주의의 발달사라고 할 수 있다. 이 투쟁은 아직도 진행 중이다. 나는 노동자가 자유인으로서 인간답게 살아갈 수 있는 사회를 만드는 것을 시대의 소명으로 알고 나름 '노동의 인간화'를 위해 애쓰며 살아왔다. 다시 태어나도 이 길을 가야만 될 것 같다."

인간 윤조덕, 그의 삶의 궤적을 따라가 보니 그는 청년 윤조덕이 서클 회원 등 관계자들과 함께 세운 학생운동의 이정표를 따라 고희가 넘도록 노동운동의 길을 걸어가고 있었다.

'70년대 운동권에 대한 내 생각을 나의 저서(『꿈꾸는 산하 목메인 강토』, p393~396)의 글을 인용하는 것으로 대신하고자 한다.

「이분들은 민중민주(PD)니, 민족해방(NL)이니 하는 운동권이 분열하기 이전 시대에 자유와 평등 그리고 정의가 살아 숨 쉬는 시민사회를 꿈꾸고, 이를 가로막고 있는 반민주, 독재 시대를 청산해야 한다는 의지를 행동으로 보여준 분들이다.

　유신헌법 찬반투표에서 찬성 90%가 넘을 만큼 어린 국민의 '시민 의식'을 일깨우고 '시민 의식' 자체를 성장시키려 했던 이 나라 초유의 '시민 사회운동'의 선구자요 '민주 시민사회'의 초석을 다진 분들이다. 절망적인 이 땅에 자유민주주의 꽃을 피우고 경제 대국으로 도약할 수 있는 국가 기틀을 다지는데 가장 큰 공헌을 한 분들이다.

　"지금은 당신들이 젊음을 불사르던 1970년대로부터 반세기가 훌쩍 넘어간 시점입니다. 오늘날의 이 세상이 그대들이 꿈꾸던 그런 세상이 되었는지, 꿈꾸던 바와는 동떨어진 세상이 되었는지, 이도 저도 아니라면 그런 세상이 되어가고 있기는 한 것인지 묻고 싶습니다.

　실은 이보다는 그대들이 꿈꾸던 그런 세상이 애당초 맞기는 한 것이었는지 그게 더 궁금합니다. 솔직히 저는 정말 잘 모르겠습니다.

　어쨌거나 무정한 세월은 속절없이 흘러 여러분 모두의 귀밑머리를 희게 만들고 얼굴에 주름을 지워 노인으로 만들어 버렸습니다.

　이렇게 긴 세파 속에서 이미 고인이 되신 분도, 건강을 잃으신 분도, 혼자되신 분도, 궁핍하게 사시는 분도, 하릴없이 파고다 공원 등지를 배회하시는 분도 계실 것입니다. 반면에 크게 성공하신 분도, 귀여운 손주들의 재롱을 보며 유유자적하시는 분도, 지금도 사회활동을 하면서 노익장을 과시하고 있는 분도 계실 것입니다.

　저는 여러분을 생각할 때, 특히 전자에 해당한 분들을 생각할 때 일제강점기 일제와 수많은 전투가 벌어진 낯설은 이국땅에서, 조국의 산하에서, 감옥에서 그리고 우리가 미처 알지 못한 그곳에서 존재도 없이 초개(草芥)처럼 사라져 흔적조차 알 수 없는 헤아릴 수 없이 많은 무명의 독립용사들이 떠오르게 됩니다.

민주화 운동으로 이름이 알려지신 분들은 그래도 어떤 명성이라도 얻었는데 그마저도 없이 풀·벌레 가득한 벌판에 잠깐 피었다 시들어 버린 이름도 모르는 들꽃을 바라보는 듯한 애잔한 심정입니다.

여러분들은 아무도 모르고, 알아주지도 않은 것 같은 무명 독립 용사들의 짧은 삶이 결코 헛된 삶이 아니었다는 점을 꼭 기억하시기바랍니다. 감히 남들은 엄두도 못 냈던, 함께 살았던 동년배조차도 따라나서지 못한, 불의에 항거하고 정의를 위해 죽음을 불사한 그대들의 젊은 시절 용기 있는 삶에 경의를 표합니다.

혹시 회한의 눈물을 흘리고 계신다면 제가 그 눈물을 닦아드리겠습니다. 저는 평범한 시민이지만 저처럼 이렇게 무한한 존경과 감사의 마음을 가지고 있는 사람들이 있다는 것을 아시고 작은 위로나마 받으실 수 있기를 바랍니다."」

8. 꽃, 바람, 비, 나무, 산

장미의 연가
바람의 노래
가슴에 내리는 비
가시나무
어느 대나무의 고백
한계령
한계령에서
한계령에서와 한계령

〈설악산 귀때기청봉〉

장미의 연가

너무도
사랑했기에

향기로운 독백만
진동시킨다

사모함이 넘쳐
그 질투심에

가슴 깊이
가시가
자라나더니

제 홀로 붉어지다
그 뜨거운
열정으로 하여

내 사랑이
꽃잎으로 져 간다

🌱 박 렬

바람의 노래

살면서 듣게 될까
언젠가는 바람의 노래를
세월 가면 그때는 알게 될까
꽃이 지는 이유를

나를 떠난 사람들과
만나게 될 또 다른 사람들
스쳐 가는 인연과 그리움은
어느 곳으로 가는가

나의 작은 지혜로는 알 수가 없네
내가 아는 건 살아가는 방법뿐이야
보다 많은 실패와 고뇌의 시간이
비켜 갈 수 없다는 걸 우린 깨달았네
이제 그 해답이 사랑이라면
나는 이 세상 모든 것들을 사랑하겠네

🌱 김순곤(1959.8.20.~)

 조용필의 히트곡 '고추잠자리', '못 찾겠다 꾀꼬리' 작사자이다. 나미의 '인디안 인형처럼', 김완선의 '나만의 것', 박강성의 '문밖에 있는 그대' 등 1,000여 곡을 작사했다.

가슴에 버리는 비

내리는 비에는 옷이 젖지만
쏟아지는 그리움에는 마음이 젖는군요
벗을 수도 없고 말릴 수도 없고

비가 내리는군요
내리는 비에 그리움이 젖을까 봐
마음의 우산을 준비했습니다
보고 싶은 그대여

오늘같이 비가 내리는 날에는
그대 찾아 나섭니다
그립다 못해
내 마음에도 비가 주룩주룩 내립니다

비 내리는 날은 하늘이 어둡습니다
그러나 마음을 열면
맑은 하늘이 보입니다
그 하늘이 당신이니까요

빗물에 하루를 지우고
그 자리에 그대 생각을 넣을 수 있어
비 오는 날 저녁을 좋아합니다

그리움 담고 사는 나는
늦은 밤인데도
정신이 더 맑아지는 것을 보면
그대 생각이 비처럼
내 마음을 씻어주고 있나 봅니다

비가 내립니다 내 마음에 빗물을 담아
촉촉한 가슴이 되면 꽃씨를 뿌리렵니다
그 꽃씨 당신입니다

비가 오면 우산으로 그리움을 가리고
바람 불 때면 가슴으로 당신을 덮습니다

비가 내립니다 빗줄기 이어 매고
그네 타듯 출렁이는 그리움
창밖을 보며 그대 생각을 하는 아침입니다

내리는 비는 우산으로 가릴 수 있지만
쏟아지는 그리움은 막을 수가 없군요
폭우로 쏟아지니까요.

🌱 윤보영(1961.1.30.~)

   2009년 대전일보〈신춘 문예〉당선으로 등단. 동시와 시가 초등학교, 중학교 교과서에 실렸다. 열린사이버대학 특임교수를 역임했다. 시집『세상에 그저 피는 꽃은 없다. 사랑처럼』,『12월의 선물』,『높은 하늘 깊은 그리움』등을 출간했다.

가시나무

내 속엔 내가 너무도 많아
당신의 쉴 곳 없네

내 속엔 헛된 바램들로
당신의 편할 곳 없네

내 속엔 내가 어쩔 수 없는 어둠
당신의 쉴 자리를 뺏고

내 속엔 내가 이길 수 없는 슬픔
무성한 가시나무숲 같네

바람만 불면 그 메마른 가지
서로 부대끼며 울어대고

쉴 곳을 찾아 지쳐 날아온
어린 새들도 가시에 찔려 날아가고

바람만 불면 외롭고 또 괴로워
슬픈 노래를 부르던 날이 많았는데

내 속엔 내가 너무도 많아
당신의 쉴 곳 없네

🌱 하덕규(1958.7.21.~)

시인이자 싱어송라이터, 1981년 〈시인과 촌장〉 듀오를 결성하여 음악 활동으로 시작 '재회', '숲', '한계령' 등 많은 노래를 부르고 작사·작곡을 하여 노래하는 음유시인으로 알려졌다. 2006년 미국에서 선교학을 전공하고 백석예술대학교 교수 등을 역임했다.

이 시는 가수 조성모가 리메이크곡으로 불러 음반이 밀리언셀러가 될 만큼 크게 히트하기도 했다.

한편, 오스트레일리아 작가 콜린 매컬로(Collin McCullough)가 발표한 소설『가시나무새』(The Thorn Birds, 1977)가 있다. 이 원작 소설을 미국에서 1983년 드라마로 만들어 인기리에 방영되었고 KBS에서도 이를 방영하여 큰 호응을 얻었다.

가시나무새는 일생에 단 한 번 이 세상의 어떤 소리보다도 아름답고 구슬프게 운다는 전설 속의 새인데 소설『가시나무새』는 평생을 독신으로 살아가야 하는 가톨릭 사제 '랄프'와 그를 사랑하는 여자 주인공 '메기'의 이룰 수 없는 가슴 아픈 사랑을 그린 소설이다.

어느 대나무의 고백

늘 푸르다는 것 하나로
내게서 대쪽 같은 선비의 풍모를 읽고 가지만
내 몸 가득 칸칸이 들어찬 어둠 속에
터질 듯한 공허와 회의를 아는가
고백컨대
나는 참새 한 마리의 무게로도 휘청댄다
흰 눈 속에서도 하늘 찌르는 기개를 운운하지만
바람이라도 거세게 불라치면
허리뼈가 뻐개지도록 휜다 흔들린다
제 때에 이냥 베어져서
난세의 죽창이 되어 피 흘리거나
태평성대 향기로운 대피리가 되는,
정수리 깨치고 서늘하게 울려 퍼지는 장군죽비
하다못해 세상의 종아리를 후려치는 회초리의 꿈마저
꿈마저 꾸지 않는 것은 아니나
흉흉하게 들려오는 세상의 바람 소리에
어둠 속에서 먼저 떨었던 것이다

아아, 고백하건대
그놈의 꿈들 때문에 서글픈 나는
생의 맨 끄트머리에나 있다고 하는 그 꽃을 위하여
시들지도 못하고 휘청, 흔들리며, 떨며 다만,
하늘 우러러 견디고 서 있는 것이다

🌱 복효근(1962.~)

1991년 〈시와 시학〉의 작품 활동으로 등단.

2000년 시와 시학 젊은 신인상, 2015년 신석정문학상을 수상했다. 송동, 금지중학교 교사를 역임했다. 그의 작품 '잔디에게 덜 미안한 날'은 고등학교 학력평가에 출제되었다. 시집 『어느 대나무의 고백』

『당신이 슬플 때 나는 사랑한다』, 『버마재비 사랑』, 『목련꽃 브리지』, 『꽃 아닌 것이 없다』 등을 출간했다.

한계령

저 산은 내게
우지마라 우지마라 하고
발아래 젖은 계곡 첩첩산중
저 산은 내게
잊으라 잊어버리라 하고
내 가슴을 쓸어내리네
(후렴)
아 그러나 한 줄기 바람처럼 살다 가고 파
이 산 저 산 눈물 구름 몰고 다니는
떠도는 바람처럼
저 산은 내게 내려가라 내려가라 하네
지친 내 어깨를 떠미네
(후렴)

🌱 원작 개작 및 작곡 : 하덕규(1958.7.21.~), 노래 : 양희은

한계령에서

온종일 서북주릉9)(西北紬綾)을 헤매며 걸어왔다
안개구름에 길을 잃고 안개구름에 흠씬 젖어
오늘, 하루가 아니라 내 일생 고스란히
천지창조 전의 혼돈, 혼돈 중에 헤매일
삼만육천오백날을 딛고 완숙한 늙음을 맞이하였을 때
절망과 체념 사이에 희망이 존재한다면
담배 연기 빛 푸른 별은 돋을까

저 산은, 추억이 아파 우는 내게 울지마라 울지마라 하고
발아래 상처 아린 옛이야기로 눈물 젖은 계곡
아, 그러나 한 줄기 바람처럼 살다 가고 파
이 산 저 산 눈물 구름 몰고 다니는 떠도는 바람처럼

저 산은, 구름인 양 떠도는 내게 잊으라 잊어버리라 하고
홀로 늙으시는 아버지 지친 한숨 빗물 되어 빈 가슴을 쓸어
내리 네. 아, 그러나 한 줄기 바람처럼 살다 가고 파
이 산 저 산 눈물 구름 몰고 다니는 떠도는 바람처럼
온종일 헤매던 중에 가시덤불에 찢겼나 보다
팔목과 다리에서는 피가 흘러 빗물 젖은 옷자락에

---

9) 서북주릉((西北紬綾) : 설악산 서쪽 끝에 있는 안산에서 시작 대승령, 귀때기청봉을 지나 중청봉으로 이어지는 약 13km에 이르는 구간으로 가장 긴 능선. 남설악과 내설악을 구분하는 경계가 된다. ※ 주릉(紬綾) : 명주실로 짠 비단

피나무 잎새 번진 불길처럼 깊이를 알 수 없는
애증(愛憎)의 꽃으로 핀다

찬 빗속 꽁초처럼 비틀어진 풀포기 사이 하얀 구절초
열한 살 작은 아이가
무서움에 도망치듯 총총히 걸어가던 굽이 많은 길
아스라한 추억 부수며 관광버스가 지나친다

저 산은, 젖은 담배 태우는 내게 내려가라
이제는 내려가라 하고 서북주릉 휘몰아 온 바람
함성 되어 지친 내 어깨를 떠미네
아, 그러나 한 줄기 바람처럼 살다 가고 파
이 산, 저 산 눈물 구름 몰고 다니는 떠도는 바람처럼

🌱 정덕수(1963~)

한계령에서와 한계령

　1980년대 중반 가수 노사연이 부른 '한계령'은 많은 사람들의 사랑을 받았는데 나는 집사람이 평소에 늘 읊조리고 다니는 바람에 저절로 배웠다. 그런데 '한계령' 노래가 처음의 시, '한계령에서'를 요약한 것처럼 보이는데 사실이 그렇다.

　한계령(寒溪嶺)은 인제에서 양양으로 넘어가는 높이 1,004m의 고개다. 한계령의 한자어는 〈골짜기가 추운 고개〉라는 의미인데 추운 게 문제가

아니라 한계령에서 내려다보는 설악의 절경은 이 노래가 아니더라도 보는 사람으로 하여금 감탄이 절로 나오게 만든다. 나는 여름휴가 때 가서 보았지만, 사계절이 다 보는 사람의 숨을 멎게 만드는 절경으로 알려져 있다.

한편 두 작가는 공통점이 많다. '한계령' 작사·작곡자 하덕규는 고향이 강원도 홍천이고 원작 '한계령에서'를 쓴 정덕수의 고향은 한계령 아래 오색마을이다. 연배도 5년 차이 '58년생과 '63년생이다.

정덕수는 소시적 그의 집이 너무 가난하여 초등학교밖에 나오지 못했고 어머니마저 일찍 가출해 버렸다. 그래서 어린 나이에 무작정 상경해 청계천 봉제공장 등 이곳저곳을 전전하다가 18세가 된 1981년에 고향인 한계령 아래 오색으로 돌아오게 된다. '한계령에서'는 이때 쓴 시인데 18세의 청소년이 쓴 씨라고 믿기 어려울 만큼 진한 삶의 경륜과 애환이 담겨있다.

하덕규는 9남매의 7번째 아들로 비교적 부유한 환경에서 자랐으나 초등학교 4학년 때 아버지의 사업이 어려워지면서 부모가 이혼하고 각박한 삶을 이어 나가게 된다. 그의 최종 학력이 추계예술대학교 1학년 중퇴라는 사실이 모든 정황을 얘기해 준다. 그는 시 '한계령에서' 영감을 얻어 1984년 자신의 고달픈 삶을 얘기한 '한계령'이라는 노래를 세상에 내놓는데 당시에는 저작권 개념도 모호해서 원작자의 허락도 없이 그렇게 한 것이다.

정덕수 시인은 1988년 우연한 기회에 자기 시가 노래로 만들어져 크게 유행했다는 것을 알게 되었으나 그뿐이었는데 이후 주변 지인들이 나서 '한계령' 노래가 발표된 지 22년 만인 2007년에 원작자의 지위를 찾아주게 된다. 개작자의 원본 인정과 이에 대한 원작자의 원만한 양해도 있었다고 한다.

9. 이런 시도 있네요

모닥불 / 치마 / '치마'에 대한 답시

모닥불

새끼 오리도 헌신짝도 소똥도 갓신창도 개니빠디도
너울쪽도 짚검불도 가랑잎도 헝겊조각도 막대꼬치도
기왓장도 닭의 짗도 개터럭도 타는 모닥불

재당도 초시도 문장(門長) 늙은이도 더부살이 아이도
새사위도 갓사둔도 나그네도 주인도 할아버지도 손자도
붓장시도 땜쟁이도 큰 개도 강아지도 모두 모닥불을 쪼인다

모닥불은 어려서 우리 할아버지가 어미아비 없는
서러운 아이로 불쌍하니도 몽둥발이가 된 슬픈 역사가 있다

🌱 백 석(1912~1996)

자유시는 '백석' 시조는 '조운'이라는 말이 있다.

* 새끼 오리 : 새끼줄, '오리'는 '올'의 평안 방언
* 갓신창 : 가죽신의 밑창 * 너울쪽 : 널빤지
* 개니빠디 : 널빤지 * 닭의 짗 : 닭의 깃털
* 재당 ; 향촌의 최고 어른에 대한 존칭
* 문장(門長) : 한 문중에서 항렬과 나이가 제일 위인 사람
* 갓 사둔 : 새 사돈
* 불상하니도 : '불쌍하니도'의 고어
* 몽둥발이 : 딸려 붙어 있던 것들이 다 떨어지고 몸둥이만 남은 물건

치마

벌써 남자들은 그곳에
심상치 않은 것이 있음을 안다.

치마 속에는 확실히 무언가
있기는 하다.

가만두면 사라지는 달을 감추고
뜨겁게 불어오는 회오리 같은 것

대리석 두 기둥으로
받쳐 든 신전에

어쩌면 신이 살고 있을지도
모른다.

그 은밀한 곳에서 일어나는
흥망의 비밀이 궁금하여

남자들은 평생 신전 주위를
맴도는 관광객이다.

굳이 아니라면
신의 후손인지도 모른다.

그래서 그들은 자꾸
족보를 확인하고

후계자를 만들려고
애를 쓴다.

치마 속에 무언가 확실히 있다.

여자들이 감춘
바다가 있을지도 모른다.

참혹하게 아름다운
갯벌이 있고

꿈꾸는 조개들이
살고 있는 바다

한 번 들어가면 영원히 죽는
허무한 동굴?

놀라운 것은
그 힘은 벗었을 때
더욱 눈부시다는 것이다.

🌱 문정희(1947.05.25.~)

'치마'에 대한 답시

그렇구나
여자들의 치마 속에 감춰진
대리석 기둥의
그 은밀한 신전

남자들은 황홀한
밀교의 광신도들처럼

그 주변을 맴돌며
한평생 참배의 기회를 엿본다.

여자들이 가꾸는
풍요한 갯벌의 궁전

그 남성 금지구역에
함부로 들어갔다가 붙들리면
옷이 다 벗겨진 채
무릎이 꿇려

천 번의 경배를
해야만 한다.
그러나,
그런 곤욕이 무슨 소용이리

때가 되면 목숨을 걸고
모천으로 기어오르는 연어들처럼
남자들도 그들이 태어났던
모천의 성지를 찾아

때가 되면 밤마다
깃발을 세우고 순교를 꿈꾼다.

그러나, 여자들이여,
상상해 보라

참배객이 끊긴, 닫힌 신전의
문은 얼마나 적막한가!

그 깊고도 오묘한 문을 여는
신비의 열쇠를
남자들이 지녔다는 것이
얼마나 다행스런 일인가!?

보라 그 소중한 열쇠를
혹 잃어버릴까 봐
단단히 감싸고 있는
저 탱탱한 남자들의 팬티를!

🌱 임 보(1940.06.09.~)

10. 노벨문학상 수상과 뇌췌소 박사

노벨문학상 수상

「그녀의 작품은
역사적 트라우마를 직시하고
인간 삶의 연약함을 드러내는
강렬한 시적 산문입니다.」

이 글은 2024년 10월 10일 20시(한국시간) 스웨덴 한림원에서 한강 작가를 노벨문학상 수상자로 발표하면서 말한 선정 사유다. 동영상을 보니 꼭 이렇게 말한 것 같지는 않지만, 화면 밑의 한 편의 시와 같은 이 자막이 정말 맘에 쏙 든다.

요 며칠 동안 매체들의 한강 작가의 노벨문학상 수상 관련 발표 내용을 살펴보다가 문득 이 중에서 가장 맘에 든 문구를 하나 선정해 보자는 생각이 뒤늦게 떠올라 다시 보고 또 들어보았다. 그 결과「모든 국민이 노벨문학상 수상작을 원서로 읽을 수 있게 되었다」를 뽑았다. 차선으로는「노벨문학상 하면『죄와 벌』의 도스토옙스키,『무기여 잘 있거라』의 헤밍웨이가 떠 오르는데, 세상에! 우리 한강 작가가 이 반열에 올랐다고?」를 뽑았는데 이는 내가 한 말이다.

사실 이 책 원고를 쓰고 있다가 이 놀라운 소식을 들었다. 이에 대한 이런저런 글이나 영상을 보다가 나도 한마디 하고 싶은 생각이 들었는데 마침 출간 전이라 여기에 실을 수 있었다.

이휘소 박사와 무궁화꽃이 피었습니다.

　이휘소(李輝昭, 1935.01.01.~1977.06.16.)는 일제 강점기에 태어난 한국계 미국인 이론물리학자이다. 그는 20세기 후반 노벨물리학상에 가장 가까이 다가선 세계적인 명성의 물리학자였다. 이분을 소재로 하여 김진명 작가가 쓴 소설 『무궁화꽃이 피었습니다』(1993)는 600만 부가 팔일 정도로 엄청난 선풍을 불러일으켰다.

　이분의 사망이 큰 사회적 이슈가 되었었다. 당시 미국과의 관계가 최악의 상태였던 박정희 대통령이 핵무기를 개발하기 위해 이휘소 박사를 국내에 초대하고 박사 또한 "이제 나도 조국을 위해 뭔가를 해야 하지 않겠는가!"라는 요지의 말을 하고 미국에 이삿짐을 싸러 갔다가 교통사고를 당해 사망했는데 이게 미국 CIA의 만행이라는 것이다. TV에서 봤던 사고 현장은 상·하행선 도로 사이에 큰 공간이 있는 도저히 충돌 사고가 일어날 수가 없는 곳이었다. 미국의 의도적인 범죄로 위대한 과학자를 잃었고 노벨물리학상 수상 기회마저 놓쳐버렸다고 절대 용서할 수 없다고 비분강개하던 젊은 시절이 생각난다. 그런데 후일 교통사고가 맞는 것으로 결론난다.

　여기까지가 나의 기억인데 이글을 쓰기 위해 자료를 찾아보니 위 이야기는 소설에서 나오는 이야기 같다. 나도 당시 소설을 읽어 보았는데 그러면 내가 TV에서 본 것은 뭔지 헷갈린다.
　하여튼 소설의 골자는 남한과 일본 간에 전쟁이 일어나서 전세(戰勢)가 매우 불리하던 중 적대국 북한에 특사가 파견되어 북한이 극비리에 일본에 핵폭탄을 투하하여 전쟁에 승리한다는 것이다.

노벨상과 사대주의

이휘소 박사 사망 이후 매년 노벨상이 발표될 때마다 우리나라 사람은 없는지 혹시나 하고 수상자 발표에 귀를 기울였다. 돌아보니 반세기가 넘었다. 그런데 어느 때부턴가 이게 선진국에 대한 지적 사대주의 아닌가 하여 노벨상이 뭐라고 하며 애써 무시하려 했다. 더불어 왜? 우리나라에는 이렇게 세계적으로 권위 있는 상이 단 한 개도 없는가? 하고 한탄했었던 기억도 난다.

자기모순 같지만 그래도 매년 발표 때 만 되면 관심은 여전했다. 특히 우리나라는 노벨과학상 수상자가 단 한 명도 없는 것을 애석해하다가 이를 매우 자세히 조사해 본 적도 있다(2021). 이때 노벨상을 어떤 하나의 성과에 대해 주는 것이 아니고 평생 업적을 평가하여 준다는 것을 알고 나서 사대주의를 넘어 존경의 대상이 되어 버렸다. 노벨과학상 수상자 (2024)가 20명이 넘는 나라는 미국, 영국, 독일, 프랑스, 일본 5개국이고 10명이 넘는 나라는 스웨덴, 스위스, 러시아, 네덜란드, 캐나다, 오스트리아, 덴마크 7개국이다.

한편, 한강 작가 노벨상 수상을 폄훼하고 비난하는 글을 올린 사람이 있는가 하면 스웨덴 대사관 앞에 가서 반대 시위를 하는 사람도 있다. 생각은 자유니까 그럴 수도 있겠지만 이분들에게 「상을 타든 말든 무시해 버리면 될 걸 이런 언행을 하는 것」은 젊은 날의 나보다 더 지적 사대주의에 빠져있어 그런 것이라고 알려 드리고 싶다.

또한 자기보다 좀 더 세다 싶으면 비굴할 정도로 굽신거리고 자기나 거기나 도진·개진으로 보이거나 자기보다 좀 약하다 싶으면 잔인할 정도로 깔아뭉개려는 지저분한 사대주의도 있다는 것도.

둘째 다발

다시 듣고 싶은 노래

1. 추억의 옛노래
2. 1950년~60년대 대중음악
3. 1970년대 청년문화
    3-1. 새로운 대중음악
    3-2. 번안가요
4. 추억의 팝송 그리고 영화와 영화음악
5. 1980년대 민중 문화운동과 대중가요
6. 민요와 정겨운 가곡

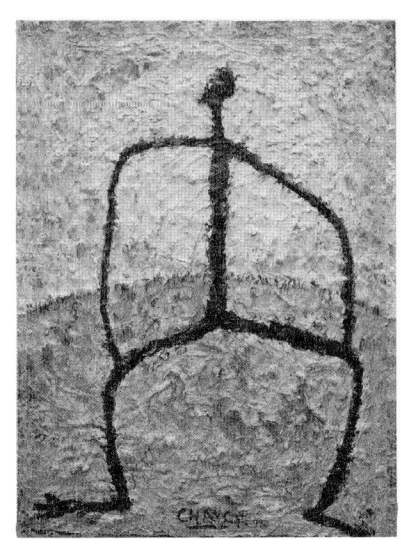

추억의 노래를 떠올리며

　나의 청년 시절은 소위 청년문화가 꽃을 피운 1970~80년대다.
　돌이켜 생각해 보니 이 당시가 우리나라 대중음악의 전환점을 맞이한 시기였다고 해도 과언이 아닐 것 같다.
　가장 큰 변화는 무엇보다도 뽕짝 일색의 우리 대중가요에 새로운 경향의 대중가요가 탄생했다는 점이다. 여기에는 공전의 히트를 기록한 번안 가요가 독보적인 지위를 차지하고 있다.
　우리 젊은이들의 마음을 단번에 사로잡은 팝송과 추억의 명화 그리고 영화음악을 빼놓고는 청년문화를 논하기 어렵다. 당시 군사 독재 시대가 낳은 비장미(悲壯美)의 민중가요도 아련한 추억으로 다가온다. 추억의 명곡에 빠질 수 없는 정겨운 민요와 가곡도 있다.

　이 둘째 다발에서는 일세를 풍미한 대중음악 중에서 위와 같은 장르별로 몇 곡씩 골라 노래 가사와 가수의 약력, 그리고 가수에 얽힌 사연과 나의 감상 등을 함께 실었다.

　그러면 함께 추억의 노래 속에 빠져 보기로 하는데 꼭 핸폰을 틀어 놓고 가수의 노래를 직접 들으면서 감상(鑑賞)하시라고 강요하고 싶다. 운율과 가수의 음색이 글을 읽는 것과는 또 다른 맛을 전해주기 때문이다. 나는 이 원고를 쓰는 내내 이렇게 노래를 듣고 흥얼거리며 그 시절 추억 속에 빠져 지냈다. 그래서 하나 더 당부를 드리는데 자신만의 추억의 애창곡도 함께 듣고 부르면서 옛 추억에 잠겨 보시기 바란다.

1. 추억의 옛노래

나의 아버지는 바이올린을 하셨다. 그래서인지 내가 어려서 아버지에게 배운 노래들은 나중에 학교에 가서 보니 아는 노래가 많았다.

일제 강점기 29세 꽃다운 나이에 유부남 연인 김우진과 함께 현해탄에 투신하여 생을 마감한 비운의 신여성 윤심덕의「사의 찬미」원곡으로 유명한 '붉은 노을은 달빛을 가리고~' 이렇게 시작하는 독일 이바노비치(Ivanovich)의 '다뉴브강의 잔물결'을 어려서 배웠다.

지금도 가끔 나도 모르게 읊조리는 '부용산'이라는 참으로 애처로운 이 노래도 어려서 배웠다. 빨치산의 노래로 잘못 알려지기도 했던 사연 많은 노래다. 몇 해 전에는 우연히 목사님 세 분 앞에서 나의 아버지가 어렸을 때 교회 주일학교에서 배운 노래라면서 '갈릴리 바다가'를 불렀더니 아는 분이 한 분도 없다.

소시적 회상에 젖다 보니 '타향살이'를 고복수 옛 가수만큼이나 애달프게 부르시던 아버지 모습도 생각난다. '황성옛터', '애수의 소야곡' 같은 노래도 그때 배웠는데 이제 보니 모두 일제 강점기에 유행한 노래다. 집에는 도너츠 크기의 일본 LP판도 많았는데 당시 일본 가요 '사바시와카레노오~'로 시작하는 '사요나라'(きょうなら)는 지금도 끝까지 부를 수 있다. 왜 뽕짝이 일본 가요를 흉내 낸 거라고 하는지, 이 노래를 들어보면 알 수 있다. 100% 표절이라고 해도 할 말이 없기 때문이다.

그러면 사연 많은 두 곡과 인기 만점의 곡 하나를 감상해 보자.

사의 찬미
나는 열일곱 살이에요
부용산

사의 찬미

1 광막한 광야에 달리는 인생아
  너의 가는 곳 그 어데이냐
  쓸쓸한 세상 험악한 고해를
  너는 무엇을 찾으러 가느냐
  (후렴)
  눈물로 된 이 세상은
  나 죽으면 고만일까
  행복 찾는 인생들아
  너 찾는 것 허무

2 웃는 저 꽃과 우는 저 새들은
  그 운명이 모두 다 같구나
  삶에 열중한 가련한 인생아
  너는 칼우에 춤추는 자로다

3 허영에 빠져 날뛰는 인생아
  너 속였음을 네가 알겠느냐
  세상의 것은 너의게 허무니
  너 죽은 후에 모두 다 없도다

🌱 작사, 노래 : 윤심덕(1987~1926), 곡 : Ivanovich, Iosif(~1902)

　　1926년 8월에 한국 최초의 소프라노 윤심덕이 발표한 이 노래는 '희망가'와 더불어 대중가요의 효시로 보는 견해가 많다.
　　마치 죽음을 암시하는 듯한 가사의 이 노래는 윤심덕의 비극적인 동반자살 이후 엄청난 사회적 충격과 함께 많은 인기를 끌었다. 1991년에 영화감독 김호선이 처음 영화로 만들었고 뮤지컬 〈사의 찬미〉는 2013년 초연 이래 2024년까지 공연되고 있다. 2018년 11월에는 SBS에서 드라마로 제작 방송되었다. 다음은 이 드라마 남자 주인공 독백이다. "심덕은 나의 이상이고, 심덕을 바라보는 나는 현실이다. 내 앞에서 울고 있는 이 여자에게 나는, 사랑한다, 사랑한다. 거듭해 말하는 것 말고는 아무것도 해줄 수가 없다. 그래서 심덕은 내게 희망이자 절망이다."

나는 열일곱 살이에요

나는 가슴이 두근거려요
당신만 아세요 열일곱 살이에요
가만히 가만히 오세요 요리 조리로
파랑새 꿈꾸는 버드나무 아래로
가만히 오세요, 가만히 오세요

나는 얼굴이 붉어졌어요
가르쳐 드릴까요 열일곱 살이에요
가만히 가만히 오세요 요리 조리로
언제나 정다운 버드나무 아래로
가만히 오세요, 가만히 오세요

🌱 작사 : 이부풍(1914~1982), 작곡 : 전수린(1907.2.~1984.11.)
　　노래 : 박단마(1921.~1992.1.23.)

　1938년에 발표된 노래다. 수줍었던 열일곱 살 소녀의 설렘이 가득한 고백이 담긴 이 가사는 당시에 노래 제목부터 파격적이었다. 그래서인지 대중에게 큰 인기를 끌었다.

　이 노래 발표 이후 세대에 걸쳐 이미자, 신카나리아, 김연자, 문희옥, 하춘화 등 많은 가수가 불렀다. 내가 어렸을 때 이 노래를 배워서 당시에 유행된 곡인 줄 알았지, 일제 강점기에 탄생한 곡이라는 것을 미처 몰랐다.

부용산

1
부용산 오리 길에
하늘만 푸르러 푸르러
솔밭 사이사이로
회오리바람 타고
(후렴)
간다는 말 한마디 없이
너는 가고 말았구나
피어나지 못한 채
병든 장미는 시들어지고

2
부용산 봉우리에
잔디만 푸르러 푸르러
가르마 같은 오솔길로
꽃가마 홀로 타고

🌱 작사 : 박기동(1917~2004), 작곡 : 안성현(1920~2006)

앞서 말한 대로 이 노래는 내가 어려서 아버지에게 배운 노래다.
어린 여동생이 죽어 산에 묻고 내려오는 길에 그 오빠가 부른 노래라고 하셨는데 구슬픈 이 노래를 지금까지도 가끔 나도 모르게 흥얼거리곤 한다.

이 책에 이 노래도 실으려다가 문득 오래전에 여동생 혜은이가 이 노래 가사 2절을 찾는다는 기사가 신문에 났다고 그 신문 기사를 오린 것과 자기 의견을 적은 편지를 내게 보낸 적이 있는데 그 생각이 나서 아직도 그 신문 기사가 있는지 포털사이트에서 찾아보다가 깜짝 놀라고 말았다. 작자 미상으로 구전되어 온 노래로 알고 있던 이 노래에 관한 이야기가 자세히 실려있는 게 아닌가.

관련 글들을 요약해 보면 이 시를 지은 사람은 박기동이고 부용산은 전남 보성군 벌교읍에 있는 산이고 이 시인의 여동생이 15살이던 1947년에 세상을 떠났다. 시인은 선생님이었는데 이듬해 목포의 항도 여중으로 전근을 가게 된다. 이 학교에서 만난 안성현 음악 선생이 시에 곡을 붙인다. 이 무슨 기막힌 운명인지 안 선생님도 작년에 23세의 여동생을 잃었다는 것이다. 그래서 이 노래가 이렇게 애달픈 것일까. 아무튼 이 노래는 1948년 4월 11일 학예회 때 5학년 배금순이 처음 부른 이후 입으로, 입으로 전파되어 전국으로 퍼져나갔다. 이렇게 하여 1960년대 어린 나에게까지 도달한 것이다.

이 노래는 그해 10월 19일에 여순사건이 발생하여 산으로 쫓겨 간 빨치산들의 두고 온 가족에 대한 그리움을 달래는 노래가 되었다. 이런 상황에 6·25 전쟁 이후 안성현 선생이 북에 있다는 것이 알려져 완전 금지곡이 되었다. 박기동 선생은 감시 대상이 되어 애지중지하던 시작 노트도 다 빼앗기고 가택 구금과 연행도 당하는 처지가 되었으나 후일 다행히 노래가 해금되고 이 시인은 76살에 호주로 이민을 떠난다. 박기동 선생이 2000년 10월에 보성군청의 노래비 제막식에 참석, 비 앞에서 찍은 사진도 한 점 올라와 있다.

한편 이 노래는 안치환 가수가 불러 1997년 작가 미상의 구전가요로 그의 앨범 〈노스텔지어〉에 실렸는데 노래가 해금된 후에는 목포와 벌교에서 서로 자기 고장 노래라고 분쟁이 생기기도 했다.
　어느 해는 서울에서 문인들이 모여 이 노래 원곡을 모르니 각자 불러 제일 멋지게 부른 사람을 1등으로 하는 내기를 했다고 한다.
　지금까지 기술한 위 내용들은 모두 처음 알게 된 것이다.

이 노래 가사도 여기 소개한 것과는 첫 소절부터 다르다. 2절 또한 아버지가 '가르마'와 '꽃상여'가 무엇인지 설명해 준 기억도 나는데 내가 아는 것과 너무 다르다. 어쨌거나 이렇게 2절이 있는데, 오래 전의 2절을 찾는다는 신문 기사는 또 뭔지 헷갈리기만 한다.

그리고 가수가 부른 노래를 들어보니 선율의 흐름은 비슷한데 아무래도 내가 알고 있는 곡조가 더 자연스럽고 애절한 것 같다.

최근에 비교해 보시라고 윤조덕 박사님 앞에서 가수 노래를 핸펀으로 들려드린 다음 직접 부르기도 했는데 이 노래를 알거나 들어본 적이 있는 분들에게 불러드릴 기회가 있다면 참 좋겠다.

하여튼 이 노래에 얽힌 슬펐던 우리 가족 이야기를 마저 하고 이글을 끝내려 한다. 1979년 가을에 아버지가 돌아가시고 나서 10여 년도 더 지난 어느 해 제사 때였다.

문득 동생이 아버지가 임종을 앞두었을 때 음성을 녹음해 놓은 테잎이 있다고 틀어 보자고 해서 찾아내어 틀었다. 거기에는 아버지 친구 백수라는 분이 찾아와서 나눈 마지막 대화가 녹음되어 있었다.

"어이! 내가 누군지 알겠는가?"
"백수 놈, 아닌가!"
"어. 맞네. 내가 백수네. 심심헌디 나 노래나 한 곡 불려주소."
"--- 부용산 오리 길에 하늘만 푸르러 ~"

이 노래를 끝까지 듣지도 못하고 온 가족이 울음바다가 되었다. 마치 방금 돌아가신 느낌이었다. 다시는 이 테잎을 틀지 않기로 했다.

2. 1950년~60년대 대중음악

소싯적에 들은 작은 나팔 같은 것이 얹어진 네모 상자에서 찌걱거리면서 흘러나오던 노래를 잊기 어렵다. 뭔가 째지는 듯한 목소리로 '장벽은 무너지고' 이렇게 시작하여 묘하게 가슴을 흔들어 놓고는 '~ 과거를 묻지 마세요~'라고 긴 여운을 남기고 끝나는데 이 노래를 나애심 가수가 불렀다는 것을 성인이 되어 알았다.

저고리 고름 말아 쥔 '낙랑 18세', 반짝이는 별빛 아래 '무너진 사랑탑', 앵두나무 우물가의 '앵두나무 처녀', 파랑새 노래하는 '청포도 사랑', 나 혼자만이 그대를 갖고 싶소 '나 하나의 사랑', '오동추'가 사람 이름인 줄 알았던 '오동동 타령', 청춘은 봄이고 봄은 꿈나라 '청춘의 꿈', 철사줄로 두 손 꽁꽁 묶인 채 맨발로 절며 넘는 '단장의 미아리 고개', 임께서 가신 길은 영광의 길 '아내의 노래', 옷소매 잡고서 몸부림을 치는 그 님의 '무정 열차', 아무도 찾는 이 없는 외로운 '산장의 여인', 처음 본 남자 품에 얼싸안긴 '댄서의 순정', 갈매기 노래하는 '만리포 사랑', 그날 밤 그 처녀 '울어라 기타줄', 꽃이 핍니다. '첫사랑의 화원'에, '물새 우는 강 언덕'의 낙동강 효녀 '처녀 뱃사공', '꿈에 본 내 고향'이 그리워도 못 가는 신세 … 모두 '50년대 노래다. 앞서 미처 소개못한 '청춘의 꿈'과 '울고 넘는 박달재'도 있다. '60년대 노래는 꺼내지도 못했는데 …

봄날은 간다 / 과거를 묻지 마세요
호반의 벤치 / 세월이 가면 / 허무한 마음
하숙생 / 동숙의 노래 / 돌아가는 삼각지
갑돌이와 갑순이 / 빙점 / 비 내리는 판문점

봄날은 간다

연분홍 치마가 봄바람에
휘날리더라
오늘도 옷고름 씹어가며
산제비 넘나드는 성황당 길에
꽃이 피면 같이 웃고
꽃이 지면 같이 울던
알뜰한 그 맹세에
봄날은 간다

새파란 풀잎이 물에 떠서
흘러가더라
오늘도 꽃편지 내던지며
청노새 짤랑대는 역마차 길에
별이 뜨면 서로 웃고
별이 뜨면 서로 웃고
실없는 그 기약에
봄날은 간다

🌱 작사 : 손로원(1911~1973), 작곡 : 박시춘(1913.10.28.~1996.6.30.), 노래 : 백설희(1927.1.29.~2010.5.5)

　1953년에 발표된 노래다. '아메리카 차이나타운', '물새 우는 강 언덕' 등의 곡도 널리 유행했는데 가수는 '사랑은 연필로 쓰세요'의 70·80년대 가수 전영록의 이미니이기도 하다. 6.25 전쟁 때에 전장을 돌아나니면서 위문 공연을 한 공을 인정받아 국가유공자로 선정되었다.
　2009년에 계간지 〈시인 세계〉에서 현역 시인 100명에게 시인들이 좋아하는 대중가요 노랫말을 물었는데 이 노래가 1위를 차지했다. 이 노래는 장사익, 최백호, 주현미, 이선희 등의 많은 가수가 불렀고 최근에는 송가인이 부르는 등 세대를 뛰어넘는 애창곡이 되어 있다. 가사가 3절까지 있는데 2절까지만 실었다.

과거를 묻지 마세요

장벽은 무너지고 강물은 풀려
어둡고 괴로웠던 세월은 흘러
끝없는 대지 위에 꽃이 피었네
아~아 꿈에도 잊지 못할
그립던 내 사랑아
한 많고 설음 많은 과거를 묻지 마세요

구름은 흘러가도 설움은 풀려
애달픈 가슴마다 햇빛이 솟아
고요한 저 성당에 종이 울린다
아~아 흘러간 추억마다
그립던 내 사랑아
얄궂은 운명이여 과거를 묻지 마세요.

🌱 작사 : 정성수, 작곡 : 전오승(1923.3.16.~2016.7.3.),
    노래 : 나애심(1930.9.5.~2017.12.20.)

 1958년 노래가 발표되고 이듬해 영화로도 만들어졌는데 노래는 6·25 전쟁 때 인공 치하 피치 못할 부역에 얽힌 사연을, 영화는 북에서 내려온 한 여자와 두 남자, 즉 실향으로 인한 삼각관계를 그렸다고 하는데 노래 가사에는 두 사연이 다 들어 있는 것 같다. 노래에는 견디기 어려운 시대의 아픔을 겪은 이들에 대한 화해와 용서의 호소가 애절한 목소리 속에 짙게 묻어 있다. '백치 아다다', '미사의 종'도 큰 인기를 얻었다.

호반의 벤치

1
내 임은 누구일까 어디 계실까
무엇을 하는 임일까
만나보고 싶네
신문을 보실까
그림을 그리실까
호반의 벤치로 가 봐야겠네

2
내 임은 누구일까 어디 계실까
무엇을 하는 임일까
만나보고 싶네
갸름한 얼굴일까
도톰한 얼굴일까
호반의 벤치로 가 봐야겠네

🌱 작사 : 이보라, 작곡 : 황문평(1920~2004), 노래 : 권혜경(1931~2008)

　이 노래는 '산장의 여인'으로 유명한 이 가수가 1963년에 부른 노래라고 한다. 이 노래를 처음 들었을 때가 언제인지 모르지만 독특한 가사 때문에 정말 내임은 누구일는지, 온갖 상상 속에 빠졌던 기억이 생생하다. 호반 뜻을 몰라 사전을 찾아보았던 것을 생각하면 어렸을 때인 것 같기는 하다.

　이 노래를 부른 가수는 여러 가지 병마로 시달렸는데 그 와중에서 전국 교도소와 소년원을 방문하여 봉사활동을 하여 수인들 사이에서 '어머니'로 불렸다고 한다. 〈34회 세계 인권의 날 인권옹호 유공 표창〉을 비롯해 표창을 500여 회나 수상할 만큼 생애 절반 이상을 봉사활동에 바치신 분이라고 한다.

　28세에 심장판막증을 앓았고 그 후 결핵, 후두암의 중병으로 시달렸는데 투병 중에도 '동심초', '물새 우는 해변' 등 주옥같은 노래로 많은 사랑을 받았다. 77세를 일기로 영면하셨다.

세월이 가면

지금 그 사람의 이름은 잊었지만
그의 눈동자 입술은
내 가슴에 있네.

바람이 불고
비가 올 때도
나는 저 유리창 밖
가로등 그늘의 밤을 잊지 못하지

사랑은 가도 옛날은 남는 것
여름날의 호숫가 가을의 공원
그 벤치 위에
나뭇잎은 떨어지고
나뭇잎은 흙이 되고
나뭇잎에 덮여서
우리들 사랑이 사라진다 해도

지금 그 사람의 이름은 잊었지만
그의 눈동자 입술은
내 가슴에 있네.
내 서늘한 가슴에 있네.

🌱 작사 : 박인환(1926.8.15.~1956.3.20.), 작곡 : 이진섭(1922~1983)

이 노래는 명동 뒷골목 '은성'이라는 막걸리 집에서 시인 박인환, 조병화, 작곡가 이진섭 그리고 나애심이 술을 마시다가 만들었다는 일화가 있다.

거나해진 조병화 시인이 나애심에게 노래를 한 곡 청한다. 나애심이 "분위기에 맞는 적당한 노래가 없다."고 대답하자 옆에 있던 박인환이 종이에 무언가 끄적였는데 이것을 본 이진섭이 곡을 붙이고 나애심이 불렀다. '세월이 가면'은 이렇게 탄생했는데 당시 〈명동의 엘레지(elegy)〉로 불렸다고 한다.

안타깝게도 평소에 지병이 있던 박인환은 왠지 우수에 젖게 만드는 이 시를 남기고 일주일 뒤인 1956년 3월 20일 30세를 일기로 세상을 떠났다.
앞서 소개한 그의 명시 '목마와 숙녀'도 멋이 있으면서도 뭔가 애잔하지만, 천재 시인 이상(1910~1937)의 죽음을 두고 '죽은 아폴론'이라고 하면서 써 내려간 시도 우리를 슬프게 한다.

1956년 나애심의 음반발표 이후 세월이 흐르면서 현인(1959), 현미(1968), 조용필(1972), 박인희(1976) 가수가 자기 스타일로 이 노래를 불렀다. 그런데 정작 이 노래가 크게 유행한 것은 '모닥불', '약속' 등으로 유명한 통기타의 박인희 가수가 부른 이후이다. 박인희 가수의 이 노래는 특이하게 첫 구절을 독백으로 시작한다.

나는 이 책 원고를 쓰는 지금까지도 이 노래가 이렇게 오래전에 나온 노래인지를 몰랐다. 박인환 시인의 작품인지도 정말 몰랐다.

허무한 마음

마른 잎이 한잎 두잎
떨어지던 지난 가을날
사무치는 그리움만
남겨 놓고 가버린 사람

다시 또 쓸쓸히 낙엽은 지고
찬 서리 기러기 울며 나는데
돌아온단 그 사람은
소식 없어 허무한 마음

🌱 작사 : 전우, 작곡 : 오민우, 노래 : 정원(1941.1.1~2015.2.28.)

 내가 중학교 2학년 때 내 짝꿍 김용빈은 노래를 정말 좋아하고 잘 불렀다. 이 곡과 '미워하지 않으리'를 이 친구한테 배웠다. 손가락으로 무릎을 톡톡 치면서 박자를 맞추어 노래 부르는 모습이 눈에 선한데 라디오를 통해 들은 것보다 내 친구가 더 잘 불렀던 것 같다.

 어느 날 친구 집에 갔더니 엄지만 한 두께의 16절지 묶음을 보여주는데 거기에는 가요 가사가 빽빽이 적혀있었다.

 그 당시 극장에서 가끔 유명한 가수가 출연하는 쇼가 열렸는데 이것을 〈극장 쇼〉라고 한다. 고 이주일 선생이 사회를 본 〈하춘화 쇼〉 같은 것이 그것이다. 우리는 몰래 극장에 들어가 이 쇼를 훔쳐보곤 했는데 사춘기 때도 아닌 어린애 시절에 어찌 이럴 수 있었는지 알다가도 모를 일이다.

 고등학교 1학년 때는 이 친구 따라 교회를 다니게 되었는데 나를 성가대에 가입시켰다. 이 친구가 성가대장으로 우리에게 찬송가를 가르쳤다. 성가대 4개 반, 소프라노 테너 알토 베이스의 각 파트마다 곡을 불러 가르치고 틀린 음을 지적하여 고쳐준다. 나는 본 노래 부분조차 몇 번을 배워도 제대로 부르기가 어려웠는데 어떻게 저럴 수 있는지 신통방통한 친구 모습을 경이롭게 쳐다보던 기억이 난다.

이뿐만이 아니다. 초등학교 동창인 조계중 친구는 성가대원이 되어 오르간을 처음 가까이 만져보았다고 했다. 그는 특별히 누구에게 배우지도 않았다는데 얼마 지나지 않아 반주도 넣고 찬송가를 쳤다. 놀라울 뿐이었다. 이 친구가 반주를 넣으면서 여러 찬송가를 불렀는데 그중에서도 찬송가 책에는 없었던 목사 사모님이 즐겨 부르시던 '서쪽 하늘 붉은 노을 영문 밖에 ~'를 함께 부르던 기억이 새롭다.

그런데 놀랍게도 이 곡은 앞서 소개한 '사의 찬미'의 원곡 '다뉴브강의 잔물결'이고 작사자가 한국교회에서 손양원(1902~1950) 목사와 더불어 가장 존경받는 목회자인 주기철(1897~1944) 목사라는 것을 이 글을 쓰면서 알게 되었다.

1960년대 인기 만점의 〈극장 쇼〉를 주름잡은 가수는 〈양아치 클럽〉이라는 닉네임을 가진 '뜨거운 안녕'의 쟈니리, 흑백 영화 '맨발의 청춘'의 트위스트 김 그리고 청바지와 청재킷의 정원 세 사람이었다. 정원의 경우 무명 시절이던 1966년에 발표한 '허무한 마음'의 공전의 히트로 일약 스타가 되어 가능한 일이었다. 1966년에는 '미워하지 않으리'가 대 히트, 연말 MBC 10대 가수상을 수상한다.

하숙생

인생은 나그네길
어디서 왔다가 어디로 가는가
구름이 흘러가듯 떠돌다 가는 길에
정일랑 두지 말자 미련일랑 남기지 말자
인생은 나그네길
구름이 흘러가듯 정처 없이 흘러서 간다

인생은 벌거숭이
빈손으로 왔다가 빈손으로 가는가
강물이 흘러가듯 여울져 가는 길에
정일랑 두지 말자 미련일랑 남기지 말자
인생은 벌거숭이
강물이 흘러가듯 소리 없이 흘러서 간다

🌱 작사 : 김석야(1929~2000), 작곡 : 김호길(1920~2005),
　노래 : 최희준(1936.5.30.~2018.5.24.)

　1960년 '우리 애인은 올드미스'를 시작으로 '맨발의 청춘', '진고개 신사', '엄처시하', '빛과 그림자' 등 거의 부르는 곡마다 히트했다. 서울대 법대를 졸업했다는 점도 못지않게 주목받았다. 1995년에 국회의원으로 당선되기도 했다. 그의 대표곡이라고 할 수 있는 이 노래는 1965년 라디오 드라마 '하숙생' 주제곡이다. 그의 노래에는 허스키한 저음의 치명적인 매력이 있다.

동숙의 노래

너무나도 그 님을 사랑했기에
그리움이 변해서 사무친 미움
원한 맺힌 마음에 잘못 생각에
돌이킬 수 없는 죄 저질러 놓고
뉘우치면서 울어도 때는 늦으리
음음음음 ~ 때는 늦으리

님을 따라 가고픈 마음이건만
그대 따라 못 가는 서러운 이 몸
저주받은 운명이 끝나는 순간
님의 품에 안기운 짧은 행복에
참을 수 없이 흐르는 뜨거운 눈물
음음음음 ~ 뜨거운 눈물

🌱 작사 : 한산도(1931~1998), 작곡 : 백영호(1920.8.~2003.5.),
　노래 : 문주란(1949.9.30.~)

　이 노래는 1966년에 발표한 문주란의 데뷔곡이다. 실존 인물 오동숙이 약혼자가 있는 남자에게 농락당해 그야말로 전 재산 그리고 몸과 마음을 다 바쳤다가 속은 것을 알고 나서 그를 칼로 찔러 살인미수로 구속되는데 이 사건이 알려지면서 작사자가 이 기사를 모티브로 만든 노래로 알려져 있다.
　이 가수는 비련의 남녀 주인공들의 심금을 울려주는 노래가 많다. '당신과 나는 남남으로 만났다가 상처만 남겨 놓고~'의 '타인들', '공항의 이별' 등이 그것이다. 18살의 너무 어린 나이에 데뷔해서일까. 이 가수가 부른 노래들의 가사를 곱씹어보면 음독자살을 시도 할 만큼 파란만장한 삶을 산 자신의 이야기일지도 모른다는 생각이 들었다. 1966년 이후 6회나 〈MBC 10대 가수〉로 선정되었고 1982년에 발표한 '공항의 이별'로 〈일본 동경 국제가요제〉 최고 가창상을 수상한 이 가수는 이전에도 이후에도 들어볼 수 없는 독특한 굵고 묵직한 저음의 음색으로 우리들의 마음을 사로잡았다.

돌아가는 삼각지

1
삼각지 로타리에
궂은 비는 오는데
잃어버린 그 사랑을 아쉬워하며
비에 젖어 한숨짓는
외로운 사나이가
서글피 찾아왔다 울고 가는 삼각지

2
삼각지 로타리를
헤매 도는 이 발길
떠나 버린 그 사랑을 그리워하며
눈물 젖어 불러보는
외로운 사나이가
남몰래 찾아왔다 돌아가는 삼각지

🌱 작사 : 이인선(1941~2014), 작곡 : 배상태(1939~),
　노래 : 배호(1942.4.24.~1971.11.7.)

'누가 울어', '안개 속에 가버린 사랑', '안개 낀 장춘단 공원' 등의 많은 히트곡을 남긴 배호는 "서양에는 베토벤, 동양에는 배호"라는 평가를 받는다. 아버지가 중국 산동성의 광복군 제3지대 소속 독립군으로 중국에서 태어났다.

독특한 음색의 그의 노래는 간장을 끊어내는, 흐느적거리며 떨리는 허스키한 저음이 오르내리며 듣는 이의 가슴을 후벼 판다. 비장한 웅장함까지 있다. 이 노래 '돌아가는 삼가지'는 작곡가가 1961년에 만들어 유명 가수에게 부탁해도 거절당하는 등 우여곡절을 끝에 1967년에야 궁전 카바레에서 드럼을 치던 무명의 배호에게 부탁, 세상에 나오면서 그를 일약 최고의 스타로 만들었다.

그의 노래를 들으면 그를 40~50대 중후한 가수로 생각하는데 하늘이 그를 시기했을까. 지병이 있던 그는 29세에 요절하고 만다.

갑돌이와 갑순이

갑돌이와 갑순이는 한 마을에 살았더래요
둘이는 서로 서로 사랑을 했더래요
그러나 둘이는 마음뿐이래요
겉으로는 음음~ 모르는 척했더래요

그러다가 갑순이는 시집을 갔더래요
시집간 날 첫날밤에 한없이 울었더래요
갑순이 마음은 갑돌이 뿐이래요
겉으로는 음음~ 안그런 척했더래요

갑돌이도 화가 나서 장가를 갔더래요
장가간 날 첫날밤에 달 보고 울었더래요
갑돌이 마음은 갑순이 뿐이래요
겉으로는 음음~ 고까짓 것 했더래요

🌷 작사 : 김다인, 작곡 : 전기현, 노래 : 김세레나(1947.10.7.~)

 1968년 발표한 이 노래는 여주지방 구전민요로 1939년 이병한·함석조가 부른 '온돌 야화'를 개사·편곡한 노래라고 한다.
 '새타령'(1967년), '꽃타령', '까투리사냥', '성주풀이', '창부타령' 등 수많은 히트곡을 냈다. 당시 이들 국악가요를 신민요라고 불렀는데 이분은 우리나라 국악의 대중화에 크게 기여한 가수라는 생각이 든다. 이분은 노무현 전 대통령만 빼고 박정희, 전두환, 노태우, 김대중, 김영삼 전 대통령 앞에서 직접 노래한 가수로도 유명하다.

빙점(氷点)

이 몸이 떠나거든 아주 가거든 　마지막 가는 길을 서러워 않고
쌓이고 쌓인 미움 버려 주세요 　모든 죄 나 혼자서 지고 갑니다
못다 핀 꽃망울에 아쉬움 두고 　소중한 첫사랑에 애련한 꿈을
서럽게 져야 하는 차거운 빙점 　모질게 꺾어버린 차거운 빙점
눈물도 얼어붙는 차거운 빙점 　보람을 삼켜버린 차거운 빙점

🌱 작사 : 한산도(1931~1998), 작곡 : 백영호(1920.8.~2003.5.),
　노래 : 이미자(1941.10.30.~)

〈엘레지의 여왕〉 가수 이미자에 대해서는 말이 필요 없지 않겠는가. 그래서 그녀가 부른 '빙점'에 관련된 얘기만 하고자 한다.

내 막내 여동생이 태어났을 때 이모가 와서 어머니의 산후조리를 도와 주었는데 내가 중학생 때다. 어느 날 보니 방바닥에 『빙점』이라는 책이 있었다. 나는 이것을 집어 들고 펼쳐 보다가 정신없이 읽기 시작했다. 상하 두 권이었던 것 같다. 이튿날인가 하권을 읽고 있을 때 이모가 언제 왔는지 책을 확 뺏어 채면서 "이런 책은 너 같은 어린애가 읽는 게 아니야!"라고 하면서 가져가 버렸다.

거의 다 읽은 것 같은데 지금도 생각나는 것은 여자 주인공이 자기 딸이 유괴되어 살해되자 큰 고통을 겪은 후 딸아이를 입양하여 애지중지 키우게 되는데 어느 날 우연히 남편이 바람피웠다고 생각한 자신에게 복수하기 위해 자기 딸 유괴범의 딸을 입양하도록 만들었다는 것을 알게 된다. 그때부터 이 아이를 지독하고 모질게 학대하며 키우게 되는데 이것이 자세하게 묘사되어 있다.

그럼에도 아이는 꿋꿋하게 잘 성장하는데 성인이 된 후에 놀랍게도 주인공은 이 딸이 그 살인범의 딸이 아니라는 것을 알게 된다.

알고 보니 소설 『빙점』은 1964년 일본 아사히 신문에서 주최한 1천만 엔 현상 소설 공모전에서 최우수작으로 당선된 작품이다.

저자 미우라 아야코(三浦綾子)는 남편과 함께 잡화상을 운영하는 평범한 주부였는데 이 책이 베스트 셀러가 되었고 이후 많은 작품을 발표하여 일본을 대표하는 소설가가 되었다.

국내에서도 베스트 셀러가 되어 소설 발표 4년 후인 1967년에 고 김진규와 남정임 그리고 김지미 등이 출연한 영화로도 만들어진다. 가수 이미자가 '빙점'을 부른 때도 1967년이니 이 영화의 OST 곡이 아니었나 싶다. 이후 1990년에는 KBS, 2004년에는 MBC 드라마로 안방에 방영된다.

『빙점』은 인간의 원죄와 그 용서의 인간 심리를 그린 작품이라고 평가하는데 연속극으로 두 번이나 방영되고 노래도 나와서 연배가 좀 되신 분들은 아는 분이 많을 것 같다.

'빙점'과 관련하여 내겐 두 개의 미스테리가 있다.

젊었을 때 읽고 감명을 받은 『이 질그릇에도』라는 책의 저자를 지금까지 고 이어령 선생님으로 알고 있었다. 그런데 이번에 저자가 이 일본 작가(三浦綾子)라는 것을 알게 되었는데 도저히 믿기지 않는다. 그리고 영화는 물론 이 두 연속극을 한 회도 본 적이 없고 노래가 나온 때도 초등학생 때인데 어떻게 내가 이 가슴 아픈 노래를 이렇게 흥얼거릴 정도로 잘 아는지 신통방통하기만 하다.

비 내리는 판문점

원한 서린 휴전선에 밤은 깊은데
가신님의 눈물이냐 비가 내린다
불 켜진 병사에는 고향 꿈도 서러운 밤
(후렴)
가로막힌 철조망엔 구름만이 넘는구나
아~ 아 판문점 비 내리는 판문점

산마루의 초소에는 밤새 우는데
가신님의 눈물이냐 비가 내린다
저 멀리 기적소리 고향 꿈을 부르는 밤

🌱 작사 : 김문응, 작곡 : 한동훈, 노래 : 오기택(1939..~2022.)

　　1961년 KBS의 직장인 콩쿠르에서 1위로 입상해 가수로 데뷔한 이 가수는 '아빠의 청춘', '고향 무정', '영등포의 밤' 등 많은 히트곡으로 1960년대에 최고의 인기를 누렸다. 군대 졸병 시절 회식 시간에 내 동기가 이 노래를 불렀다. 나는 처음 듣는 이 노래에 매료되어 동기를 졸라 열심히 배웠다. 1967년 발표된 이 노래는 지금까지도 그러니까 나의 18번이다.
　　군대 졸병 시절 얘기를 하고 보니 형과 나의 스토리가 생각난다.
　　형은 나보다 2살 위인데 ROTC 출신 장교로 군대 가고 그 후 나는 사병으로 입대했다. 논산 훈련소가 아니고 지방 예비사단으로 입대하여 훈련을 마치면 열차로 이동, 용산역에 집결했다가 여기서 기차를 갈아타고 서부전선과 동부전선으로 갈라지게 된다.

　내 형은 평소 만사태평이었다. 경기도 법원리에서 근무하고 있었다는데 그 늦잠꾸러기가 동생을 면회하기 위해 전날 안양, 박달리 이모 집에 와서 자고 새벽 4시 30분에 안양역에 도착하는 군용열차에 타고 있는 나를 면회하기 위해 새벽 3시 반에 집을 나서 초겨울 영하 5도의 추운, 하필 눈발까지 날리는 논두렁과 들판 길을 40분을 걸어 나와 택시를 타고 4시가 다 되어 안양역에 도착했더니 열차가 연착, 8시에 도착하여 추운 대합실에서 4시간을 떨었다고 한다.

　기차에 올라 보니 모두 똑같은 복장에 모자를 쓰고 있어 누가 누군지를 몰라 "강석아!"를 부르면서 칸칸이 이동하다 보니 찾지도 못한 채 열차가 용산역에 도착했다. 할 수 없이 열차에서 내렸는데 신병들이 우수수 쏟아져 나오더니 오열 종대로 행진하여 다음 열차에 오르더란다. 5시 30분경에 도착해서 약 2~3시간 면회를 할 수 있다고 했는데 열차가 연착하는 바람에 곧바로 출발했다.

　기자를 갈아타고 창가에 앉았는데 무심코 창밖을 보니 저기서 형이 멍하니 기차를 보고 서 있는 것이 아닌가. 이때 기차가 움직이기 시작했다. 내가 "형!" 하고 소리치자 나를 본 형이 "강석아!" 그러면서 바로 창 밑까지 뛰어왔다. 형은 뛰면서 다 똑같이 생겨 못 찾았다면서 "참!" 그러더니 호주머니에서 무엇을 꺼내 "아나, 이거!" 하고 손에 쥐어 준다. 기차는 점점 빨라지고 우리는 말 한마디 제대로 나누지 못하고 잘 가라고 소리치면서 그렇게 멀어졌다. 남들은 면회조차 할 수 없게 되었는데 형은 군인이라 이렇게라도 볼 수 있었다.

　자리에 앉아 손을 펴보니 꼬깃꼬깃 조그만 지폐뭉치였다.

3. 1970년대 청년문화 - 새로운 대중음악과 번안가요

3-1. 새로운 대중음악

1970년대는 우리 사회가 농경사회에서 산업사회로 넘어가는 과도기 시대였다고 할 수 있다. 공장노동자, 식당 종업원, 점원, 버스 차장, 식모살이, 대학생, 회사원, 군인으로 농촌 청춘 남녀가 너나 할 것 없이 도시로 떠났다. 그들은 아무리 힘들어도 부푼 꿈을 안고 미래를 설계할 수 있었다. 경제가 하루가 다르게 성장, 취업은 물론 이들의 꿈을 뒷받침해 줄 수 있을 것 같은 사회 환경이 조성되어 가고 있었기 때문이다.

그러나 사회의식 수준은 봉건주의를 벗어나지 못 한데다가 독재 시대였다. 중·고생은 까까머리에 교복을 입었고, 학교는 물론 직장에서도 단체로 아침 국민체조로 하루를 시작했다. 시내 도처에 붉은색 반공 포스터가 붙어 있었고 공산당 말만 들어도 공포에 떨게 만들었다. 데모하는 대학생 놈들은 나쁜 놈들이다. 감시 체제가 강화되어 길거리에 검은 선글라스를 쓴 사람만 보아도 가슴이 덜컥 내려앉았다. 1980년에 발간된 '어둠의 자식들'이라는 소설을 읽으면 당시 우리 사회를 적나라하게 들여다볼 수 있다.

집단과 획일, 억압과 통제, 이데올로기 빈곤, 중노동과 궁핍의 사회 환경은 젊은이들의 삶을 피폐하고 팍팍하게 만들었다. 이런 환경에서 이들의 숨통을 터 준 것은 '음악'이었다. 소위 청년문화가 붐을 일으키면서 대중음악도 새로운 경향의 포크송과 록이 크게 유행하게 된다.

이름도 이색적인 '트윈폴리오'(윤형주, 송창식), '어니언스'(이수영, 임창제), '뚜아에무아'(이필원, 박인희), '라나에로스포'(한민, 은희 외) 같은 듀엣 가수들이 불현듯 나타나 신세계를 펼쳐 보인 것이다.

이들이 부른, '하얀 손수건', '편지', '작은 새', '약속', '그리운 사람끼리', '사랑해 당신을' 등은 70년대 청년이었던 세대에게는 제목만 들어도 정감이 물씬 솟아오르는 노래들이다. '행복의 나라로'의 한대수, '이름 모를 소녀'의 김정호, 김민기와 양희은의 노랫말과 음색은 모두를 사로잡았다. 이들 외에도 이장희, 이연실, 김세환, 정태춘 부부 등 미처 다 소개할 수 없을 만큼 많은 가수가 가요계를 휩쓸었다.

여기서 빼놓을 수 없는 것이 1977년에 시작된 MBC 대학가요제이다. 많은 대학생이 창작곡을 가지고 참여했던 인기 만점의 이 가요제는 1회 대상 '아니 벌써'의 산울림, 배철수, 임백천, 조갑경, 유열 등 많은 인기가수를 배출하면서 1970년대와 80년대를 풍미했다.

그러나 1970년대 중반이 지나면서 장발과 미니스커트, 생맥주, 청바지와 통기타로 대변되는 청년문화에 대한 비판이 거세지기 시작한다. 저항과 사회 비판 정신으로 상징되던 청년문화가 퇴폐를 조장하고 맹목적으로 외래 풍조를 추종한다고 공격을 받게 된 것이다.

경찰이 길거리에서 가위를 들고 장발 청년의 머리카락을 자르고 여성의 미니스커트 길이를 줄자로 재는가 하면 소위 대마초 파동으로 많은 가수가 구속되는 등 단속강화로 청년문화의 붐이 크게 위축되어 버린다. 무분별한 외래어 사용도 금지하여 남성 듀엣 임용제와 오승근이 듀엣 명을 '투 에이스(Two Ace)'에서 '금과 은'으로 바꾸어 '빗속을 둘이서'를 발표, 공전의 히트를 한 때가 이때다.

아무튼 청년문화는 일세를 풍미했다. 그 상징적인 예로 라디오에서 흘러나오는 이종환의 〈밤을 잊은 그대에게〉를 듣지 않은 젊은이가 있었을까? 고3은 물론 재수생도 이 방송은 듣지 않았나 싶다.

당시 악기점에서는 〈세광문화사〉인가 큰 악보만큼 길고 두꺼운 책처럼 만들어진 빈 악보집을 팔았다. 나는 이것을 사다가 총천연색 사인펜으로 악보와 가사를 적고 기타 코드까지 정말 멋지게 그려 넣었다. 이렇게 정성을 들여 만든 악보집이 어느 날 사라져 버렸다. 정신없이 찾고 있는 나를 보다 못한 남동생이 자기 애인에게 가져다주었다고 이실직고하는 바람에 허탈해하던 기억이 난다.

이 책을 집필하는 내내 즐거웠으나 곤혹스럽고 힘들어 한 때도 많았다. 그 경우를 크게 두 가지로 나눌 수 있는데 그 하나가 매번 여기에 실을 노래를 고를 때였다. 정말 많은 주옥같은 곡 중에서 몇 곡만을 골라낸다는 것은 너무나 힘든 작업이었다.
특히 내가 젊은 시절 유행한 '70~'80년대 대중음악과 팝송은 정말 고르기가 힘들었다.

그 사람 이름은 잊었지만
아침이슬 ∨ 늙은 군인의 노래
찔레꽃 ∨ 새색시 시집가네
고아원에서 만난 아이
달맞이꽃
가는 세월
이름 모를 소녀

그 사람 이름은 잊었지만

루룰 루루루 ~
지금도 마로니에는 피고 있겠지
눈물 속에 봄비가 흘러내리듯
임자 잃은 술잔에 어리는 그 얼굴

(후렴)　아~ 청춘도 사랑도 다 마셔 버렸네
　　　　그 길에 마로니에 잎이 지는 날
　　　　루룰 루루루루루 루루룰 루룰루룰루
　　　　지금도 마로니에는 피고 있겠지

루룰 루루루 ~
지금도 마로니에는 피고 있겠지
바람이 불고 낙엽이 지듯이
덧없이 사라진 다정한 그 목소리
(후렴)

🌱 작사 : 신명순, 작곡 : 김희갑(1936.3.9.~), 노래 : 박건(1940~)

　　1970년대는 청년문화가 붐을 일으키면서 트로트가 시들해지고 새로운 경향의 포크송과 록 음악이 크게 유행한 시기다. 1971년 발표되어 일세를 풍미한 이 노래가 그 시발이 된 노래 중의 하나이다. 이전의 노래와는 판이한 운율과 멋진 가사는 모든 젊은이의 마음을 단숨에 사로잡았다.

그런데 이 노래 제목 '그 사람 이름은 잊었지만'이 앞서 소개한 박인환의 시 '세월이 가면'(1926) 첫 구절 '지금 그 사람 이름은 잊었지만'과 똑같아서 사람 헷갈리게 한다. '세월이 가면'의 첫 가사가 박건이 부른 노래의 제목일 뿐 전혀 다른 노래다.

이 노래를 생각하면 군대 시절 고참병 이야기를 하지 않을 수 없다. 이분이 이 노래를 열심히 부르면서 내게 말했다.
"야! 박 일병! 이 노래 정말 기가 막힌다. 시골 깡촌에서 노래는 뽕짝밖에 모르고 살다가 입대했는데 세상에 이렇게 다른 노래가 있다니! 곡조가 기가 막히고 노래 가사도 사람 죽인다야!"
그가 쏟아내는 극찬의 말을 잊기 어렵다. 그다음 말은 아예 이분을 더 잊기 어렵게 만들었다. "내가 진짜 촌놈으로 대학 못 간 것은 형편이 그래서 할 수 없는 일이라 크게 개의치는 않은데 말이야. 거 서로 모르는 남학생과 여학생이 만나는 거 있지?" "미팅이요?"
"그래! 맞아 그 미팅! 그거 한번 못해 본 것은 정말 아쉽다! 이제 내 인생에 그걸 해 볼 기회는 영영 없는 것 아니겠냐!"

세상을 살아가다가 어디서 군대 얘기가 나오면 꼭 이분 생각이 났다. 너무 오랜 세월이 흘러 그때 군 생활을 함께했던 분들의 기억도 희미한데 이분의 경우 지금도 그 표정까지 생각난다. 그때 내가 뭐라고 대답했는지 모르겠는데 지금이라도 만난다면 "그거요? 별거 아니어요!" 이렇게 말씀드리고 싶다.

그런데 사실 나는 이렇게 말씀드릴 자격이 없는 셈이다. 세월이 흘러 제대하고 졸업이 얼마 남지 않은 4학년 2학기 때였던 것 같다.

복학생들끼리 모여서 담소를 나누는데

"아니 박형! 세상에 어떻게 대학을 4년 동안 다니면서 미팅을 한 번도 못 해 보다니요!" 이렇게 난리(?)가 나서 복학생들이 부랴부랴 주선한 미팅을 하게 되었다. 그러니까 대학 생활을 하면서 미팅을 딱 한 번 해본 셈인데 학창 시절에 1980년 '서울의 봄' 시대 상황도 끼어 있고 하여 어찌하다 보니 그리된 것 같다.

군대 얘기하니 문득 생각나는 것이 내가 졸병 시절에 나를 면회 온 친구들이다. 도시에서 초등학교에 다녀서 그런지 사회에 나와서 초등학교 동창회를 해본 적이 없다. 그래서 지금까지 알고 지내는 동창이 3명뿐인데 그 귀한 동창 문석기는 같이 입대했고 조계중과 고창석 그리고 중·고등학교 동창 김명환이 그 강원도 산골까지 면회 왔다. 생각해 보면 자기들도 곧 군대를 갈 텐데 어떻게 면회를 올 생각을 했는지 신통방통하다. 물론 나는 제대한 후 이 친구들이 어디로 군대를 가서 군 생활을 했는지 지금까지도 아무것도 모른다.

그건 그렇고 이 노래가 막 나왔을 때 마로니에가 어디 지명(地名)인 줄로 알았는데 알고 보니 키가 큰 교목의 낙엽수다. 옛날 동숭동 서울대 문리대 교정에는 명물의 하나로 알려진 이 마로니에가 두 그루가 있었는데 경성제국대학 시절(1929)에 심은 것이라고 한다. 이 나무 이름은 당시 문리대를 다닌 학생들 외에는 아는 사람이 거의 없었으나 이 노래가 히트하는 바람에 이제는 모르는 사람이 거의 없게 되었다. 더구나 이 나무가 서 있는 서울대 문리대 자리가 마로니에 공원으로 바뀌면서 이제는 대학로의 명물로 남아있다.

아침이슬

긴 밤 지새우고 풀잎마다
맺힌 진주보다 더 고운 아침
이슬처럼 내 맘에 설움이
알알이 맺힐 때 아침 동산에
올라 작은 미소를 배운다

태양은 묘지 위에 붉게 떠오르고
한낮에 찌는 더위는 나의 시련일
지라 나 이제 가노라
저 거친 광야에 서러움
모두 버리고 나 이제 가노라

늙은 군인의 노래

1
나 태어난 이 강산에 군인이 되어
꽃 피고 눈 내리기 어언 삼십 년
무엇을 하였느냐 무엇을 바라느냐
나죽어 이 흙속에 묻히면 그만이지
(후렴) 아 다시 못 올 흘러간 내 청춘
　　　푸른 옷에 실려 간 꽃다운 이 내 청춘

2
아들아 내 딸들아 서러워 마라
너희들은 자랑스런 군인의 아들이다
좋은 옷 입고프냐 맛난 것 먹고프냐
아서라 말아라 군인 아들 너로다

3
내 평생소원이 무엇이더냐
우리 손주 손목 잡고 금강산
구경일세 꽃 피어 만발하고
활짝 개인 그날을 기다리고
기다리다 이내 청춘 다 갔네

4
푸른 하늘 푸른 산 푸른 강물에
검은 얼굴 흰머리에 푸른 모자
걸어가네 무엇을 하였느냐
무엇을 바라느냐 우리 손주
손목 잡고 금강산 구경가세

🌱 작사, 작곡, 노래 : 김민기(1951.3.31.~2024.7.21.)

김민기 이분을 어떤 분이라고 해야 할까? 가수, 작곡가, 작사가, 극작가, 연극 연출가, 뮤지컬 연출가 … 그냥 한 시대를 이끈 탁월한 종합 예술가였다고 말하고 싶다.

올봄 5월(2024) 어느 날 사업가이자 〈유라시아 평화 통합연구원〉 운영위원회를 맡고 있는 이상찬 위원장과 차를 타고 어디를 다녀오는 길이었다. 카세트를 틀었는데 이분의 노래가 흘러나왔다.

"어? 위원장님도 이분 노래 좋아하세요? 저는 한 번도 뵌 적이 없지만 젊은 시절 제 우상이었습니다. 어디서 읽은 것 같은데요. 이분이 서울대 문리대인가? 두 번이나 합격하고도 다니다 말았는데 세 번째 입시 면접에서 교수가 이번에도 그만두면 다시는 다시는 이 학교는 다닐 수 없다고 그랬다고 해요."

"아! 그런 일이 있었나요?"

"그런데 어이없는 것은요. 이분의 음악에 매료되어 내가 다시 태어난다면 나도 서울대 미학과를 가야겠다고 생각할 정도였는데요, 이분 공연을 한 번도 본 적이 없다는 거예요."

"저는 이분을 좀 아는데요. 이분이 1990년대에 대학로에서 학전(學田)이라는 소극장 개관에서 시금까시 운영해 오면서 성날 많은 예술가를 탄생시켰어요. 그런데 안타깝게도 몇 달 전에 경연 난으로 폐관했어요. 더 안타까운 것은 지금 위암으로 투병 중이십니다."

책 원고를 열심히 쓰고 있던 7월 21일, 이분이 향년 73세로 돌아가셨다는 뉴스를 듣고 충격에 빠졌다. 얼마 전에 우연히 이상찬 위원장을 통해 이분의 근황을 알았지만 이렇게 일찍 돌아가시리라고는 미처 생각지 못했다. 젊은 시절 이분의 노래를 무척 좋아했을 뿐인데 왜 이리 가슴이 아려오는 걸까. 한참을 멍하니 앉아 있었다.

'아침이슬' 빼놓고는 이분을 얘기할 수 없다. 1970년에 발표된 이 노래는 사연도 많다. 1971년 아름다운 노랫말로 서울시 문화상을 받았으나 1975년에는 금지곡이 된다. 1990년대 북한에도 크게 유행했는데 나중에 거기서도 금지곡이 됐다고 한다.
가사와 운율에서 사람을 뭔가 비장하게 만드는 마력을 지닌, 민주화 운동의 상징과도 같은 이 노래를 정작 작가는 민주화를 염두에 두고 지은 것이 아니라고 한다.

'늙은 군인의 노래'는 30년 군 생활을 마치고 제대를 앞둔 어느 육군 상사가 부탁해서 '막걸리를 사주면 그러겠노라'고 하여 만든 곡이라고 하는데 1976년에 발표되었다. 나는 거의 최전방인 강원도 산골에서 사병으로 군 생활을 해서 하사관에 대해 누구보다도 잘 안다고 말할 수 있다. 하사관은 하사에서 시작하여 중사, 상사가 마지막 계급인 직업군인이다. 30년 군대 생활을 한 상사도 막 임관 한 20대 아들 같은 소위보다 직급은 아래다.

이 '늙은 군인의 노래'는 눈물이 날 만큼 리얼하게 직업하사관의 처지와 심정을 묘사하고 있다. 이 곡이 전군의 애창곡이 되었는데 금지곡이 된다. 가락이 애조를 띠어서 그렇지 건강한 가사인데 어떤 친구가 금지곡 여부를 정했는지 한심 허다. 후에 해금되었지만 그러거나 말거나 이미 그전부터 가사 속의 군인은 투사, 노동자, 농민, 교사 등으로 바뀌어 대표적인 '저항가'가 되어 널리 불리었다.

군에서 나는 위생병이었는데 당시 위생병들은 각 직할대에 한 명씩 파견 나가서 근무했다. 나도 파견 근무 중이었는데 어느 날 상사님 댁을 가게 되었다. 거기서 중 2였던 그분 딸을 처음 보게 되었는데 큰아들은 춘천에서 고등학교에 다닌다고 했다.

어떻게 하여 내가 이 상사님 따님 공부를 가르치게 되었다. 이래 봬도 내가 호남의 명문고등학교에서 국어부터 체육까지 모든 과목의 훌륭한 선생님 밑에서 수학하고 특히 영어는 '정통종합영어'를 완파엔 몸이 아니었던가! 그때 내가 고참병으로 시간도 많고 상사님 댁도 부대 근처라 마치 가정교사처럼 전 과목을 가르쳤다. 그렇게 몇 달이 흐르고 나서 중간고사였던가 시험을 치렀다.

시험이 끝나고 얼마 지나지 않아 부대로 전화가 왔다. 위생병 아저씨 빨리 집으로 오라고 하라고. 나는 무슨 일인가 하여 급히 댁에 도착해보니 사모님이 딸 성적표를 놓고 눈물을 글썽이고 계셨다.

성적표를 보니 반에서 중간 정도 하던 석차가 전교에서 상위에 랭크되어 있었다. 성적표를 주면서 담임선생님이 "너 누가 공부를 가르쳐주는 사람이 있냐?"고 물어보아서 "군인 아저씨가 매일 저녁에 집에 와서 가르쳐주고 있어요."라고 대답했다고 한다.

그 뒤로 얼마 남지 않은 군대 생활을 만고에 편하게 하고 제대를 했는데 이 상사님은 말수도 적으시고 얼굴에 주름도 많은 그야말로 '늙은 군인'이셨다. 이 노래 2절 '아들아, 내 딸들아, 서러워 마라'는 그때 공부를 열심히 배우던 상사님 어린 딸을 생각나게 만든다.

찔레꽃 [1]

엄마일 가는 길에 하얀 찔레꽃
찔레꽃 하얀 잎은 맛도 좋았지

배고픈 날 가만히 따 먹었다오
엄마 엄마 부르며 따 먹었다오

밤 깊어 까만데 엄마 혼자서
하얀 발목 아프게 내게 오시네

밤마다 보는 꿈은 하얀 엄마 꿈
산등성이 너머로 흔들리는 꿈

새색시 시집가네 [2]

수양버들 춤추는 길에 꽃가마 타고 가네
아홉 살 새색시가 시집을 간다네

가네 가네 갑순이 갑순이 울면서 가네
소꿉동무 새색시가 사랑 일 줄이야

뒷동산 밭이랑이 꼴 베는 갑돌이
그리운 소꿉동무 갑돌이 뿐이건만

우네 우네 갑순이 갑순이 가면서 우네
아홉 살 새색시가 시집을 간다네

🌱 [1] 작사 : 이연실 개작, 작곡 : 박태준.
🌱 [2] 작사, 작곡 : 김신일
🌱 노래 : 이연실(1950.8.6.~)

　이 가수는 통기타와 포크송으로 대변되는 1970년대 청년문화의 1세대라 할 수 있다. '새색시 시집가네'는 1971년 11월, 홍대 미대 재학 중에 나온 첫 앨범에 수록된 곡으로 이 가수를 스타로 만든 곡이다. 향토색 짙은 서정의 음유시인이랄까 청아한 음색의 이 가수의 노래를 들으면 뭐라 형언하기 어려운 감상에 빠지게 된다. 1972년에 발표한 '찔레꽃', 1973년에 발표한 번안곡 '소낙비'도 크게 히트했다. '타박네'와 '조용한 여자', 1981년 발표한 '목로주점'도 빼놓을 수 없다. 그런데 '찔레꽃'은 '찔레꽃 붉게 피는 남쪽 나라 ~'의 백난아와 '하얀 꽃 찔레꽃 ~' 장사익의 '찔레꽃'도 유명하다.

고아원에서 만난 아이

내가 40대쯤 고아원에서 잠시 만난 아이 이야기를 좀 해야겠다.

직장에서 불우이웃돕기 일환으로 우리는 급여에서 얼마쯤 떼어 같은 지역에 있는 고아원의 한 아이를 지정하여 지원하게 되었다.

명절을 앞둔 어느 날 자매결연 맺은 아이를 직접 만나서 같이 외출하여 맛있는 것도 사주고 하는 그런 제도가 있다고 하여 이 업무를 담당하던 나와 여직원은 그 고아원을 방문하게 되었다. 성금만 내면 되는 줄 알았는데 이는 후원자 지정부터 생소한 일이었다.

원장님과 만나서 인사를 나누고 주의 사항을 들었다. 원장이 직원에게 우리가 후원하는 아이를 데리고 오라고 한다. 아직 초등학생은 아니라는데 유치원 다닐 정도 되어 보이는 여자아이가 문을 빠끔히 열고 쳐다보다 가만히 걸어 들어온다.

"○○아! 인사해라. 이분들이 너 후원자시다." 원장님이 이렇게 말하자 고개를 숙여 인사를 한다. 이 아이를 데리고 밖으로 나오는데 마당에서 놀던 아이들이 "야! ○○야! 너 ◇◇가냐? 좋겠다!"라고 하면서 모두 보고 있다. ◇◇란 후원자와 이렇게 외출하는 것을 말하는 용어인데 기억이 안 난다.

이 아이를 데리고 맨 먼저 중국음식점에 가서 짜장면과 탕수육을 시켜 먹었다. 짜장면은 우리가 어렸을 때 기억할 수 있는 음식 중에서 당연, 최고의 맛이 아니었던가! 이 아이도 정말 맛있게 먹으면서 성인용 한 그릇을 다 비웠다.

세상에! 고아원을 나서면서 내가 점심을 먹었냐고 물었더니 아이가 고개를 끄덕였다. 실은 나도 점심을 먹었는데 어렸을 때 생각이 나서 "아저씨는 안 먹었으니까 같이 가서 너도 좀 더 먹자" 이렇게 해서 들어간 중국집이었다.

식사를 마치고 나서 백화점같이 큰 건물 매장으로 갔다. 그 지역엔 아직 백화점은 없었다. 아동복매장에서 여직원이 겉옷을 사기 위해 입혀 보려고 아이 신발을 벗겨 의자에 올렸는데 옆에서 보니 아이가 난처한 표정을 지으면서 어쩔 줄 몰라 한다.

'얘가 왜 그러지' 하면서 가만히 살펴보고 있는데 발 하나를 가만히 들어 다른 발의 뒤꿈치로 가져가려다가 의자 위에서 뒤뚱거렸다.

안 넘어지려고 발을 다시 제자리에 가져오는데 아! 양말 엄지발가락 쪽에 구멍이 나 있었다. 나는 자연스럽게 여직원에게 다가가서

"양말이 펑크 나서 부끄러워 하니 모른 척해!"라고 귀엣말을 했다.

마음이 찡해진 나는 가게를 나오면서 여직원에게 이렇게 말했다.

"부족한 돈은 내가 낼 테니 얘 필요한 것은 뭐든 다 사 줘!"

여직원이 이 가게 저 가게를 데리고 돌아다니면서 "이것 가지고 싶냐?"는 등 말을 건네면서 신발, 가방, 필통, 인형, 장난감, 크레파스 등 필요하다고 생각되는 것은 다 사주었다. 물론 양말도 새것으로 갈아 신기고 옷도 속옷까지 다 갈아입혔다. 예쁜 겉옷을 입혔을 때부터 딴 아이 같았다.

새 신발을 신길 때는 행복한 표정이 역력했다. 처음 겉옷을 입힐 때만 해도 시종 얌전히 묻는 말에 고개만 끄덕였고 우리도 좀 어색했으나 아이스크림도 사 먹고 실내 놀이터에도 가서 이것저것 타면서 신나게 놀다 보니 말도 잘하고 곧잘 웃기도 한다, 인형 집어 올리는 것은 그때도 있었

다. 이렇게 한참을 이곳저곳 다니다 보니 우리는 꽤나 친해졌다.

작별의 시간이 왔다. 어둑어둑해질 무렵 고아원 대문을 열고 들어서는데 아이들이 우르르 몰려오면서 "00야! 어디 갔다 왔냐?", "야! 옷 예쁘다.", "나도 찾아오면 좋겠다." 이렇게 한마디씩 하며 정신없게 만든다.

원장님이 아이에게 "잘 놀았어?" 하고 물으니, 예의 수줍은 모습으로 돌아가서 고개를 끄덕인다. 원장님 실에서 작별 인사를 했다.
우리가 먼저 문을 열고 나오면서 내가 무심코 고개를 돌렸는데 아이와 눈이 마주쳤다. 갑자기 눈물이 핑 도는 것 같아 얼른 고개를 돌렸다. 우리는 돌아오는 내내 한마디도 할 수 없었다.

나는 이 일이 있고 난 후 혼자 기타를 치면서 노래를 부를 때 꼭 불렀던 이 '찔레꽃'을 부르지 않게 되었다. 노래 가사에 '엄마'가 계속 나와 이 노래를 부를 때마다 그 아이가 생각났기 때문이다. 이것 때문인지 모르나 언제부턴가 기타 자체를 치지 않아버렸다.
사실 그 당시 이 일로 인해 나도 뭔가를 해야 하지 않나 하고 심각하게 고민도 해보았던 것 같은데 세월이 흐르면서 시나브로 기억에서 사라져 버린 것 같다. 그런데 노래 원고를 쓰다가 '찔레꽃'에서 문득 이 아이 생각이 나서 그때 일을 여기에 적게 되었다.
언제 적 이야기인데 점심을 먹었다면서 짜장면을 그리 맛있게 먹던 모습, 아동복매장 의자 위에서 한사코 발 하나를 뒤로 감추려는 그 난처한 표정이 유난히 또렷하게 떠오른다. 평범한 소시민으로 살아가면서 내가 뭐를 할 수 있었단 말인가 하고 변명도 해보았지만 뭔가 큰 잘못을 한 것 같은 죄책감을 한동안 지울 수 없었다.

달맞이꽃

얼마나 기다리다 꽃이 됐나　　　얼마나 그리우면 꽃이 됐나
달 밝은 밤이 오면 홀로 피어　　찬 새벽 올 때까지 홀로 피어
쓸쓸히 쓸쓸히 시들어 가는　　　쓸쓸히 쓸쓸히 시들어 가는
그 이름 달맞이꽃　　　　　　　그 이름 달맞이꽃

(후렴)　아 - 아 - 서산에 달님도 기울어
　　　　새파란 달빛 아래 고개 숙인
　　　　네 모습 애처롭구나

🌱 작사 : 지웅, 작곡 : 김희갑(1936.3.9.~), 노래 : 이용복(1952.6.27.~)

　이분은 맹인 가수로 1972년에 이 노래를 불렀다. 이후 '그 얼굴에 햇살을', '사랑의 모닥불', '마음은 짚시' 등 많은 히트곡을 냈다. 당시 이분의 등장은 좀 낯설었는데 이것이 장애인에 대한 사회적 편견을 깰 수 있는 일대 사건이 될 수 있었다는 것을 너무 많은 세월이 지난 후에야 깨달았다.
　그런데 어느 날 홀연히 우리 곁을 떠나버렸다. 떠난 사유가 분분한데 공식적으로 알려진 게 없어 소개하기가 난감하다.

가는 세월

가는 세월 그 누구가
잡을 수가 있나요

흘러가는 시냇물을
잡을 수가 있나요

아가들이 자라나서
어른이 되듯이

슬픔과 행복 속에
우리도 변했구려

하지만 이것만은
변할 수 없어요

새들이 저 하늘을
날아서 가듯이

달이 가고 해가 가고
산천초목 다 바뀌어도

이내 몸이 흙이 되도
내 마음은 영원하리

🍃 작사, 작곡 : 김광정(19419.7.~), 노래 : 서유석(1945.1.8.~)

    1977년 발표된 이 노래는 레코드가 100만 장이나 판매될 만큼 공전의 히드를 기록했다. 독특한 음색의 이 가수는 '홀로 아리랑', '시모히는 마음', '타박네', '그림자' 등 많은 애창곡이 있다. TBS 교통방송을 오랫동안 진행했으며 국민훈장 목련장(2002)을 받았다.
    이 노래를 만든 작곡가 겸 가수인 기타리스트 김광정씨는 우리나라 그룹사운드 1세대의 살아있는 전설로 통한다. 그는 이 노래를 타워나이트클럽 무대에서 직접 불렀는데 어느 날 서유석씨가 찾아와 본인이 취입하게 해달라고 졸라서 허락하는 바람에 이렇게 세상에 알려지게 되었다고 한다.

이름 모를 소녀

버들잎 따다가 연못 위에 띄워놓고
쓸쓸히 바라보는 이름 모를 소녀
(후렴)
밤은 깊어 가고 산새들은 잠들어
아무도 찾지 않는 조그만 연못 속에
달빛 젖은 금빛 물결 바람에 이누나

출렁이는 물결 속에 마음을 달래려고
말없이 기다리다 쓸쓸히 돌아서서
안개 속에 떠나가는 이름 모를 소녀
(후렴)

🌱 작사, 작곡, 노래 : 김정호(1952~1985)

　중·고등학생 때나 총각 시절에 혹시 짝사랑으로 가슴앓이를 해본 경험이 있으신 분은 이 노래를 아시리라고 본다. 이 노래가 그나마 위안이 되었는지 아니면 더욱 심한 가슴앓이를 하게 만들었는지는 알 수는 없지만 중학생 김정호가 선배의 사촌 동생인 이영희 여학생을 짝사랑하여 그 애타던 그때의 심정을 표현한 것이라고 한다.
　짝사랑은 그야말로 짝사랑으로 끝나 먼 훗날 애틋한 추억으로 간직하게 되는 것이 통상적인데 김정호는 우여곡절은 있었으나 첫사랑과 결혼에 골인한다. 그래서 신이 질투한 것일까?
　대한민국의 천재적인 싱어송라이터로 일컬어지는 김정호는 제대로 빛을 발휘하지도 못한 채 사랑하는 아내와 두 딸을 남기고 너무나 젊은 나이에 세상을 떠나고 마니, 그의 나이 33세였다.

1970년대 초 친구 어니언스의 임창제가 1973년 남성 듀오로 재편 앨범을 준비하자 이를 기뻐하며 직접 작사, 작곡한 '사랑의 진실', '작은 새'를 선물로 주었다고 한다. 이 노래가 크게 히트하자 덩달아 유명세를 탄 그는 1974년 '이름 모를 소녀'로 일약 스타덤에 오른다. 그 후 '하얀 나비', '나그네 인생', '날이 갈수록', '고독한 여자의 미소는 슬퍼' 등 계속해서 히트곡을 내게 된다.

그러나 그의 전성기는 오래가지 못했다. 아니 너무 짧았다. 1975년 대마초 파동으로 많은 가수들이 구속되거나 출연 정지 처분을 받게 된다. 이때 처분을 받은 김정호 가수는 이후 1979년에 해금 조치가 이루어져 가수 대부분이 활동을 재개했는데도 세상에 모습을 드러내지 못했다. 그는 폐결핵과 씨름하고 있었던 것이다. 1983년에 새 앨범 '님'을 내놓았는데 증세가 심각해서 한 소절을 부르고 30분을 쉬어야 할 정도였다고 한다.

그는 호소력 짙은 노래로 학생층에 국한됐던 포크송의 향유 계층을 전 국민으로 넓히는 데 크게 기여했다는 평가를 받는다. 또한 그리움, 슬픔, 이별의 정서를 토해내듯 노래한 김정호의 창법은 언더그라운드 계열의 후배 가수들에게 지대한 음악적 영향력을 끼쳤다고 한다. 그의 한이 서린 노래들은 파란만장하고 고통의 연속이었던 자신의 삶을 노래하는 것 같기도 하다. 그의 요절은 음악인은 물론 많은 사람들을 안타깝게 만들었다.

3-2. 번안가요

사전을 찾아보니 번안(飜案, adaptation)이란 원작의 내용이나 줄거리는 그대로 두고 풍속, 인명, 지명 따위를 시대나 풍토에 맞게 바꾸어 고치는 것을 이르는 말이다. 이 번안은 번역과는 다른 2차 창작에 가까운 행위로 저작권 개념이 희미하던 시절에 성행했고 대부분이 원작자의 양해를 구하지 않고 무단으로 만들어졌는데 현재 기준으로 보면 이렇게 번안된 문학작품들은 어떤 것이든 저작권 위반 행위에 해당한다고 한다.

음악의 경우 외국곡의 멜로디를 그대로 두고 가사를 다른 언어, 시대, 풍토에 맞게 바꾸어 고친 노래를 번안곡이라고 한다. 말하자면 고 노태우 대통령 애창곡이었다는 '베사메 무초'(Besame Mucho)나 조영남이 부른 '딜라일라'(Delilah)와 같은 곡을 말한다. 이 곡을 보면 인기 있는 외국곡을 번역해서 부른 것쯤으로 대수롭지 않게 생각할 수 있으나 내용을 들여다보면 전혀 그렇지가 않다.

사실 내가 이 책을 만든 것은 연세가 지긋한 분들이 무료할 때 이 책을 뒤척이며 예전에 감명 깊었거나 어떤 감상(感想)을 가져다주었던 시나 노래들을 찾아 음미해 보면서 추억 속에 빠져 즐거운 한때를 보내면 참 좋겠다는 생각에서였다. 그런데 이것들을 활자화하려면 정확해야 했기에 이런저런 자료를 찾다 보니 내가 몰랐던 것이 많았고 잘못 알고 있는 것도 적지 않았다. 아예 모르고 있었던 것이 이 번안가요다.

문제는 민요와 더불어 우리 민족 정서를 나타내주고 삶의 애환을 담은 우리 고유의 대중음악으로 알았던 많은 노래가 번안가요라는데 있다. 이것을 나만 몰랐다면 할 말이 없지만 내겐 말할 수 없을 만큼 큰 충격이었다.

자료를 찾아보면서 내가 알게 된 번안가요에 대해서 적어보겠다.

'이 풍진 세상을 만났으니, 너의 희망이~'로 시작하는 '희망가'가 번안가요이다. 가사도 그렇고 곡도 영락없는 우리 가락 같은데 이 곡은 미국인 제레미아 인갈스(J. Ingalls)의 〈찬송곡 모음집〉(1805)에 수록된 'Garden Hymn'이라는 찬송가다. 이 곡은 1921년 처음 발표되어 1930년 국내 최초의 대중 가수 채규엽이 불러 대중에게 널리 알려지게 되었다고 한다. 오늘날까지도 불리여 지고 있는 대중가요의 고전이라 할 수 있는 이 곡이 번안가요라니 어안이 벙벙하다. 놀랍게도 '최진사댁 셋째 딸'도 번안곡이다.

이렇게 번안곡의 역사는 깊은데 미 8군에 의해 우리 사회에 팝송이 알려지는 1960년대부터 본격적으로 나오기 시작하여 1970년대에 그 전성기를 이룬다. 그 당시 최고의 히트곡이었던 현미의 '밤안개'를 비롯한 트윈폴리오의 '축제의 노래', Non Ho L'eta 가 원곡인 조애희의 '나이도 어린데' 차중락의 '낙엽 따라 가버린 사랑', 박인희의 '방랑자', '비야비야', 바블껌의 '아빠는 엄마만 좋아해', 양희은의 '아름다운 것들'이 번안곡이다.

윤형주의 '두 개의 작은 별', '우리들의 이야기', 트윈폴리오의 '웨딩케익', '하야 손수건', 투 코리안스의 '언덕에 올라', 펄시스터즈의 '비', 서수남·하청일의 '팔도유람', 이용복의 '어린 시절', 이연실의 '소낙비', '타박네', 서유석의 '사모하는 마음', '세상은 요지경', 홍민의 '고별', 전석환의 '석별의 정', 김씨네의 '터질 거예요' 도 모두 번안곡이다.

1980년대 이후에는 번안곡이 많이 줄어들지만 여전히 많다.
'80~'90년대 번안곡으로는 방미의 '날 보러 와요', 전영의 '모두가 천사라면', 전인권의 '사랑한 후에', 심수봉의 '백만 송이 장미', 박효신의 '눈의 꽃', 조영남의 '물레방아 인생', 김장훈의 'Goodbye days' 등이 있다. 내가 알거나 들어본 적이 있는 곡만도 이렇게 많은데 모르는 곡까지 합하면 정말 셀 수 없을 정도다.

지금까지 살펴본 바에 의하면 이색적이고 왠지 감미롭고 정감이 가면 틀림없이 번안곡이었다. 그래서 당시 크게 유행한 소리새(김광석, 황영기)의 '그대 그리고 나'는 곡의 분위기로 보아 번안곡인 줄 알았는데 아니다. 또 있다. '노을이 물드는 바닷가에서~'로 시작하는 쉐그린(이태원, 전언수)이 부른 '노을'도 당연히 번안곡으로 알았는데 전석환 작사·작곡이다.

여태까지는 '이 노래도 번안곡이라고?' 그러면서 놀라움의 연속이었는데 이런 곡에 이르러서는 '아니! 이 곡이 번안곡이 아니라고?' 그러면서 더 크게 놀랐다.

아무튼 놀라움을 진정시키면서 생각해 보니 우리나라도 오랜 전통 민요와 가락이 있지만 서구처럼 자신들 삶의 애환을 달래 주는 노래를 함께 부르며 널리 대중화시키는 그런 사회 문화는 조성하지 못한 것 같다.

역사적으로 시민사회가 형성되는 시기에 외세의 침략을 받아 그리될 수밖에 없었을 것이라고 스스로를 달래보았다. 이는 민요에서 다시 논의해 보겠지만 '모방은 창조의 어머니란 말'도 있고 그렇게 해서 21세기 오늘날 BTS가 나왔다고 스스로 위로도 해보았다.

어쨌거나 번안 가요들이 당시의 젊은이들에게 또 대중들에게 사랑을 받으면서 그들과 희로애락을 함께한 것은 틀림이 없는 사실이다. 번안곡의 효시인 '희망가'와 내가 통기타를 치면서 나름 폼을 잡고 멋들어지게 불렀던 이들 곡 중에서 몇 곡을 여기 올린다.

희망가
아름다운 것들
하얀 손수건
터질 거예요
우리들의 이야기

희망가

이 풍진 세상을 만났으니 너의 희망이 무엇이냐
부귀와 영화를 누렸으면 희망이 족할까
푸른 하늘 밝은 달 아래 곰곰이 생각하니
세상만사가 춘몽 중에 또다시 꿈같도다

이 풍진 세상을 만났으니 너의 희망이 무엇이냐
부귀와 영화를 누렸으면 희망이 족할까
담소 화락 엄벙덤벙 주색잡기에 침몰하야
세상만사를 잊었으면 희망이 족할까

🌱 곡 : 'Garden Hymn'(찬송가), 노래 : 채규엽(1906~1949)

아름다운 것들

1
꽃잎 끝에 달려 있는
작은 이슬방울들
빗줄기 이들을 찾아와서
음~ 어데로 데려갈까
(후렴)
바람아 너는 알고 있나
비야 네가 알고 있나
무엇이 이 숲속에서
음~ 이들을 데려갈까

2
엄마 잃고 다리도 없는
가엾은 작은 새는
바람이 거세게 불어오면
음~ 어데로 가야 하나

3
모두가 사라진 숲에는
나무들만 남아 있네
때가 되면 이들도 사라져
음~ 고요만 남겠네

🌱 곡 : 스코틀랜드 민요 'Mary Hamilton', 노래 : 양희은(1952~)

하얀 손수건

헤어지자 보내온 그녀의 편지 속에
곱게 접어 함께 부친 하얀 손수건
고향을 떠나올 때 언덕에 홀로 서서
눈물로 흔들어 주던 하얀 손수건

그때의 눈물 자위 사라져 버리고
흐르는 내 눈물이 그 위를 적시네
헤어지자 보내온 그녀의 편지 속에
곱게 접어 함께 부친 하얀 손수건

고향을 떠나올 때 언덕에 홀로 서서
눈물로 흔들어 주던 하얀 손수건
그때의 눈물 자위 사라져 버리고
흐르는 내 눈물이 그 위를 적시네

🌱 노래 : 트윈폴리오(Twin Folio, 1968~1969, 송창식, 윤형주)
　원곡 : 나나 무스쿠리(Nana, MousKouri, 1934.10.13.~)

〈아테네의 흰장미〉, 〈천상의 목소리〉 등의 찬사와 함께 세계적인 극찬을 받은 그리스 여가수. 1958년 데뷔 이후 2008년 은퇴하기까지 50년간 4억 장에 가까운 음반 판매기록을 세웠다고 한다. 1967년에 부른, 떠난 연인이 돌아오기를 바라는 애절한 이 노래를 1969년에 트윈폴리오가 불러 크게 히트했다. 뒤에 소개하는 팝송 'Over and Over'도 그녀가 부른 곡이다.

터질 거예요

내가 전에 말했잖아요
당신을 사랑한다고
당신은 모르실 거예요
얼마나 내가 당신을 사랑하는 줄

(후렴) 터질 거예요 내 가슴은
　　　 당신이 내 곁을 떠나면
　　　 나는 그대 못 잊어 하며
　　　 날마다 생각할 거야

꿈길에도 당신 모습은
언제나 떠나지 않아도
당신만을 생각했어요
얼마나 내가 당신을 사랑한다고

🌱 작사 : 강석우, 작곡 : Scotty Wiseman, 노래 : 김씨네 외

　　1976년 발표된 노래는 미국 뮤지컬 영화(1944) 〈Sing Neighbor, Sing〉의 주제가 'Have I told you lately that I Love you'의 번안곡이다.
　　청년 시절 노래 한 곡 제대로 부르기 위해서 기타를 치고 또 치면서 연습해야 했던 것을 생각하면 나의 음악적 재능은 별로이다. 그러나 이 노래는 「예외 없는 법칙은 없다」는 말을 입증해 주었다.

대학교 때 나는 서예반 동아리 회원이었다. 우리가 MT를 가서였던 것 같은데 회원이 둥그렇게 앉아 한 여학생이 율동과 함께 노래를 가르치는데 이 '터질 거예요'였다. 내가 노래를 한두 번 듣고 곡조와 가사를 완벽하게 익힌 것은 내 인생에 이 노래가 유일하다.

나는 이 노래를 처음 듣고 나서 넋이 나갔다고 해야 할까. 노래를 몇 번 따라 부르다 꿈에도 잊지 못할 사모하는 미모의 여인이 내게 사랑 고백을 하는 환상에 빠졌다. 온 천하를 다 가지게 되면 이런 기분일까? 벅차오른 감정을 주체 못하고 구름 위를 걷는 기분이었다. 행사가 끝나고 나도 모르게 외워버린 이 노래를 읊조리면서 혼자 걸어 다녔던 기억이 생생하다.

물론 그 당시 젊은 시절에도 내 주제는 알아서 눈이 나쁘다면 몰라도 어떤 여성이 나를 향해 이런 기막힌 고백을 한단 말인가 하고 신세 한탄을 하기도 했다. 그 이후 이 노래를 가끔 읊조렸는데 운율도 참 부드러우면서도 가사에 정이 듬뿍 담겨있는 듯한 이 노래가 참 좋았다. 그러다가 세월이 까마득히 흘러 잊은 지 오래였는데 이 원고를 쓰면서 당연히 떠올라 여기 실었다.

혹시 이 노래를 들어보시겠다면 꼭 싱글 여가수가 부른 것만을 들어보시라고 권해 드린다. 나는 이 노래를 '김씨네'라는 부부 듀엣가수가 부른 줄도 몰랐고 여러 가수가 부른 것을 이번에 처음 들어보았다. 온갖 수치와 떨림, 당혹과 자존감 그 모든 것을 뒤로하고 용기를 내어 그 남자에게 마음을 고백하는 이 노래를 남자가수가 부른다는 것은 말이 안 된다고 생각한다.

우리들의 이야기

웃음 짓는 커다란 두 눈동자
긴 머리에 말 없는 웃음이
라일락 꽃향기 흩날리던 날
교정에서 우리는 만났소

밤하늘의 별만큼이나
수많았던 우리의 이야기들
바람같이 간다고 해도
언제라도 난 안 잊을 테요

비가 좋아 빗속을 거닐었고
눈이 좋아 눈길을 걸었소
사람 없는 찻집에 마주 앉아
밤늦도록 낙서도 했었소

밤하늘의 별만큼이나
수많았던 우리의 이야기들
바람같이 간다고 해도
언제라도 난 안 잊을 테요
언제라도 난 안 잊을 테요
언제라도 난 안 잊을 테요

🌱 원곡 : 남태평양 피지(Fiji) 민요 Isa Lei(이별의 노래)
　노래 : 윤형주(1947.11.19.~)

　1978년 발표

4. 추억의 팝송 그리고 영화와 영화음악

4-1. 추억의 팝송

1970~'80년대는 팝송도 엄청난 인기를 누렸다. 당시 청년들은 비틀즈(Beatles) 그룹을 비롯하여 엘비스 프레슬리(Elvis presley), 톰 존스(Tom Jones), 클리프 리처드(Cliff Richard) 등의 가수 일거수일투족을 빌보드 차트가 어쩌고, 저쩌고 하면서 자기 애인 근황보다 더 잘 알 정도였다.

2000년에 조사한 자료에 의하면 Yesterday가 한국인 애창 팝송 1위, Dancing Queen이 2위, bridge over troubled water가 3위였다고 한다. 조사 응답자 중 10대와 20대가 40%가 넘었는데 지금쯤 이분들은 40~50대가 되어 이 노래가 추억의 팝송일 것이다.
그런데 사실 이 노래는 1950년대 태어난 소위 '베이비 부머' 세대 추억의 팝송이다. 이 노래들이 나온 1970년대가 그들의 20대였기 때문이다. 이렇게 20대가 40%가 넘을 정도로 세대를 뛰어넘어 유행한 팝송이 많았다.

그러고 보니 귀에 익은 팝송이 제법 많다.
예를 들면 앞서 소개한 부용산 노래 가사를 찾기 위해 '솔밭 사이 사이로'를 검색하다가 우연히 '솔밭 사이로 강물은 흐르고'라는 노래를 듣고 익숙한 곡에 깜짝 놀랐다. 알고 보니 반전과 인권 운동의 여가수 조안 바에즈(Joan Baez) 노래였다. 'Donna Donna'도 그녀가 부른 노래다.

미국 여가수 스키터 데이비스(Skeeter Davis)가 고운 선율에 담은 감미로운 'The End of The World'도 빠질 수 없는 곡이다.

아무리 열심히 따라 해도 이 곡 기타 주법을 배우기가 어려웠던 'The Boxer'는 영화를 보면 가사가 더 와닿는다.

기타를 배우게 되면 기타 주법의 하나인 Slow Rock으로 연주하는 영국의 유명한 록 밴드 애니멀스(The Animals)의 'The house of rising sun'은 기본적으로 알게 되어 있다.

엘리스 프레슬리(Elvis presley)의 'Love Me Tender'는 기타 초보가 기본으로 배운다. 노래가 쉽고 주법이 간단하기 때문이다.

이 외에도 'You Mean Everything To Me', 'Green Fields', 'San Francisco', 'Summer Wine', 'The Saddest Thing', 'Rhythm Of the Rain', 'Crazy Love', 'The Top of the World', 'Don't Forget To Remember Me', 'Cotton Fields', 'Beautiful Sunday', 'Proud Mary', 'Without You' 등도 많이 들어본 팝송이다.

청소년 때 나는 라디오 음악 프로를 즐겨 들었다. 거리를 걷다기 보면 어디선가 항상 팝송이나 가요가 흘러나온다. 시내에는 큰 음악다방이 있었는데 거기서 음악을 틀어주는 DJ가 부러웠다. 무엇보다도 통기타를 치면서 노래를 부르는 가수들의 인기가 최고여서 기타를 배우는 또래들이 많았다. 나도 그중에 하나다. 내가 음악에 그렇게 재능이 있는 편이 아닌데 그나마 팝송을 조금 알게 된 것은 기타를 배운 덕이다. 그리고 이제 보니 내가 아는 팝송은 대부분 '50~'70년대 곡으로 우리 가요로 치면 흘러간 옛노래인데 노래의 시대적 배경은 아무것도 모르고 그저 열심히 배우기만 한 것 같다.

고심 끝에 추억의 팝송 몇 곡을 골라 여기 실었다. 여기서도 핸편으로 틀어 놓고 이 가사를 보면서 읊조리듯 따라 불러보고 각자의 애창곡도 함께 감상해 보시라고 권하고 싶다. 그래야 나의 부족한 선곡 실력을 용서 받을 수 있을 것 같다. 그리고 후술하겠지만 여기 실은 팝송의 한글본은 모두 내가 번역한 것이니 이점 참고 바란다.

Auld Lang Syne
All for the love of a girl
Blowin'in the Wind
Bridge over troubled water
Yesterday
Changing Partners
My way
Raindrops keep falling on my head
Over And Over
Take Me Home, Country Roads
Unchained Melody
Donde Voy
When I Dream

Auld Lang Syne

Should auld acquaintance be forgot,
and never brought to mind?
Should auld acquaintance be forgot,
and auld lang syne?
For auld lang syne, my jo, for auld lang syne,
we'll take a cup o' kindness yet, for auld lang syne.

올드 랭 사인

오래된 인연 어찌 잊을 수 있으리요
마음에 간직하지 않을 수 있으리요
그 오랜 옛날부터 맺어 온
오랜 인연을 어찌 잊을 수 있으리요
오랜 옛날부터 내 사랑아, 오랜 옛날부터
다정함의 축배를 들자, 오랜 옛날을 위해

🎵 1788년 로버트 번스(Robert Burns)의 시를 가사로 붙인 '오랜 옛날' 또는 '그리운 시절'을 의미하는 스코틀랜드의 전통 민요이다.

이 노래는 세모에 새해를 맞으면서 부르는데 우리나라와는 각별한 노래다. 험난한 이국땅에서 조국 광복을 위해 싸우던 독립군들이 애국가를 이 슬픈 곡에 실어 부르면서 향수를 달래곤 했다. 이 곡은 황혼 세대들이 까까머리 중학생이 되어 처음 배우는 대표적인 외국 노래가 아니었나 싶다. 생각만 해도 뭉클해지고 눈물 맺힐 뻔한 이 노래는 우리의 정서를 담은 우리 고유의 노래 같다.

All for the love of a girl

Well, today I'm so weary
Today I'm so Blue
Sad and broken hearted
And It's all because of you

Life was so sweet dear
Life was a song
Now you've gone and left me
Oh where do I belong

And it's All for the love
of a dear little girl
All for the love
that sets your heart in a whirl

I'm a man
who'd give his life
And the joy of this world
All for the love of a girl

Johnny Horton

어느 소녀에게 바친 사랑

오늘 난 너무 지치고 정말 우울합니다.
너무 슬프고 가슴이 찢어집니다.
이 모든 것이 다 당신 때문이에요.

삶은 정말 달콤했고 하나의 노래였어요
이제 당신은 날 두고 떠나 버렸으니
오~ 나는 어디에 있어야 하나요

이 모든 것이 소중하고 귀여운
소녀에 대한 사랑 때문입니다.
당신의 가슴에 휘몰아치는 사랑 때문이에요.

난 나의 생명과 이 세상의 모든 즐거움을
바칠 수 있는 남자랍니다.
오로지 한 소녀에 대한 사랑을 위해서요

🌱 자니 허튼(Johnny Horton, 1925~1960)

　1959년 발표된 이 곡은 그해 빌보드 정상을 6주간 차지하면서 두 개의 그래미상을 받는 등 최고의 인기를 누렸다. 자니 허튼은 슬림 휘트맨, 지미 로저스 등과 함께 미국의 3대 〈힐빌리 가수〉로 평가받은 인물이다. 1960년 11월 5일 텍사스주 밀라노에서 자동차 충돌 사고로 33세의 젊은 나이에 유명을 달리했다. 이 노래는 지금까지도 사랑받고 있다.

Blowin'in the Wind

1 How many roads must a man walk down
   Before you call him a man?
   How many seas must a white dove sail
   Before she sleeps in the sand?
   Yes, and how many times must the cannon balls fly
   Before they're forever banned?
   (Re)   The answer, my friend, is blowin' in the wind
          The answer is blowin' in the wind.

2 how many years can a mountain exist
   Before it is washed to the sea?
   how many years can some people exist
   Before they're allowed to be free?
   how many times can a man turn his head
   And pretend that he just doesn't see?

3 how many times must a man look up
   Before he can really see the sky?
   how many ears must one man have
   Before he can hear people cry?
   how many deaths will it take 'til he knows
   That too many people have died?

🌱 Bob Dylan

바람만이 아는 대답

1. 사람은 얼마나 많이 길을 걸어야
   사람다워질까?
   흰 비둘기는 얼마나 많이 항해해야
   안식처를 찾을까?
   아하, 얼마나 많은 포탄이 날아야
   전쟁이 아주 끝나게 될까?
   (후렴) 친구여, 바람만이 아는 대답
   　　　 대답은 바람에 날리고 있네

2. 산은 얼마나 많은 세월이 흘러야
   씻겨서 바다로 갈까?
   사람은 얼마나 많은 세월이 흘러야
   자유를 얻을 수 있을까?
   사람은 얼마나 고개를 너 돌려야
   외면할 수 있을까?

3. 사람은 얼마나 올려다봐야
   진짜 하늘을 볼 수 있을까?
   사람은 얼마나 귀가 많아야
   사람들의 울음을 들을 수 있을까?
   사람은 얼마나 많은 죽음을 봐야
   너무나 많은 사람이 죽었다는 것을 알게 될까?

밥 딜런(Bob Dylan, 1941.5.24.~)

1962년 발표되고 이듬해 빌보드 차트 2위를 기록, 레코드가 밀리언셀러를 기록했다. 반전·인권·평등 등을 주제로 한 이 노래가 미국 사회에 큰 영향을 미치게 된다. 이후 그의 음악적 활동은 그를 미국의 전설적인 대중음악가로 만들었다. 그는 너무나 많은 세계의 유명, 무명의 음악가들에게 영향을 미쳤다.

미국의 비평가 그레일 마커스는 "그의 음악은 음악으로만 보면 안 된다. 그것은 대중음악의 정신혁명과 관계한다. 그의 음악은 20세기 모더니즘의 가장 강렬한 분출이다. 이 점을 빼놓으면 왜 그의 음악과 앨범이 명작인지를 알 수 없게 된다."라고 평했다.

이 가수는 2016년 가수로서는 세계 최초로 노벨문학상을 수상한다. 선정위원회는 "미국 음악의 전통 안에서 새로운 시적 표현을 창조해 냈다."고 선정 사유를 말했는데 밥 딜런이 가장 위대한 아티스트 중의 하나로 꼽히는 이유가 그의 노랫말 때문이라는 세간의 평을 뒷받침해 준다. 미국의 많은 대학이 그의 노랫말을 감상하고 분석하는 강좌를 개설했었고 학위논문 주제로도 다루어졌다.

이 노래가 나온 시대적 배경은 2차 대전 후 미·소를 중심으로 자유주의와 공산주의로 재편되어 이념의 각축장이 되었던 1960년대다. 이때 반자유와 반평화에 대한 저항의 이 노래가 등장한 것이다. 그래서 우리나라에도 적지 않은 영향을 끼쳤다. 포크록의 전설로 일컬어지는 한대수는 그를 "한국 포크 음악 등장에 씨앗을 뿌렸다."고 말했다. 당시 학생들에게는 '진보적인 저항 가수'로 인식되었다.

Bridge over troubled water

When you're weary Feeling
Small, When tears are in your
eyes I'll dry them all

I'm on your side
Oh, when times get rough
And friends just can't
be found

Like a bridge over troubled
water. I will lay me down

When you're down and out
When you're on the street
When evening falls so hard
I will comfort you

I'll take your part
Oh, when darkness comes
And pain is all around

Like a bridge over troubled
water, I will lay me down

Sail on silver girl, Sail on by
Your time has come to shine.
All your dreams are on their
way.

See how they shine
Oh, if you need a friend
I'm sailing right behind

🌱 Simon & Garfunkel

험한 세상에 다리가 되어

당신이 지치고 초라함에
눈물 눈에 가득 고일 때
내가 그 눈물 닦아 줄게요

보내는 시간이 너무 힘들고
친구들조차 없을 때
내가 당신 곁에 있어 줄게요

거친 물살을 건널 수 있는
다리와 같이 당신을 위해
누워 드릴게요

당신이 모든 걸 잃어
정처 없이 거리를 헤매다가
견디기 힘든 밤이 찾아오면은
내가 당신을 위로해 줄게요.

오! 어둠이 몰려오고
사방이 고통으로 가득찰 때
내가 당신의 편이 되어 줄게요.

거친 물살을 건널 수 있는
다리와 같이 당신을 위해
누워 드릴게요

계속 항해해요. 은빛 소녀여! 항해해요. 빛나는 당신의 시간이 다가오고 있어요. 당신의 모든 꿈이 함께 가고 있어요.

보세요 그 꿈이 얼마나 빛나는지.
오! 혹 친구가 필요하다면
내가 바로 뒤에서 항해할게요.

🌱 사이먼과 가펑클(Simon & Garfunkel, 1957~1970)

20세기 최고의 포크 듀오로 평가받는 이들은 주옥같은 노래로 세계 사람들로부터 찬사를 받았다. '더 복서(The box)', '철새는 날아가고(El Condor Pasa)', 영화 졸업의 OST곡 '침묵의 소리'(Sound of Silence), '스카보로의 추억'(Scarborough Fair) 등이 모두 이들이 부른 곡이다. 1970년 활동을 그만두던 해 마지막으로 부른 곡이 '험한 세상에 다리가 되어'(Bridge over troubled water)는 인데 우리나라 베이비 부머10) 세대에게는 각별하게 다가오는 노래다.

나는 군 졸병 때 식사 후에 동기들과 함께 고참병의 식기를 다 닦았다. 그런데 내가 제대할 무렵에는 내 식기를 내가 닦았다. 군대문화가 구식에서 민주로 바뀌는 과도기에 군대 생활을 했기 때문이다.

부모를 당연히 봉양하고 자녀들은 나처럼 고생시키지 않으려고 죽어라 일했던 베이비 부머들은 정작 자신이 노인이 되자 부양받지 못하는 신세가 되었다. 험한 세상에서 노부모와 자식의 다리가 되어 열심히 살아왔는데 문득 주위를 돌아보다 아무도 나의 다리가 되어 줄이 없는 세상에 와 있는 늙은 자신을 발견했다. 유교 관습 사회의 마지막 세대가 된 것이다. 20대에 그렇게 폼을 잡고 부르던 이 노래가 자신의 노년을 얘기해 주고 있었다는 것을 그때는 미처 몰랐다. 이들은 노인 빈곤과 질병, 독거노인 등 노인 문제가 심각한 사회문제로 대두되고 있는 이 시대의 주인공으로 살아가고 있다.

---

10) 베이비 부머(baby boomer) : 미국에서 2차 세계대전 후 출산율이 급격히 높아졌는데 이때 태어난 세대를 일컫는 말이다. 우리나라는 6·25전쟁 후 1955년~1963년에 태어난 세대를 지칭한다.

Yesterday

Yesterday all my troubles seemed so far away.
Now it looks as though they're here to stay.
<u>Oh, I believe in yesterday.</u>
Suddenly, I'm not half the man I used to be.

There's a shadow hanging over me.
Oh, yesterday came suddenly.

Why she had to go? I don't know,
she wouldn't say.
I said something wrong. Now I long for yesterday.
Yesterday, love was such an easy game to play.
Now I need a place to hide away.
<u>Oh, I believe in yesterday.</u>

Why she had to go? I don't know,
she wouldn't say.
I said something wrong. Now I long for yesterday.
Yesterday, love was such an easy game to play.
Now I need a place to hide away.
<u>Oh, I believe in yesterday.</u>

❦ **The Beatles**

예스터데이

예전에는 내 모든 고통은 멀리 있다고 생각했는데
이젠 그 고통이 여기 머물러 있네요
(후렴) 나는 그 시절이 올 거라고 믿어요

갑자기 내가 예전의 반에도 못 미치는
사람이 되어 버렸어요
어두운 그림자가 내게 드리워지고 있어요.
갑자기 지난날의 추억이 밀려 와요

〔왜 그녀는 떠나야 했는지 난 몰라요,
그녀는 아무 말을 하려 하지 않았어요
내가 뭔가 잘못 말했나 봐요.
지금 이 순간 지난 날이 자꾸만 그리워져요

예전에는 사랑은 아주 쉬운 게임 같았어요
이제 난 숨을 곳이 필요해요.
(후렴) 나는 그 시절이 올 거라고 믿어요〕

※ 후렴 을 '예전이 그리워요' 또는 '그때가 좋았는데'로 번역하기도 함.
※ 노래는 〔 〕부분을 2회 반복한다.

🌱 비틀스(The Beatles 1960.08.~1970.05.)

비틀스는 1960년 리버풀에서 결성된 영국의 4인조 록 밴드이다.
존 레논(John Lennon), 폴 매카트니(Paul McCartney), 조지 해리슨(George Harrison), 링고 스타(Ringo Starr)가 멤버이다.

비틀즈의 가장 큰 특징은 4인방 모두가 대중음악사에 큰 족적을 남긴 싱어송라이터라는 점이다. 그래서 역사상 가장 영향력 있는 음악가로 인정받고 있는 문화 아이콘이다. 이들의 음악에 대한 대중의 사랑은 20세기를 관통하여 21세기에도 이어진다.

너무나 유명하고 세계적으로 크게 유행한 노래도 많은 비틀즈의 마지막 앨범은 이 밴드가 해체되던 해인 1970년 5월 8일 발표된 'Let It Be'이다. 1965년 발표된 'Yesterday'는 우리나라 애송 팝송 1위이고 'Let It Be'도 큰 사랑을 받았다.

2022년 9월 찰스 3세 국왕 주최로 열린 버킹엄궁 리셉션에서 국왕은 윤석열 대통령 내외 환영사에서
"영국에 Let It Be가 있다면 한국에는 BTS가 있다"고 말한다.
'Let It Be'의 위상을 단적으로 표현한 것이라 할 수 있다.

소싯적에 팝송을 좀 불러 보았다면 이 두 노래를 맨 먼저 배우지 않았나 싶다. 워낙 세계적으로 유명해서 팝송 계의 고전과도 같은 이 노래를 모르고는 팝송을 안다고 얘기할 수 어렵기 때문이다.
여기에는 'Yesterday'만 실었다.

Changing Partners

We were waltzing together to a dreamy melody
When they called out "Change partners"
And you waltzed away from me
Now my arms feel so empty
as I gaze around the floor
And I'll keep on changing partners
Till I hold you once more

(Re)
Though we danced for one moment
and too soon we had to part
In that wonderful moment
something happened to my heart
So I'll keep changing partners
till you're in my arms and then
Oh, my darling
I will never change partners again

🌱 Patti Page

체인징 파트너

우리는 꿈같은 멜로디에 맞춰 왈츠를 추고 있었죠
그들이 "파트너 바꾸세요"라고 말했을 때
당신은 왈츠를 추면서 내게서 멀어져 갔어요
그 순간 내 팔이 허전해짐을 느끼고
나는 플로어만 쳐다보고 있었어요
이젠 난 계속 파트너를 바꿀 거예요
당신을 다시 한번 만날 때까지요

(후렴)
우리는 아주 잠깐만 춤을 추었을 뿐인데
너무 일찍 떨어져야 했어요
그 황홀한 순간에
내게 뭔가 심경의 변화가 일어났어요
그래서 난 파트너를 계속 바꿀 거예요
당신이 다시 내 품으로 돌아올 때까지
그러고는 오, 내 사랑
난 다시는 파트너를 바꾸지 않을 거예요.

🐦 패티 페이지(Patti Page, 1927-2013)

우리나라에서도 크게 유행한 다음의 '체인징 파트너'를 젊은 시절에 배운 것 같은데 1953년에 발표된 노래라고 해서 무척 놀랐다.

이 노래는 무척 감미롭다. 내용도 파티에서 춤추다 만난 파트너에게 한눈에 반했다는 그런 이야기 같은데 가수의 음색이 아름다우면서도 웬지 슬프기도 하다. 우리나라 가수 '페티 김'이 이 가수에 반해 '페티'를 따와서 이름을 지었다는 것을 이번에 알았다.

또한 많은 팝송을 들어 봤지만, 이 노래처럼 영어 가사가 잘 들리는 팝송은 없는 것 같다. 이 세상의 많은 언어는 그 언어를 의미하는 문자와 그 문자를 읽는 발음기호로 되어 있다.

문자와 발음기호가 같은 경우는 한글밖에 없지 않나 싶다. 이 팝송이 잘 들리는 것은 마치 한글처럼 가사를 발음기호가 아닌 영문자대로 발음해서 그런 것 같은데 설명을 제대로 했는지 모르겠다.

이들의 문화도 놀라웠다. 영화를 보면 무슨 파티나 무도회에서 남녀가 어울려 춤을 추는데 공평하게 상대 파트너를 바꿔가면서 추는 것을 볼 수 있다. 이런 장면을 소시적에 처음 보았을 때 '남녀칠세부동석', '정조', '열녀' 이런 말에 익숙한 내가 여자들이 외간 남자와 손을 맞잡고 꽉 붙어서 발을 맞춰 이리저리 다니는 것도 놀라운 데 잠시 뒤에 남자를 바꾸어, 또 그렇게 붙어 다니는 것을 보고 이래도 되는 건지 가슴이 쿵쿵 뛰었던 기억이 난다. 그런데 이 노래의 주인공이 한눈에 반한 남자가 돌고 돌아 다시 파트너가 되면 다시는 안 바꾸겠다는 것인데 그러면 안 될 것 같은데 잘 모르겠다.

my way

And now the end is near And so I face the final curtain
My friend, I'll say it clear I'll state my case of which I'm certain
I've lived a life that's full, I traveled each and every highway
And more much more than this, I did it my way.
Regrets, I've had a few But then again, too few to mention.

I did what I had to do. And saw it through without exemption. I planned each charted course Each careful step along the by way. And more much more than this. I did it my way. Yes, there were times, I'm sure you knew When I bit off more than I could chew. But through it all when there was doubt I ate it up and spit it out. I faced it all, And I stood tall. And did it my way I've loved,

I've laughed and cried. I've had my fill, my share of losing. And now as tears subside I find it all so amusing To think I did all that. And may I say, Not in a shy way
"Oh no, oh no, not me I did it my way"
For what is a man? What has he got? If not himself, then he has naught. To say the things he truly feels And not the words of one who kneels. The record shows, I took the blows And did it my way Yes, It was my way

🌱 Frank Sinatra

나의 길

이제 끝이 다가오네. 난 내 인생의 마지막 장을 마주하고 있네.
친구여, 분명히 말해 둘 게 있네. 확신을 가지고 내 경우를 말하겠네. 난 충만한 인생을 살았고, 갈 수 있는 모든 길을 다 가 보았다네. 그리고 그 무엇보다 더 중요한 것은 난 나만의 길을 걸었다는 것이네. 후회도 좀 있었지만 언급하기에는 너무나도 작은 것이었네.

나는 내가 해야만 하는 일을 했고 예외 없이 끝까지 해 내었지. 나는 내가 가야 할 길을 갔고 그 길을 신중히 걸어왔다네. 그 무엇보다도 중요한 점은 난 나만의 길을 걸어왔다는 것이네 그래 당신도 알다시피 내가 감당하기 어려운 일을 할 때도 여러 번 있었지. 그 과정에서 의심이 들 때도 있었으나 해 내고 말았지. 난 당당히 직면하여 모두 버텨냈지. 그리고 내가 사랑하는 나만의 길을 걸었다네.

난 사랑도 했고, 웃고 울기도 했다네. 충만함도, 상실도 겪었지. 그런데 이제 눈물이 진정되니 내가 그 모든 걸 해 냈다고 생각하니 모든 게 나를 미소 짓게 만들어 주네. 그리고 난 부끄럼 없이 이렇게 말할 수 있네. "오, 아니, 난 아니야 난 나만의 길을 걸었다네!"
사람은 무엇을 위해 존재하는가? 무엇을 성취해야 하는가? 만약 자기 자신이 없다면 그는 아무것도 없는 것이네. 자신이 진실로 느낀 대로 말하고 무릎 꿇은 사람이 하는 말을 하지 않은 것이라네.
지난 세월이 내가 어려움을 겪었다는 것을 보여 주네.
그것이 내가 걸었던 길이었네. 그래 그것은 나의 길이었네.

🌱 프랭크 시나트라(Frank Sinatra, 1915~1998)

내 기억으로 노래보다 이름이 더 유명했던 것 같은 이 가수에 대한 자료를 찾아보다 가수뿐만 아니라 영화배우, 사업가로 폭 넓은 삶을 살았다는 것을 알았다. 이 노래는 당시에 워낙 인기곡이어서 나도 들어보았는데 큰 소리로 'my way'라고 외치는 것 외에는 별로 기억나는 것이 없다. 가사 내용도 무슨 말인지 잘 모르겠고 곡도 시끄럽기만 할 뿐 별로였다. 이제야 알고 보니 노래 가사가 죽음을 앞둔 한 남자가 자신의 삶을 되돌아보며 이를 긍정적으로 고백하는 내용이라 당시 청년이 공감하기엔 무리였을 것 같기도 하다.

이 가수가 유명세만큼 성공적인 삶을 산 것은 아니었다. 이 노래를 발표한 1969년 당시에 이혼, 영화 사업 실패, 부친의 별세 등의 견디기 어려운 상황이 되어 극심한 슬럼프를 겪으며 연예계를 은퇴하려는 생각까지 하고 있었고 나이도 54세였다고 한다.

자신이 부른 이 노래에 대해서도 이기적이고 자기중심적인 노래라고 생각해서 좋아하기는커녕 싫어할 정도였다고 그의 딸 낸시 시나트라가 증언하고 있다. 이 노래 원곡 또한 프랑스의 클로드 프랑수아가 1967년에 발표한 노래 'Comme d'habitude'를 리메이크 한 곡인데 발표 당시에는 빌보드 차트 하위권을 맴돌았다고 한다.

그런데 그 후 이 노래는 프랭크 시나트라를 상징하는 곡이 되어 그가 제3의 전성기를 열 수 있는 전환점이 되었다. 엘비스 프레슬리를 비롯한 수많은 가수가 리메이크했고, 지금까지도 팝송 계에서 불후의 명곡으로 꼽힌다고 하니 세상만사 알다가도 모를 일이다.

Raindrops keep falling on my head

Raindrops keep falling on my head,
And just like the guy whose feet are too big
for his bed. Nothing seems to fit.
Those raindrops are falling on my head,
they keep falling

So I just did me some talking to the sun,
And I said I didn't like the way
he got things done. Sleeping on the job
Those raindrops are falling on my head,
they keep falling
But there's one thing I know
The blues they send to meet me won't defeat me.
(Re)
It won't be long till happiness steps up
to greet me.
Raindrops keep falling on my head.
But that doesn't mean my eyes will soon be
turning red
Crying's not for me. Cause I'm never
gonna stop the rain by complaining.
Because I'm free. Nothing's worrying me

🌱 B.J. Thomas

빗방울이 내 머리 쉬에 떨어지네

빗방울이 내 머리 위에 떨어지고 있어요.
그리고 다리가 너무 길어 침대가 맞지 않는
남자처럼 딱 맞는 게 아무것도 없는 것 같아요.
그 빗방울이 내 머리 위에 떨어지고 있어요.
계속 떨어지고 있어요.

그래서 나는 태양에게 말을 걸어 뭔가 얘기했어요.
나는 말했어요. 게으름을 피우는 그의 일하는 방식이
맘에 들지 않는다고요.
그 빗방울이 내 머리 위에 떨어지고 있어요.
계속 떨어지고 있어요.
그러나 나는 한 가지는 알고 있지요.
그들이 내게 보내는 우울함이 결코
나를 이기지 못할 거라는 것을.
(후렴)
행복이 발돋음 해 나를 반기러 오는 데는
그리 오래 걸리지 않을 거예요.
빗방울이 내 머리 위에 떨어지고 있어요.
하지만 그것은 곧 내 눈시울이 붉어질 거라는
것을 의미하는 것은 아니에요. 날 위해 울지 말아요.
내가 불평한다고 비가 멈추는 것이 아니기 때문에
나는 자유롭기 때문에 아무것도 걱정하지 않아요.

🌱 토마스 (Billy Joe Thomas, 1942~2021)

1960년대와 70년대를 풍미한 미국의 대중 가수다. 이 당시 팝송 좀 불렀다는 분들은 다음에 소개하는 감미로운 선율의 'Rain drops Keep Falling on My Head' 멋들어지게 불렀지 않나 싶다.

또한 로버트 레드포드와 폴 뉴먼의 주연 영화 '내일을 향해 쏴라'를 틀림없이 보았을 것이다. 영화를 본지가 넘 오래여서 두 명의 은행 강도가 마지막에 군대에 포위되어 튀어나오면서 죽음을 맞이하는 장면만 생각난다. 노래 가사 또한 무엇을 얘기하려는 것인지 잘 모르겠으나 노래는 들을 때마다 감미로운 정감이 솟아오른다.

Thomas는 이 영화의 삽입곡인 이 노래로 아카데미상을 받고 2013년에는 이 노래가 그래미 명예의 전당에 헌액된다.

이 가수는 1966년 데뷔 이후 1977년에서 1981년 사이에 그래미상을 5번이나 수상하며 큰 인기를 얻었다. 1968년 글로리아 리처드슨과 결혼하여 두 딸을 두었는데 1978년에는 북한에서 딸아이를 입양했다고 한다. 그는 양지에만 있었던 것은 아니다. 1970년대에 마약과 알코올 중독에 빠지며 방탕 생활을 하다가 결혼 생활도 끝장날 뻔했는데 1976년 기독교에 귀의 정상적인 생활을 할 수 있게 되었고 그해 발매된 앨범 'Home Where I Belong'이 100만 장 이상 필리머 제2의 전성기를 맞는다.

2021년 폐암으로 세상을 떠나면서 "나는 단지 평범한 또 다른 남자일 뿐"이라며 "운이 좋았고 여러분 덕분에 멋진 삶을 살아왔다."고 팬들에게 감사의 말을 남겼다고 한다.

Over And Over

I never dared to reach for the moon
I never thought I'd know heaven so soon
I couldn't hope to say how I feel
The joy in my heart no words can reveal
(Re)
Over and over I whisper your name
Over and over I kiss you again
I see the light of love in your eyes
Love is forever, no more good-byes

Now just a memory the tear that I cried
Now just a memory the sights that I sighed
Dreams that I cherished all have come true
All my tomorrows I give to you
(Re)
Life's summer leaves may turn to gold
The love that we shared will never grow old
Here in your arms the world's far away
Here in your arms forever I'll stay
(Re)

🌱 Nana Mouskouri

오버 앤 오버

나는 감히 달을 향해 손을 뻗을 수조차 없었어요
내가 그렇게 빨리 천국을 알 거라고는 생각조차 못했어요
나는 어떻게 느꼈는지를 말할 수가 없었어요
말로는 표현할 수 없는 내 가슴속의 기쁨을 말이에요
(후렴)
몇 번이고 나는 당신 이름을 속삭여 봐요
몇 번이고 당신에게 입맞춤하고 또 입마춤해요
나는 당신의 눈 속에서 비취는 사랑의 빛을 보아요
사랑은 영원해요, 이젠 더 이상 이별은 없어요

내가 울면서 흘린 눈물은 지금은 추억일 뿐이에요
내가 지었던 한숨도 지금은 그저 추억일 뿐이에요
내가 간직한 소중한 꿈들이 모두 다 이루어졌어요
나의 미래 전부를 당신에게 드릴게요
(후렴)
인생의 여름 나뭇잎들은 노랗게 변할지라도
우리가 함께 나눈 사랑은 결코 늙지 않을 거예요
세상과는 먼 여기 당신의 품 안에
여기 당신의 품 안에 영원히 있을 거예요

🌱 1969년에 발표된 곡이다. 세계의 찬사를 받았던 나나 무스쿠리(1934.10.13.~)는 세계 유람 은퇴 공연차 2008년 한국을 방문했을 때 태안 기름유출사고 피해 어민에게 1만 달러를 기부했다고 한다.

Take Me Home, Country Roads

Almost Heaven, West Virginia
Blue Ridge Mountains, Shenandoah River
Life is old there, older than the trees
Younger than the mountains, growin' like a breeze
(Re)
Country roads, take me home
To the place I belong
West Virginia, mountain mama
Take me home, country roads

All my memories gather 'round her
Miner's lady, stranger to blue water
Dark and dusty, painted on the sky
Misty taste of moonshine, teardrop in my eye
(Re)
I hear her voice in the mornin' hour, she calls me
The radio reminds me of my home far away
Drivin' down the road, I get a feelin'
That I should've been home yesterday, yesterday
(Re 2회)
Take me home, (down) country roads
Take me home, (down) country roads

🌱 John Denver

날 고향으로 데려다줘요, 시골길이여

천국과도 같은 나의 고향, 웨스트버지니아
블루리지 산맥과 셰난도아 강이 있는 곳
그곳에서 삶은 나무들보다는 오래되었지만
산들바람처럼 성장한 산보다는 오래지 않았어요
(후렴)
시골길이여, 날 고향으로 데려가 줘요
내가 살던 그곳으로
웨스트버지니아, 어머니 같은 산
날 고향으로 데려가 줘요, 시골길이여

내 모든 기억은 온통 어머니에 관한 것뿐이죠
광부의 아내였던 그녀는 푸른 바다를 본 적이 없어요
어둠과 먼지로 채색된 하늘
밀주(위스키)의 어렴풋한 맛, 내 눈의 눈물방울
(후렴)
아침이면 날 깨우던 어머니의 목소리가 들려요
라디오를 들으며 먼 곳의 내 고향이 떠올라요
자동차를 운전하면서 문득 생각났어요
진작에 고향에 찾아갔어야 했다는 것을요
(후렴)
날 고향으로 데려가 줘요, 시골길이여
날 고향으로 데려가 줘요, 시골길이여

존 덴버(John Denver, 1943.12.~1977.10.)

이 노래 가사에 나오는 블루리지(Blue Ridge)산맥은 미국 동부 조지아주에서 펜실베니아주에 걸쳐 있는데 멀리서 보면 산들이 푸른빛으로 보이기 때문에 푸른 산등성이(blue ridge)란 이름을 붙였고, 강 이름 '셰난도아'는 '아름다운 별의 딸', 또는 '하늘의 딸'이라는 의미의 인디언 말이라고 한다.

1971년 발표된 'Take Me Home, Country Roads'를 처음 들었을 때 가사와 선율에 매료되었던 기억이 난다. 특히 '버지니아' 발음이 너무 멋졌다. 우리나라에서는 이 가수가 부른 TV 영화 '선샤인(1973)' 테마송 'Sunshine On My Shoulder'가 큰 인기를 얻었다. 그래서 중장년층에게 존 덴버를 말하면 제일 먼저 선샤인이 떠오를 것 같다. 그리고 미국 노래에는 광부에 관한 것이 많은데 동요 '클레멘타인'도 광부와 그의 딸 이야기다.

이 가수 대표적인 명곡으로 'Annie's Song', 'Rocky Mountain High', 'Shanghai Breezes' 등이 있는데 그의 앨범 'Greatest Hits'는 1973년 말에 앨범차트 정상에 올라 무려 175주 동안 200위 권내에 랭크되는 경이적인 기록을 세운 것으로 유명하다.

'Rocky Mountain High'와 여기 소개한 이 노래가 각각 웨스트버지니아주와 콜로라도주의 주가(州歌)로 지정되는 명예도 얻었다. 우리나라도 3회나 순회공연을 했다. 그러나 그의 말년은 순탄치 못했다. 약물과 불륜, 두 차례의 이혼을 겪은 그는 1997년 10월 경비행기를 조종하다가 추락하여 사망하고 마는데 그의 나이 53세였다.

Unchained Melody

Woah, my love, my darling
I've hungered for your touch
A long, lonely time
And time goes by so slowly
And time can do so much
Are you still mine?
I need your love
I need your love
God speed your love to me

Lonely rivers flow, To the sea, to the sea
To the open arms of the sea, yeah
Lonely rivers sigh "Wait for me, wait for me
I'll be coming home, wait for me

🌱 Righteous Brothers

언체인드 멜로디

오, 내 사랑, 그대여
그 길고, 외로운 시간 동안
난 당신의 손길을 정말 갈망해 왔어요
그 시간은 너무나 느리게 지나 가네요
그 시간은 너무 많은 걸 할 수 있네요
그대는 아직 내 사람인가요?
난 당신의 사랑이 필요합니다.
난 당신의 사랑이 필요합니다.
신이 그대 사랑을 어서 내게 보내주기를

외로운 강물은 흘러가네요, 바다로, 바다로
오 넓게 열린 바다의 품속으로 향해가는
외로운 강물이 한숨을 쉬네요. 기다려줘요. 나를,
기다려줘요. 나를 나 곧 집에 도착하니 기다려줘요.

❦ 작사 : 히 자렛(Hy Zaret), 작곡 : 알렉스 노스(Alex North)

　1955년 미국에서 영화 'Unchained'를 위해 만들었는데 1960년대 크게 유행했었다가 1990년 영화 '사랑과 영혼' OST곡으로 세계적인 명성을 얻어 제2의 전성기를 맞은 노래다. 많은 가수가 이 노래를 불렀다는 점도 특이하다. 전곡이 2회 반복된다.
　이 노래는 영화 '사랑과 영혼'과 더불어 엄청난 사랑을 받았다.
　우리 귀에 익숙한, 간절히 애원하는 듯한, 애타는 심정을 기막히게 표현하고 있는 음색의 노래는 1965년에 발표된 라이쳐스 브러더스(Righteous Brothers, 1962~)의 버전이다. 이 두 가수는 빌 메들리(Bill Medley)와 바비 햇필드(Bobby Hatfield)인데 각각 저음과 고음을 맡았다.

Donde Voy

All alone I have started my journey. To the darkness of the darkness I go With a reason, I stopped for a moment In this world full of pleasure so frail

Town after town I travel Pass through faces I know and know not Like a bird in flight, sometimes I topple Time and time again just farewells

Donde voy, donde voy
Day by day, my story unfolds Solo estoy, solo estoy All alone as the day I was born Till your eyes rest in mine, I shall wander No more darkness I know and know not

For your sweetness I traded my freedom Not knowing a farewell awaits You know, hearts can be repeatedly broken Making room for the harrows to come Along with my sorrows I buried My tears, my smiles, your name

Donde voy, donde voy
Songs of love tales I sing of no more Solo estoy, solo estoy once again with my shadows I roam
Donde voy, donde voy
All alone as the day I was born Solo estoy, solo estoy Still alone with my shadows I roam

🌱 Chyi Yu

나는 어디로 가야 하나

나는 홀로 나만의 여정을 시작 했
어요. 깊은 어둠 속으로 가요
어떤 연유로 덧없는 즐거움으로 가
득 찬 이 세상에 잠시 멈추었 어요
나는 여행했어요.

낯익기도 하고 낯설은 이 마을 저
마을을 나는 새처럼 스쳐 지나갔지
요. 때로는 매번 작별 인사를 반복
하면서 넘어지기도 했지요

난 어디로 가야 하나요? "
매일 내 사연을 털어놓네요. 혼자
가 되었다고, "
마치 세상에 태어날 때처럼 정말
혼자였다고
당신의 눈이 내 안에 남아 있는 한
어떤 어둠 속에서도 더 이상 방황
하지 않을 거예요. 나는 내 자유를
당신의 달콤함과 바꿔 버렸네요.
이별이 기다리고 있는 줄도 모르고

마음이 계속 찢어질 수도 있다는
것을 아시기나 하나요 다가올 괴로
움을 대비해야 해서 난 나의 슬픔
과 함께 내 눈물, 내 미소, 당신의
이름을 묻어 버렸어요

난 어디로 가야 하나요? "
사랑 이야기 노래를 나는 더 이상
부를 수가 없네요
난 혼자가 되었어요
난 혼자가 되었어요
다시 한번 내 그림자와 함께 배회
하고 있네요

난 어디로 가야 하나요? "
마치 세상에 태어날 때처럼
혼자가 되었어요
난 혼자가 되었어요
다시 한번 내 그림자와 함께
배회하고 있네요

🌱 'Donde Voy'는 1989년에 멕시코계 미국인 출신 가수 티시 이노호사(Tish Hinojosa, 1955~)가 발표한 노래다.

'Donde Voy'는 '나는 어데로 가야 하나요?'라는 의미의 스페인어라고 한다. 이 곡은 불법 이민을 시도하는 멕시코 남성이 멕시코에 남겨둔 자기 연인을 그리워하며 부르는 노래로 알려져 있는데 아메리칸을 꿈꾸며 미국과 멕시코의 국경을 넘으려다 목숨을 잃기도 하는 안타까운 불법 이민자들의 삶의 애환을 노래하고 있다.

자료를 보니 미국과 멕시코 사이엔 장장 3,360㎞ 장벽이 쌓여있는데 2000년 초반엔 170만 명 이상이 불법으로 국경을 넘다가 체포되었고 오바마 대통령 때에 감시를 강화하여 많이 감소했으나 아직도 매년 55만 명 이상이 국경을 넘으려다 체포된다고 한다.

화물칸에 숨어 밀입국하려다 열차 문을 못 열어 18명이 질식사한 경우도 그렇고 가난을 못 이긴 헤아릴 수 없을 만큼 많은 멕시코인이 3m 높이의 2중으로 둘러싸인 철벽을 넘다가 아메리칸드림을 시작도 못 해본 채 가엾은 생을 마감하는 경우가 많다고 한다. 그래서 인지, 이 노래 가사를 보면 저절로 감정이 복받쳐 오른다.

우리나라에서도 가사 내용을 몰라도 음반이 10만 장이나 팔릴 만큼 큰 인기를 얻었다. 연배가 있으신 분들은 이 노래 제목만 들어도 감회가 새로울 것 같다. 여기 소개한 영어판은 원곡과는 전혀 다른 번안곡으로 대만의 존 바에즈(Joan Baez)로 불리는 치유(Chyi Yu, 1956~)가 부른 곡이다. 스페인 원곡을 싣고 싶었으나 한글 번역본을 검증하지 못해서 이 번안곡을 실었는데 가수의 음색도 그렇고 원곡 가사 내용을 좀 알아서인지 더욱 애절하게 들린다.

When I Dream

I could build a mansion that is higher than the trees
I could have all the gifts I want and never ask please
I could fly to Paris, it's at my beck and call
Why do I live my life alone with nothing at all?

But when I dream, I dream of you
Maybe someday you will come true
(Re)
When I dream, I dream of you
Maybe someday you will come true

I can be the singer or the clown in any role
I can call up someone to take me to the moon
I can put my makeup on and drive the men insane
I can go to bed alone and never know his name
(Re)
But when I dream, I dream of you
Maybe someday you will come true

But when I dream, I dream of you
Maybe someday you will come true

🌱 Carol Kidd

내가 꿈을 꿀 때

나는 나무보다 더 높은 저택을 지을 수 있어요
나는 부탁하지 않고도
내가 원하는 모든 선물을 다 가질 수 있어요
나는 내가 마음만 먹으면 언제든 파리로 날아갈 수 있어요
그런데 나는 왜 아무것도 없이 혼자 살아가고 있는 걸까요

(후렴) 하지만 나는 꿈을 꿀 때면 늘 당신 꿈을 꾸어요
        어쩌면 언젠가는 당신이 현실이 되어 나타나겠지요

나는 가수도 어떤 역할도 잘하는 광대도 될 수도 있어요
나는 누군가를 불러내어 달에 데려다 달라고 할 수도 있어요
나는 예쁘게 화장하여 남자들의 혼을 빼놓을 수도 있어요
하지만 그 남자의 이름조차 모른 채 혼자 잠자리에 들어요

(후렴) 하지만 나는 꿈을 꿀 때면 늘 당신 꿈을 꾸어요
        어쩌면 언젠가는 당신이 현실이 되어 나타나겠지요

🌱 캐롤 키드(Carol Kidd, 1945.10.19.~)

　스코틀랜드 가수. 1985년에 발표한 이 곡은 1999년 개봉한 영화 '쉬리 OST' 곡으로 사용되면서 엄청난 인기를 얻었다. 감미로운 선율, 세상을 다 내 마음대로 할 수 있는데 연인은 없어 생기기를 꿈꾸는 가사와 더불어 매혹적인 가수의 음색이 빠져들지 않을 수 없게 만드는 노래인 것 같다.

4-2. 영화와 영화음악

우리나라에 TV가 방송된 시기는 1970년대 초반이 아니었나 싶다. 안방에 TV가 등장한 것은 그야말로 신세계가 열린 격이었다. 말로만 듣던 과거의 모든 명화를 안방에서 볼 수 있게 된 것이다. 너무 많아 내가 본 것 위주로 1970년대까지의 추억의 명화를 찾아 정리해 보았다. 이들 영화 대부분이 극장에서 앵콜 상영되었다.

〈바람과 함께 사라지다(1939)〉, 〈러브 어페어(1939)〉, 〈레베카(1940)〉, 〈애수(1940)〉, 〈마음의 행로(1942)〉, 〈카사블랑카(1942)〉, 〈돌아온 래시(1943)〉, 〈34번가의 기적(1947)〉, 〈젊은이의 양지(1951)〉, 〈욕망이라는 이름의 전차(1951)〉, 〈하이눈(1952)〉, 〈에덴의 동쪽(1955)〉, 〈이유 없는 반항(1955)〉, 〈자이언트(1956)〉, 〈콰이강의 다리(1957)〉. 〈십계(1956)〉, 〈벤허(1959)〉, 〈태양은 가득히(1960)〉, 〈가방을 든 여인(1961)〉, 〈대장 부리바(1962)〉, 〈부베의 연인(1964)〉, 〈쉘부르의 우산(1964)〉, 〈Dr. 지바고(1965)〉, 〈사운드 오브 뮤직(1965)〉, 〈밤의 열기 속으로(1967)〉, 〈졸업(1967)〉, 〈로미오와 줄리엣(1968)〉, 〈내일을 향해 쏴라(1969)〉, 〈해바라기(1970)〉, 〈러브스토리(1971)〉, 〈대부(1972)〉, 〈뻐꾸기 둥지 위로 날아간 새(1975)〉, 〈록키(1976)〉, 〈첨밀밀(甜蜜蜜, 1979)〉

이들 영화 중에는 영화 OST 곡이 함께 대중의 인기를 얻은 경우가 많다. 영화음악 중에는 전쟁으로 인한 생과 사 그리고 사랑과 이별의 기구한 운명, 잔인한 이념 갈등, 가난과 질병 등의 깊은 상처의 아픔과 슬픔을 노래한 곡이 많다는 점은 특기할 만하다. 인상 깊었던 이 영화 중 몇 편의 개요를 간단히 소개한다.

영화 〈부베의 연인〉은 2차 세계대전의 나치와 레지스탕스가 배경이 된 남녀의 사랑 이야기를 다룬 이탈리아 영화이다. 여주인공 '마라'는 첫사랑 '부베'가 떠난 후 소식이 끊겨 버리고 다른 남자와 사랑에 빠진다. 후에 '부베'가 파시스트 살인죄로 14년을 선고받고 복역 중인 것을 알고 작별을 고하러 갔다가 오히려 지금 남자와 헤어지고, '부베'를 매달 2회씩 면회하는 삶을 살게 된다. 여인의 순정을 그린 이 영화는 감미로운 OST 곡을 깔고 있다.

영화 〈대장 부리바〉는 엄청난 충격이었다. 세월이 이렇게나 흘렀는데도 코사크 족장 부리바의 큰아들이 적국 귀족의 딸을 사랑하여 자기 종족을 배신해 버리는 것, 족장이 이 아들을 처형하는 것, 그리고 배우 '율 브리너'의 번질거리는 대머리는 지금도 눈에 선하다. 놀랍게도 '코사크 족'이 전쟁 중인 지금의 우크라이나이고 이 나라 수도 '카이우'가 영화의 배경이었다는 것과 그들의 적국이 폴란드였다는 것을 이번에 알았다.

영화 〈바람과 함께 사라지다〉는 학생 때 여럿이 단체관람을 했었다. 영화 속, 여주인공이 남편이 죽었는데 상복을 입고 파티에서 춤을 추는 장면이 있다. 영화 관람 후 어느 여학생이 이 장면을 놓고 여자 주인공이 너무 예뻐서 다 용서된다고 말했다. 나는 여자가 예쁘면 모든 걸 용서해야 한다는 것을 이때 배웠다.

영화 〈졸업〉은 참으로 놀랍다. 결혼식장에서 신부가 웨딩드레스를 입은 채로 다른 남자와 도망을 친다. 이들은 버스에 올라타고 나서는 웃음기가 사라지고 표정이 굳어지는데 이때 흘러나오는 OST곡이 '침묵의 소리'(The Sound of silence)다.

앞서 기타를 배우면 기본적으로 알게 된다는 팝송 '해 뜨는 집'을 소개했는데 하나 더 있다. 그것은 1952년의 프랑스 영화 〈금지된 장난〉의 OST 곡 '로망스'(Romance de Amour)이다.

제임스 딘 영화를 얘기하지 않을 수 없다. 〈자이언트〉는 광활한 서부 텍사스를 그린 대 서사시와도 같은 영화다. OST 곡도 크게 유행했다. 제트(제임스 딘)는 텍사스에 거대한 목장을 소유한 대부호 빅(록 허드슨) 집안의 일꾼이다. 제트는 빅이 동부에서 데려온 그의 아내 레슬리(엘리자베스 테일러)와 처음 대면했을 때 인상 깊은 눈으로 바라본다. 그는 후일 빅의 누이가 준 조그만 땅덩이에서 석유가 나와 억만장자가 되는데 지금도 생각나는 다음 장면을 다시 찾아보았다.

자기 호텔 낙성식 연회장에서 사회자가 자신을 '위대한 텍사스인' 어쩌고 하면서 소개하는데 인사불성의 만취 상태로 일어나려다 엎어져 버린다. 연회는 파장이 되고 한참 후 모두 떠난 텅 빈 연회장에서 혼자 넋두리하다가 앞으로 고꾸라진다.
"텍사스가 나를 위해 해준 게 뭐야! 아무것도 없어. 나는 죽도록 일만 했어. 빅의 노예! 불쌍한 제트! --- 아름다운 레슬리--- 레슬리! 아름답고 사랑스런 여자! 내가 원하던 여자! ---"

이 제트의 독백은 큰 충격이었다. 내가 여태까지 많은 외화를 보고 난 후 쌓인 느낌이 이때 한꺼번에 터져 나왔다고나 할까. 나는 이 장면을 보면서 서구사람들의 생활양식이나 사고방식이 우리보다 훨씬 낫다고 인정하게 되었다. 이들 작품은 인간이 선악과 관습의 굴레를 쓰기 이전의 인간 본연의 모습을 파헤치려 한다는 생각이 들었다. 그들이 만든 영화는 유교 관습에 찌들어 있던 나를 일깨워 주었다고 할 만하다. 영화뿐만이 아니다. 앞서 소개한 번안가요도 그렇고 그들의 대중문화는 참 대단한 게 있다.

　영화와 영화음악은 1980년 이전 작품이 선정 기준이었는데 예외로 1986년에 개봉한 영화 〈미션〉(The Mission)의 OST 곡 '넬라 판타지아'(Nella Fantasia)를 소개한다. 〈미션〉은 1750년대 아르헨티나, 파라과이, 브라질 국경 지역에서 스페인과 포르투갈의 영토 경계 문제로 발생한 실화를 바탕으로 만들어진 영화라고 한다. 이 영화를 보지 못했는데 제수이트 신부들이 과라니족 마을을 근대적인 마을로 발전시키지만, 영토 분계선을 설정하는 과정에서 과라니족의 마을이 포르투갈 식민지로 편입되면서 전개되는 비극적인 사건을 그렸다고 한다. 나는 이 노래를 처음 들었을 때 가사 내용도 모르면서 환상에 빠진 듯한 느낌을 잊지 못해 싶게 되었다.

　이제 영화음악을 감상해 보기로 하는데 여기에는 4곡을 실었으니 함께 감상해 보면서 자기가 좋아하는 추억의 명화와 그 음악 속으로도 폭 빠져 보시기 바란다.

The Sound of silence
East of Eden
Nella Fantasia
甛蜜蜜

The Sound of Silence

Hello, darkness, my old friend
I've come to talk with you again
Because a vision softly creeping
Left its seeds while I was sleeping
And the vision That was planted in my brain
Still remains Within the sound of silence

In restless dreams I walked alone
Narrow streets of cobblestone
Beneath the halo of a street lamp
I turned my collar to the cold and damp
When my eyes were stabbed
By the flash of a neon light That split the night
And touched the sound of silence

And in the naked light I saw Ten thousand people, maybe more People talking without speaking
People hearing without listening People writing songs that voices never share... And no one dare Disturb the sound of silence.
"Fools," said I, "you do not know
Silence like a cancer grows."
"Hear my words that I might teach you,

Take my arms that I might reach you."
But my words like silent raindrops fell,
And echoed in the wells of silence.

And the people bowed and prayed
To the neon god they made. And the sign flashed
out its warning In the words that it was forming.
And the signs said: "The words of the prophets
Are written on the subway walls And tenement halls,
And whispered in the sound of silence."

🌱 **Simon & Garfunkel**

침묵의 소리

안녕, 나의 오랜 친구 어둠이여
나 너와 얘기하려고 다시 왔어
내가 지고 있을 때 환상이 살금살금 다가와
자신의 씨를 남겨 놓았기 때문이야
내 뇌리에 심어진 그 환상은
'침묵의 소리' 안에 아직도 남아있어

나는 꿈속에서 가로등의 후광을 받으며
좁은 자갈길을 혼자 쉬지 않고 걸었어

나는 춥고 축축하여 옷깃을 올렸지
밤을 쪼개는 그리고 침묵의 소리를 만진
네온 불빛의 섬광에 내 눈이 찔렸던 그때

그리고 적나라한 불빛 속에서
나는 수많은 사람들을 보았지, 정말 많은
진지하게 말하지 않은 사람들을,
주의 깊게 듣지 않은 사람들을,
공감하기 어려운 목소리를 노래로 만드는 사람들을
그 누구도 감히 '침묵의 소리'를 방해할 수는 없어

"바보들"이라고 내가 말했지 "너희들은 암처럼
자라나는 침묵을 알지 못해"
"내가 너를 가르쳐 줄지도 모르니 내 말을 들어봐,
내가 너에게 닿을지도 모르니 내 팔을 당겨봐"
하지만 소리 없는 빗방울 같은 나의 말은 떨어져
침묵의 우물 속에 메아리쳤어.

사람들은 고개를 숙이고 그들이 만든 네온의 신에게
기도했지. 그리고 네온사인은 만들어진 경고의 문구를
번쩍 내 비춰었지. 그리고 말했어 :
"선지자들의 말은 지하철 벽에, 집안의 현관에 쓰여져
침묵의 소리로 속삭인다고"

East of Eden (에덴의 동쪽)

에덴의 동산은 어두워 가는구나

봄빛을 잃고서 저물어 가는구나

낙원에 맺힌 꽃송이

피지 않고서 지나니

슬퍼 말아라, 마음과 마음속에

행복의 노래 부를 날 있으리라

※ 영어 원문은 구할 수 없었다. 한글 가사는 내가 젊었을 때 배운 이 가사와 똑같은 것은 찾지 못했다.

🌱 제임스 딘(James Byron Dean, 1931~1955)

　제임스 딘은 그가 출연한 영화처럼 젊은이들의 〈이유 없는 반항〉의 완벽한 전형이자 젊음, 청바지, 스포츠카로 대변되는 청춘의 상징과도 같은 존재이다. 우수에 잠겨있는 듯한, 어둠이 깃들어 있고 어딘가에 우울을 감추고 있는 것 같은, 뭔가 불만이 가득한 듯한 표정과 언행, 그러면서도 어딘가 로맨틱하고 매력적인 구석이 있어 보이는 그의 인상착의는 지금까지도 10대들을 사로잡고 있고 그들의 우상이 되어 있다. 실세로 그는 그런 불꽃과도 같은 삶을 살았다.

　제임스 딘은 일찍 어머니를 여의고 고모 댁에 보내져 고등학교 때까지 아버지와는 단절, 고모를 엄마라 부르며 고아와 같은 불우한 청소년기를 보낸다. 고교 졸업 후 재혼한 아버지 집에서 살면서 변호사를 원한 아버지의 뜻에 따라 법학을 전공했다가 UCLA로 편입한 후 전공을 연극으로 바꿔 배우가 된다.

그의 첫 번째 영화 〈에덴의 동쪽〉은 돌아가신 어머니와 재회하는 것과 같은 작품으로 어머니를 여의고 아버지에게 유기당했던 고통과 직면하는 기회가 됐다. 감독은 부정을 절실히 갈구하는 딘의 기분을 실제로 연기하도록 했는데 가상과 현실이 구분이 안 될 정도로 촬영 중 대본을 무시하고 즉석에서 느낀 감정대로 표현해서 다른 배우들과 트러블도 많았다고 한다.

두 번째 영화 〈이유 없는 반항〉에서도 딘은 그 유명한 붉은 잠바를 입고 실제 자기 자신이자, 당대 미국 10대의 모습을 상징적으로 재현하여 청춘을 상징하는 불멸의 아이콘이 된다.

딘은 실제 반항아로 당시 청춘스타들에게 요구되던 전형적인 규범과는 거리가 멀었다. 화려하고 요란한 한편 쉽게 침울해지는 성향으로 영화출연료를 전부 고급 스포츠카를 사는 데 쏟아붓는가 하면 차량을 불법 개조한 매니아들과 경주도 자주 벌려 사고를 우려한 '워너브라다스' 영화사가 〈자이언트〉 촬영을 끝낼 때까지 경주에 참여하지 않는다는 조건을 계약에 넣어 서명하게 할 정도였다고 한다.

그는 1955년 9월 30일 그의 생애 마지막 작품이 된 세 번째 영화 〈자이언트〉의 마지막 촬영을 마치고 캘리포니아주 46번 고속도로를 180km로 달리다가 맞은 편 좌회전하던 차와 충돌하여 사망하고 마니, 그의 나이 불과 24세였다. 아래는 그가 남긴 말이다.

「영원히 살 것처럼 꿈꾸고 오늘 죽을 것처럼 살아라.」

Dream as if you'll live forever. Live as if you'll die.

Nella Fantasia

Nella fantasia io vedo un mondo giusto,
Li tutti vivono in pace e in onestà.
(Re) Io sogno d'anime che sono sempre libere,
 Come le nuvole che volano,
 Pien' d'umanità in fondo all'anima.

Nella fantasia io vedo un mondo chiaro,
Li anche la notte è meno oscura.
Io sogno d'anime che sono sempre libere,
Come le nuvole che volano.

Nella fantasia esiste un vento caldo,
Che soffia sulle città, come amico.
(Re) 후렴 반복

🌱 Sarah Brightman

나의 환상 속에서

나는 환상 속에서 올바른 세상을 보아요
모두가 평화롭게 또한 정직하게 살고 있는
(후렴) 나는 자유로운 영혼을 꿈꾸어요
 항상 떠도는 구름처럼
 영혼 저 깊은 곳에 인간미 가득한

나는 환상 속에서 밝은 세상을 보아요
매일 밤이 그렇게 어둡지 않은
나는 자유로운 영혼을 꿈꾸어요
항상 떠도는 구름처럼

내 환상 속에는 따뜻한 바람이 있어요
마치 친구처럼 도시로 불어오는
(후렴) 반복

🌱 작사 : Chiara Ferrau, 작곡 : Enio Morricone,
노래 : Sarah Brightman(1960.8.14.~)

신이 내린 목소리를 가졌다는 영국의 사라 브라이트만은 크로스오버 (crossover, 클래식과 대중음악의 결합) 음악가, 팝페라 가수 겸 배우, 싱어송라이터 그리고 댄서이다. 뮤지컬 '오페라의 유령'은 25년간 전 세계적으로 4천만 장 이상 판매되었다고 한다.

우리나라와도 인연이 많아 2004년 첫 내한 공연 이래 2016년까지 6차례나 내한 공연을 했다. 뮤지션 박기영이 2016년 1월에 KBS 2TV 〈불후의 명곡 2〉에서 이 노래를 불렀는데 조회수가 사라 브라이트만이 가지고 있는 기록 430만 뷰의 2배가 넘는 980만 뷰를 넘어 세계 최고의 조회수라고 한다.

영화를 보지 못해 줄거리를 읽어 보았는데 평화롭고 정의로운 세상에 대한 꿈을 갖게 하려는 것이 노래의 배경이라고 한다. 이런 관점에서 이탈리아어를 몰라 영어 번역본을 번역하여 실었다.

甜蜜蜜

蜜蜜你笑得甜蜜蜜	티엔 미미 니샤오더 티엔미미
好像花儿开在春风里	하오샹 화얼 카이자이 춘펑리
开在春风里	카이자이 춘펑리
在哪里在哪里见过你	짜이나리 자이나리 찌엔꿔니
你的笑容这样熟悉	니더샤오룽 줘양 쇼오시
我一时想不起	워이쓰씨앙부치
啊在梦里	아~ 짜이멍~리
梦里梦里见过你	멍리멍리 지엔꿔 니
甜蜜笑得多甜蜜	티엔미 샤오더 뚜어 티엔미
是你是你	스니 스니
梦见的就是你	멍찌엔더 찌우스니
在哪里在哪里见过你	짜이나리 자이나리 찌엔꿰니
你的笑容这样熟悉	니더샤오룽 줘양 슈오시
我一时想不起	워이쓰씨앙부치
啊在梦里	아~ 짜이멍~리

🌱 鄧麗君

첨밀밀

달콤해요, 당신의 미소는 달콤해요.
봄바람 속에 피어 있는 고운 꽃 같아요.
봄바람 속에 피어 있네요.

어디선가, 어디선가 당신을 본 것 같아요.
당신의 웃는 얼굴이 이렇게 익숙한데
갑자기 생각이 나지 않네요.
아 ~ 꿈속이었네요.

꿈속, 꿈속에서 당신을 보았어요.
달콤해요, 당신의 미소는 달콤해요.
당신, 당신 꿈에서 본 사람이 바로 당신이에요

어디선가, 어디선가 당신을 본 것 같아요.
당신의 웃는 얼굴이 이렇게 익숙한데
갑자기 생각이 나지 않네요.
아 ~ 꿈속이었네요.

등려군(鄧麗君, 1953~1995)

〈첨밀밀〉(甛蜜蜜)은 홍콩이 중국에 반환될 무렵인 1996년에 발표된 두 남녀의 사랑을 다룬 홍콩영화다. 홍콩영화 하면 황혼 세대는 영화배우 이소룡, 성룡, 이연결과 이들의 〈용쟁호투〉, 〈동방불패〉, 〈황비홍〉 같은 무술영화가 떠오를 것이다. 이들 영화는 1970년대부터 알려지기 시작하여 1990년대까지 전성기를 누렸다.

서구 위주의 영화를 소개하다가 색다르게 홍콩영화 〈첨밀밀〉을 소개한 사유는 음악의 선율과 음색이 사람을 웬지 모를 행복감에 젖게 만들 수 있고, 사람의 마음을 그냥 흔들어 놀 수 있다는 것을 보여주고 싶어서였다. 전자가 〈첨밀밀〉(甛蜜蜜)이고 후자가 〈월량대표아적심〉(月亮代表我的心)이다. 물론 나의 소견이지만 정말 그런지 꼭 한번 감상해 보시라고 권하고 싶다.

영화 〈첨밀밀〉은 1996년에 개봉되었다. '꿀처럼 달콤하다'는 의미의 1979년에 발표된 〈첨밀밀〉이라는 이 노래는 인도네시아 민요를 개사해서 만든 곡이라고 한다.

〈월량대표아적심〉은 1973년 발표한 진분란의 노래를 1977년에 등려군이 리메이크하여 불러 크게 히트했다. 이 두 노래 특히 후자는 중국의 국민 노래라 할 만큼 널리 불리는 노래다.

'아시아의 가희(歌姬)'로 불리우는 대만의 여가수 등려군은 대만, 홍콩, 중국 등의 중화권 및 일본, 태국, 말레이시아등 동아시아 국가에서 절대적인 인기(1970~1990)를 누렸는데 지병인 천식으로 42세의 나이로 요절했다.

5. 1980년대 민중 문화운동과 대중음악

5-1. 민중가요

'민중'의 뜻에 대해 여러 설명과 해설이 있으나 〈문학비평 용어사전〉의 「역사를 창조해 온 직접적인 주체이면서도 역사의 주인이 되지 못한 사회적 실체를 지칭하는 말로 쓰이는데 이 민중은 익명성을 특징으로 하는 대중과는 구별되는 용어로 실천 지향적인 집합체이고, 계급 개념과도 대비되는 다양한 계층의 연합」이라는 정의가 제일 와닿았다.

우리 사회에 민중은 농경사회에서 산업사회로 전환되는 1960년대 후반부터 생겨나기 시작했다. 젊은이의 태반이 농민의 자식이던 시대가 시나브로 사라지고 대학생, 회사원, 노동자, 상공인, 전문가 등의 다양한 화이트칼라와 블루칼라가 생겨나는 산업사회가 등장한 것이다. 낡은 봉건주의 유물을 청산하고 독재에 저항하는 이들은 자신의 신분이나 직업 등에 상관없이 한 덩어리가 되었다.

이제 생각해 보니 이들이 민중이다. 이들 민중은 사회의 흐름을 민주와 정의 그리고 자유의 쪽으로 바꾸려 했다. 이 시기를 1960년대부터 1990년대까지로 유추해 볼 수 있는데 이들의 앞길은 험난한 가시밭길이었다. 〈민중가요〉가 이들에게 용기와 희망. 연대와 신념, 기쁨과 슬픔, 위로와 휴식을 가져다주어 하나의 동지로 만들어 주는 역할을 했다고 볼 수 있다. 이 〈민중가요〉는 몇 가지 특성이 있다.

첫 번째는 다양한 곡조의 노래가 있지만 대체로 비장하고 도전적이면서도 뭔가 슬픈 곡이 많다는 점이다. 이는 〈민중가요〉를 '저항가', '출정가',

'운동권의 노래' 등으로 불리우는 데서도 노래의 느낌을 짐작할 수 있다. '임을 위한 행진곡', '아침이슬', '흔들리지 않게', '타는 목마름으로', '솔아 솔아 푸르른 솔아' 등이 대표적이다.

두 번째는 노랫말에 사연이 있는 경우가 많다는 점이다.

'상록수'는 가난 때문에 결혼식을 올리지 못하고 사는 노동자들을 위해 김민기 가수가 작사·작곡한 결혼식 축가라고 한다.

여기 소개한 '어머니'도 전태일 열사의 어머니 고 이소선 여사에게 헌정된 노래로 알려져 있다. 이 노래는 고 노무현 대통령이 즐겨 불렀고 노래의 첫 가사 '사람 사는 세상'을 대통령 선거 당시 선거 캠페인 용어로 사용한 것으로도 유명하다.

세 번째는 세월이 흐르면서 〈민중가요〉가 대중화되어 널리 불려 졌다는 점이다. 1980년대 말에 결성된 〈노래를 찾는 사람들〉, 소위 '노찾사'가 부른 노래가 크게 히트하여 멤버들은 유명 인사가 되었다. 이들이 발표한 2집은 80만 장이 팔렸다고 한다. 이 당시 '꽃다지'도 유명한 노래패였다.

네 번째는 작사·작곡가를 모르는 〈민중가요〉가 많다는 점이다.
'농민가', '동지가', '어머니' 등 많은 곡이 그렇다. 그러면 민중가요 몇 편을 감상해 보자.

어머니
상록수
임을 위한 행진곡
광야에서
민들레처럼
대전 고모 집 형제양복점과 태호 형

어머니

사람 사는 세상이 돌아와
너와 내가 부둥켜안을 때

모순덩어리 억압과 착취
저 붉은 태양에 녹아 버리네

사람 사는 세상이 돌아와
너와 나의 어깨동무 자유로울 때

우리의 다리 저절로 덩실
해방의 거리로 달려가누나

아아~ 우리의 승리
죽어간 동지의 뜨거운 눈물

아아~ 이글거리는 눈빛으로
두려움 없이 싸워나가리

어머님 해맑은
웃음의 그날 위해

🌱 작사, 작곡 : 미상

상록수

저 들에 푸르른 솔잎을 보라
돌보는 사람도 하나 없는데
비바람 맞고 눈보라 쳐도
온 누리 끝까지 맘껏 푸르다

서럽고 쓰리던 지난날들도
다시는 다시는 오지 말라고
땀 흘리리라, 깨우치리라
거치른 들판에 솔잎 되리라

우리들 가진 것 비록 적어도
손에 손 맞잡고 눈물 흘리니
우리 나갈 길 멀고 험해도
깨치고 나가 끝내 이기리라

우리 가진 것 비록 적어도
손에 손 맞잡고 눈물 흘리니
우리 나갈 길 멀고 험해도
깨치고 나아가 끝내 이기리라
깨치고 나아가 끝내 이기리라

🍃 작사, 작곡 : 김민기

쉽을 쉬한 행진곡

사랑도 명예도 이름도 남김없이
한평생 나가자던 뜨거운 맹세
동지는 간데없고 깃발만 나부껴
새날이 올 때까지 흔들리지 말자

세월은 흘러가도 산천은 안다
깨어나서 외치는 뜨거운 함성
앞서서 나가니 산자여 따르라
앞서서 나가니 산자여 따르라

🌱 가사 원작자 : 백기완, 개작 : 황석영(1943~), 작곡 : 김종율

 1980년대에 운동권이 아니었다 하더라도 이 노래에 익숙한 분들이 많을 것 같다. 그 시대 시위도 많았고 그 현장에서는 어김없이 이 노래를 불러 널리 알려졌기 때문이다.
 구전되어 오면서 가사가 조금씩 다른 경우가 있었는데 1982년 2월 20일 민주열사 고 윤상원과 노동운동가 고 박기순의 영혼결혼식에서 〈넋풀이〉 노래굿으로 불려 지면서 이 가사가 정본이 된 셈이다.
 민주·통일운동을 하는 사람들의 집회 시에는 애국가처럼 이 노래를 제창하고 민주 열사에 대한 묵념을 한 다음에 행사를 시작하는 것이 관행이 되었다고 한다. 이 노래는 홍콩, 미얀마, 볼리비아 등에서도 불릴 만큼 해외에도 널리 알려졌다.

광야에서

찢기는 가슴 안고 사라졌던
이 땅의 피울음 있다
부둥킨 두 팔에 솟아나는
하얀 옷의 핏줄기 있다

(후렴)
해 뜨는 동해에서
해 지는 서해까지
뜨거운 남도에서
광활한 만주벌판

우리 어찌 가난하리오
우리 어찌 주저하리오
다시 서는 저 들판에서
움켜쥔 뜨거운 흙이여

🌱 이 노래는 다양한 버전이 있는데 그중에서도 '노찾사', 김광석, 안치환이 부른 노래가 널리 알려져 있다. 1980년대 우리 사회를 뒤흔들었던 민주화 운동 시기에 탄생한 이 노래는 단순한 선율과 화음을 넘어 시대의 함의를 가슴 깊이 새기게 하는 상징적인 매개체라는 평이 있다. 이 노래는 젊은이들의 세대를 관통하여 민주화를 갈망했던 격랑의 현대사를 상징하는 노래로 자리매김하였다.

민들레처럼

민들레꽃처럼 살아야 한다.
내 가슴에 새긴 불타는 투혼
무수한 발길에 짓밟힌 데도
민들레처럼

모질고 모진 이 생존의 땅에
내가 가야 할 저 투쟁의 길에
온몸 부딪히며 살아야 한다.
민들레처럼

특별하지 않을지라도
결코 빛나지 않을지라도
흔하고 너른 들풀과 어우러져
거침없이 피어나는 민들레

아 - 아 민들레 뜨거운 가슴
수천수백의 꽃씨가 되어
아 - 아 해방의 봄을 부른다
민들레의 투혼으로

🌱 작곡 : 조민하

　이 노래 가사는 시집 『참된 시작』(박노해, 1993)에 실려있는 긴 시를 함축성 있게 표현한 것이라고 하는데 원작과는 좀 거리가 있어 보인다. 꽃다지 외 여러 가수가 불렀다.

대전 고모 집 형제양복점과 태호 형

이 민중가요를 정리하면서 태호 형 생각이 새록새록 떠올라 아예 대전 고모 집 추억을 쓰게 되었다.

대전역을 뒤로 하고 정면을 바라보고 섰을 때 좌측으로 약 50m쯤 가면 '형제양복점'이라는 큰 간판이 있었는데 여기가 대전 고모 집이었다. 이 2층 형제양복점은 일제시대부터 내가 고등학생이 된 1970년대까지 그 자리에 있어서 아마 대전에 사시면서 연세가 많으신 분들은 이 양복점을 다 아실 것 같다. 하여튼 대전 고모 집은 어릴 때 추억이 많다. 고모가 우리 집에 오시면 "아이고! 내 흥부 새끼들!" 그러시면서 올망졸망 4남 2녀 우리를 얼싸안으셨다. '흥부 새끼들'이라는 말이 우스워 지금도 기억하고 있는데 어린 남동생이 금세 자라 결혼까지 하고 자식 낳고 살아가는 모습이 대견하여 동생을 향한 애틋한 누이의 애정을 그렇게 표현하셨던 것 같다.

나는 방학 때가 되면 내 친형과 대전 고모 댁에 놀러 가는 것이 매우 큰 기쁨이었다. 형들은 우리를 데리고 다니면서 여기저기 구경 시켜주었는데 그중에서도 겨울방학 때 다리 밑 꽁꽁 얼어붙은 천(川)에서 스케이트를 배운 기억이 새롭다. 내가 살던 광주는 겨울에 천이 얼지 않아서 스케이트가 없었는데 이때 처음 보고 처음 신어 보았다. 그리고 내가 고등학교 2학년 때 고모와 고모부 회혼식(결혼 60주년)을 했는데 이때 고모부의 연세가 87세였다. 고모는 8남매를 두셨는데 큰형이 사회를 보면서 본인이 환갑이 넘었다고 해서 '환갑이 넘은 형이라니!' 하고 깜짝 놀랐다. 고모부님이 "친구들이 다 죽어 버려 정말 외롭다"고 하신 말씀도 생각난다.

태호 형 이야기를 하려다가 서론이 길어졌다. 고1 때였던 것 같다. 겨울 방학 때 고모 집에 왔는데 이층에 올라가면 거실 같은 곳에 연탄난로가 있고 벽 주위는 온통 책으로 가득 차 있었다. 나는 매일 저녁 형과 난로를 쬐면서 형의 강의를 들었다. 워낙 오래 전이라 무슨 강의였는지 모르겠으나 아마 철학이나 문학 등이었을 텐데 강의는 한밤중까지 이어졌다. 그러다가 잠자리에 들면 집 뒤가 대전역이라 새벽까지 이어지는 기적소리에 잠을 설친 기억도 새롭다.

형은 대학교 2학년 때인 1973년 약관 23세의 나이로 '횡적'(橫笛)이라는 단편소설로 동아일보 〈신춘 문예〉에 당선되었다. 워낙 오래전에 읽어 기억이 잘 안 나지만 6·25전쟁을 배경으로 한 어떤 여인의 이야기였던 것 같다. 내가 나름 책을 좋아하고, 이념이나 사상 같은 것에 관심이 많게 된 것은 이런 형의 영향이었던 것 같다.

형과의 교류는 이어져 대학생이 되어서도 형이 운영하는 화실을 놀러 가곤 했다. 화실에 갈 때마다 예쁜 여고생(미대 입시생)들이 그림을 그리고 있어 더 자주 갔던 것까지는 좋은 데 나는 대학생이고 이들은 어린 학생들이라고 여겨 전혀 이성으로 느낄 생각을 못 했는데 이런 멍청한 청년이 다 있나 싶어 아쉽기가 그지없다.

작가이자 미술가인 형은 홍익대 미대 조소과와 동 대학원을 졸업하고 화실도 운영하면서 〈현실과 발언〉 동인으로 〈계간 미술〉의 기자로도 활동하고 있었다. 그러다 미국으로 건너가 미국 하트퍼트 대학원과 몽클레어 주립대 대학원에서 수학한다. 형은 국내·외에서 여러 차례 개인전을 열었고 여러 국제전도 기획·감독했다. 『미술, 세상을 바꾸다』(2015, 미술문화) 등 여러 저서와 번역서도 출간했다.

10년 동안 형과 그의 팀이 종로 이화마을의 벽화 작업을 해왔는데 유명세를 타서 관광객이 몰려들었다. 그런데 2016년 봄, 형이 그린 유명한 계단 그림 '물고기 가족'과 '꽃 계단'이 하루아침에 사라져 버렸다. 밀려드는 관광객으로 한여름에도 문도 열 수없는 불편을 겪던 한 주민이 페인트로 덧칠해 버려 그리되었다는 일화는 유명하다.

내가 1980년 소위 서울의 봄에 한양대 총학생회장에 출마했을 때 명연설로 소문이 자자했다는데 그중 시국 관련 연설은 학생들에게 큰 감동을 주었다고 한다. 그 연설 중에는 "우리는 머리가 조금 길다고 끌려갔으며 술좌석에서 목소리가 너무 크다고 끌려갔습니다. 고개만 쳐들어도 얻어맞았습니다. 검은 가죽 잠바를 입고 길거리에서 서성거리는 사람만 보아도 가슴이 덜컹 내려앉았던 것입니다."라고 울분을 토한 것도 있는데 이 말의 출처는 태호 형이다.

이런 형이 미국으로 떠난 후 연락이 끊기게 된다. 그 후 10년도 훨씬 더 지나 한국으로 돌아오셨다는 소식만 들었지, 살다 보니 뵙지는 못했는데 얼마 전에 매형이 돌아가셔서 장례식장에서 만나게 되었다. 정말 오랜만에 만나 얘기꽃을 피웠는데 나보다 4~5살 위의 선배로 알고 있었던 형이 겨우 1살 위라는 것을 알고 깜짝 놀랐다. 사춘기 이전부터 존경의 대상이었던 형이어서 그런 것 같다. 태호 형 바로 위 태헌 형은 내 친형 강세와 지금도 죽마고우처럼 지낸다. 동생들에게 대전 고모 얘기를 했더니 저마다 추억을 얘기한다. 알고 보니 방학이 되면 형과 나만이 아니라 우리 4남 2녀 전원이 고모 댁으로 총출동했던 거다. 인자하신 고모 모습이 눈에 선하다.

5-2. 1980년대 대중가요

해방 이후 격동의 시대가 아니었을 때가 없었지만 우리가 젊은 시절이었던 1970~'80년대도 현대사에 한 획을 긋는 시대였다고 할 수 있을 만큼 격동의 시대였다.

이 시대 역사적 사건으로 1970년 봉제 노동자 전태일 분신 사건, 1972년 10월 유신과 7·4 남북공동성명, 1979년 부마 항쟁과 18년 독재 시대를 마감하는 소위 10·26, 동학 혁명이래 최대 민족 비극이라는 1980년 광주 민주화 운동, 신군부 음모를 저지하고 대통령 직선제를 쟁취한 1987년 6월 항쟁과 6·29선언을 들 수 있다.

'70년대가 대학가의 탈춤과 풍물놀이 그리고 민중가요 등 노래 중심의 문화 청년문화를 통해 민족주의와 민중문화가 형성되었다고 한다면, '80년대는 이러한 경향이 문학, 영화, 미술, 건축 등 문화 전반으로 퍼져나가면서 사회 전반으로 확대되었다고 볼 수 있다.

1980년대는 '독도는 우리 땅', '아 대한민국', '손에 손잡고'와 같은 국가·사회적인 노래와 '창밖의 여자', '허공', '남자는 배 여자는 항구', '옥경이', '립스틱 짙게 바르고' 등과 같이 왠지 중년 여인을 연상시키는 노래가 크게 히트했다.

이색적인 '화개장터', '담다디', '바람 바람 바람', '개똥벌레', '호랑나비'와 같은 노래도 크게 유행했다.
물론 젊은 청춘들의 애창곡 'J에게', '사랑으로', '그대 그리고 나', '솔아 솔아 푸르른 솔아' 등도 '80년대 노래다.

그러면 당시의 대중가요 몇 곡을 감상해 보기로 한다. 맨 마지막에 '90년대 이후 노래 3곡도 함께 실었다.

만남
연인들의 이야기
가을을 남기고 떠난 사람
밤비 내리는 영동교
내 사랑 내 곁에
친구여
맹인 부부 가수
어느 60대 노부부 이야기
하늘 가는 길
바다 자장가

만남

우리 만남은 우연이 아니야
그것은 우리의 바램이었어
잊기엔 너무한 나의 운명이였기에
바랄 수는 없지만 영원을 태우리

(후렴) 돌아보지 마라 후회 하지 마라
　　　아 바보 같은 눈물 보이지 마라
　　　사랑해 사랑해 너를 너를 사랑해

🌱 작사 : 박신, 작곡 : 최대석, 노래 : 노사연(1957.3.3. ~)

　어렸을 때부터 노래 실력이 탁월했다는 이 가수는 원로 가수 현미가 그녀의 이모이다. 고등학생 때 통기타를 키며 패티 김의 이별을 불렀는데 이를 들은 이모가 눈물을 흘렸을 정도였다고 한다.

　1978년 제2회 MBC 대학가요제에 출전해서 '돌고 돌아가는 길'로 금상을 수상하여 가요계에 데뷔하는데 그녀를 대중 가수로 만든 것은 국민가요라 할 수 있는 이 노래 '만남'이다. 이 노래가 탈북자들이 가장 좋아하는 곡이었다고 한다.
　이분을 개그우먼으로 아는 젊은이들이 많다. 나도 그렇게 착각할 때가 있는데 1990년대 '일요일 일요일 밤에'라는 프로그램 진행자로 유명한 주병진의 '배워 봅시다' 예능 코너에 고정 출연해서 그렇다고 한다. 어쨌거나 양쪽에서 대중의 사랑을 한 몸에 받았다.

연인들의 이야기

무작정 당신이 좋아요
이대로 옆에 있어 주세요
하고픈 이야기 너무 많은데
흐르는 시간이 아쉬워
멀리서 기적이 우네요
누군가 떠나가고 있어요
영원히 내 곁에 있어 주세요
이별은 이별은 싫어요

무작정 당신이 좋아요
이대로 옆에 있어 주세요
이렇게 앉아서 말은 안해도
가슴을 적시는 두 사람
창밖엔 바람이 부네요
누군가 사랑하고 있어요
우리도 그런 사랑 주고 받아요
이별은 이별은 싫어요/이별은 이별은 싫어요

🌱 작사 : 박건호(1949.2.19.~2007.12.9.), 작곡 : 계동균,
　노래 : 임수정(1963.10.8. ~)

　이 노래(1982)를 가만히 눈감고 앉아서 듣고 있노라면 이 벅찬 고백을 받고 있는 환상 속의 주인공이 된다. 젊은이들의 마음을 송두리째 흔들어 놓은 노래다.

가을을 남기고 떠난 사람

가을을 남기고 떠난 사람
겨울은 아직 멀리 있는데
사랑할수록 깊어가는 슬픔에
눈물은 향기로운 꿈이였나

당신의 눈물이 생각날 때
기억에 남아있는 꿈들이
눈을 감으면 수많은 별이 되어
어두운 밤하늘에 흘러가리

(후렴)   아 그대 곁에 잠들고 싶어라
          날개를 접은 철새처럼 음~
          눈물로 쓰여진 그 편지를
          눈물로 다시 지우렵니다
          내 가슴에 봄은 멀리 있지만
          내 사랑 꽃이 되고 싶어라

🌱 작사, 작곡 : 박춘석(1930~ 2010), 노래 : 패티 김(1938.2.28.~)

  '비나리는 호남선', '섬마을 선생님' 등 헤아릴 수 없는 국민 애창곡을 만든 박춘석은 가요계의 대부이자 거목이다. 1983년도 발표된 이 노래는 가사와 곡도 그렇지만 이 가수의 모든 노래가 그렇듯이 음색으로 사람의 마음을 더 사로잡는다. 패티 김은 가을을 노래한 노래가 많아 〈가을의 연인〉으로 불리 운다.

밤비 내리는 영동교

밤비 내리는 영동교를
홀로 걷는 이 마음
그 사람은 모를거야 모르실거야
비에 젖어 슬픔에 젖어
눈물에 젖어
하염없이 걷고있네
밤비 내리는 영동교
잊어야지 하면서도 못잊는 것은
미련 미련 미련 때문인가 봐

밤비 내리는 영동교를
헤매도는 이 마음
그 사람은 모를거야 모르실거야
비에 젖어 슬픔에 젖어
아픔에 젖어
하염없이 헤매이네
밤비 내리는 영동교
생각말자 하면서도 생각하는 건
미련 미련 미련 때문인가 봐

🌱 작사 : 정은이(1945~2020), 작곡 : 남국인(1942~),
노래 : 주현미(1961.9.27.~)

    1984년 약국을 개업하고 약사로 활동하던 중 메들리 음반 〈쌍쌍파티〉를 발표하여 전국적으로 유명세를 타는데 이를 계기로 1985년에 대 히트작 '비내리는 영동교'를 발표 정식으로 가수에 데뷔한다.

    이후 본인의 예상과는 달리 1986년 '눈물의 부르스', 1988년 '신사동 그 사람'이 연달아 히트하면서 10대 가수상과 최우수 가수상을 차지하게 된다. 이뿐만 아니라 '잠깐만', '짝사랑', '또 만났네요' 등 수많은 히트곡을 내면서 1980년대 대한민국 가요계를 대표하는 여가수로 등극하게 되는데 당시 김수희, 심수봉과 함께 여성 트로트계 빅 쓰리(Big Three)로 불리었다. 이 가수의 독특한 음색과 그 떨림은 듣는 사람의 애간장을 다 녹게 만드는 마력을 지닌 것 같다.

내 사랑 내 곁에

나의 모든 사랑이 떠나가는 날이
당신의 그 웃음 뒤에서 함께하는데
철이 없는 욕심에 그 많은 미련에
당신이 있는 건 아닌지 아니겠지요

약속했던 그대만은 올 줄을 모르고
애써 웃음 지으며 돌아오는 길은
왜 그리도 낯설고 멀기만 한지

(후렴)　저 여린 가지 사이로 혼자인 날 느낄 때
　　　　이렇게 아픈 그대 기억이 날까
　　　　내 사랑 그대 내 곁에 있어 줘
　　　　이 세상 하나뿐인 오직 그대만이
　　　　힘겨운 날에 너마저 떠나면
　　　　비틀거릴 내가 안길 곳은 어디에

🌱 작사, 작곡, 노래 : 김현식(1958.21.18.~1990.11.1.)

　이 가수에 관한 자료를 찾아 정리하다가 도저히 그대로 앉아 있을 수가 없어 컴퓨터를 끄고 책상에서 일어나 밖으로 나와 버렸다.
　32년 짧은 삶이 왜 이리 기구한지 모르겠다. 젊은 시절, 이 노래를 처음 들었을 때 그 허스키하고 호소력 짙은 목소리와 노래 가사에 매료되어 열심히 따라 불렀었는데 이번에 자료를 조사하면서 죽음 직전에 부른 유작이고 그 목소리도 몸이 아파서 그런 소리가 났다는 것을 알았다. 참으로 참담한 심정이었다.

친구여

꿈은 하늘에서 잠자고
추억은 구름 따라 흐르고
친구여 모습은 어딜 갔나
그리운 친구여

옛일 생각이 날 때마다
우리 잃어버린 정 찾아
친구여 꿈속에서 만날까
조용히 눈을 감네

슬픔도 기쁨도 외로움도 함께 했지
부푼 꿈을 안고 내일을 다짐하던
우리 굳센 약속 어디에

꿈은 하늘에서 잠자고
추억은 구름 따라 흐르고
친구여 모습은 어딜 갔나
그리운 친구여

🌱 작사 : 하지영, 작곡 : 이호준(1950.7.18.~2012.4.27.),
　노래 : 조용필(1950.3.21.~)

　고등학교 음악 교과서에도 실린 이 곡은 1983년 발표되었다. 설명이 필요 없는 가수 조용필은 시대를 초월한 음악 세계를 열었다고 평가받는다.

맹인 부부 가수

눈 내려 어두워서 길을 잃었네
갈 길은 멀고 길을 잃었네
찾아오는 사람 없이 노랠 부르니
눈맞으며 돌아가는 저 사람들뿐

사랑할 수 없는 것 사랑하기 위하여
용서받지 못할 것 용서하기 위하여
눈사람을 기다리며 노랠 부르네
세상 모든 기다림의 노랠 부르네

노래가 길이 되어 앞질러 가고
돌아올 길 없는 길 앞질러 가고
함박눈은 내리는 데 갈 길은 먼데
이 겨울 밤거리에 눈사람 되었네

아름다운 이 세상을 견딜 때까지
절망의 즐거움이 찾아올 때까지
무관심을 사랑하는 노랠 부르네
눈사람을 기다리는 노랠 부르네
세상 모든 기다림의 노랠 부르네

🎵 작사 : 정호승(1950.1.30.~), 노래 : 안치환(1965.10.24.~)

　작사가는 1973년 대한일보 신춘 문예에 시 '첨성대'로 당선, 등단한 시인이다. 이 시인의 시 '내가 사랑하는 사람', 봄길', '슬픔이 기쁨에게'는 일부 중·고등학교 교과서에 실렸다.

　이 시 '맹인 부부 가수'는 1982년에 발간된 시집 〈서울의 예수〉에 실렸는데 시인은 서울 광화문 인근의 육교에서 노래하고 있는 맹인 부부를 보고 썼다고 하면서 어느 일간지 대담에서 이렇게 말했다.

　"한여름 뙤약볕 아래 남편이 하드를 사서 아내에게 주는데 둘 다 눈이 안 보이니 잘 받지를 못해요. 손으로 서로의 몸을 더듬다가 남편의 손이 아내의 손에 닿으니 그제야 하드를 쥐여 주더군요. 고통과 사랑이 동시에 있는, 그 시대의 상징적 모습이라고 생각했지요. 맹인이 맹인을 인도하는 시대였고, 우리 모두가 맹인 부부였던 거지요."

　시는 맹인 부부의 배경을 함박눈이 내리는 겨울밤으로 바꾼 것이다. 이 시는 매 문단이 5줄로 된 4문단의 시인데 안치환 가수가 각 문단의 가사를 4줄로 만들어 노래로 불렀다. 여기에는 노래 가사를 실었다.

　어렵게 살아가는 소외 계층을 통해 암울한 사회의 한 단면을 보여 주는, 시만으로도 가슴이 짓눌리는데 뭔가 끊어질 듯 이어지는 노랫말, 읊조리는 듯 중저음, 몇 번 치고 올라가려는 듯하다가 이내 내려오고 마는 가락, 이런 노래 분위기가 가슴을 더욱 아리게 만든다.
　언제 끝났는지도 모르게 노래가 끝나고 나면 괜히 헛기침을 해본다.

어느 60대 노부부 이야기

곱고 희던 두 손으로 넥타이를 매어 주던 때
어렴풋이 생각나오, 여보 그때를 기억하오

막내아들 대학 시험 뜬 눈으로 지내던 밤들
어렴풋이 생각나오 여보 그때를 기억하오

세월은 그렇게 흘러 여기까지 왔는데
인생은 그렇게 흘러 황혼에 기우는데

큰딸아이 결혼식 날 흘리던 눈물방울이
이제는 모두 말라 여보 그 눈물을 기억하오

세월이 흘러감에 흰머리가 늘어감에
모두가 떠난다고 여보 내 손을 꼭 잡았소

세월은 그렇게 흘러 여기까지 왔는데
인생은 그렇게 흘러 황혼에 기우는데

다시 못 올 그 먼 길을 어찌 혼자 가려 하오
여기 날 홀로 두고 여보 왜 한마디 말이 없소

여보 안녕히 잘 가시게 / 여보 안녕히 잘 가시게

🌱 작사, 작곡 : 김목경(1957.7.7.~),
노래 : 김광석(1964.1.22.~1996.1.26.)

김광석은 지금까지도 여전히 사랑받고 있는 가수다. 최근 〈미스터 트롯〉 우승자 임영웅이 경연에서 부른 이 노래 유튜브 영상은 조회수가 5,500만 회가 넘었다고 한다. 당연히 김광석이 만든 노래인 줄 알았는데 작사·작곡자가 따로 있는 것을 알고 깜짝 놀랐다. 원작자는 걸출한 블루스 싱어송라이터이자 기타리스트 김목경으로 그가 외국에 거주하던 때 옆집에 노부부가 살고 있었는데, 그 부부가 뜰을 거니는 다정한 모습을 2층 자기 방에서 물끄러미 바라보다가 이 노래를 만들었다고 한다.

김광석은 버스에서 흘러나오는 이 노래를 우연히 듣고 울었다고 한다. 그래서 원작자를 찾아가서 이 노래를 달라고 하자 흔쾌히 수락하여 1995년 리메이크하여 세상에 내놓아 크게 알려지게 된 것이다. 실제 막내아들이었던 김광석은 부모에 대한 감정이 유별났다고 하는데 녹음할 당시에 〈막내아들〉 부분만 가면 눈물이 쏟아져 도저히 녹음을 계속할 수 없어, 결국 소주 한 잔을 마시고 다시 부르곤 했다고 한다.

이 노래 가사는 같이 산 배우자의 임종을 앞두고 과거를 회상하는 내용이다. 그래서 그런지 실제 늙은 부부 자신들이나 늙은 부모를 가진 자식들 모두 비장한 심정으로 이 노래를 부른다. 사람의 가슴을 후벼 파는 이 가수의 음색은 듣는 사람 모두를 울게 만든다.

'이등병의 편지'. '어느 서른즈음에' 등 이 가수가 부른 거의 모든 곡이 그렇다. 이 가수의 요절은 뭐라 말할 수 없는 심정이다.

하늘 가는 길

어~허야 하~야, 워~어허 워~허야
간다 간다 내가 돌아간다
왔던 길 내가 다시 돌아를 간다
(후렴) 어~허야 ~
명사십리 해당화야 꽃잎 진다 설워 마라
명년 봄이 돌아오면 너는 다시 피련마는
한 번 간 우리 인생 낙엽처럼 가이없네
(후렴)
하늘이 어드메뇨 문을 여니 거그가 하늘이라
문을 여니 거그가 하늘이로구나
(후렴)
하늘로 간다네 하늘로 간다네
버스 타고 갈까 바람 타고 갈까
구름 타고 갈까 하늘로 간다네 /하늘로 가는 길 정말 신나네요

🌱 작사, 작곡, 노래 : 장사익(1949~)

 이 노래는 망자의 상여가 나아가는 장면을 소리로 재현하고 있는데 처음 들으면 충격적일 만큼 상상이 안 되는 곡조를 담고 있다. 어렸을 때 나는 상여 나가는 것을 여러 번 보았다. 10여 개 막대를 가로로 늘어놓고 그 위에 기다란 두 개의 긴 장대를 올려 이것을 띠로 엮어 묶은 다음 한옥처럼 생긴 울긋불긋 화려하게 단장한 상여를 그 위에 올린다. 그리고 막대 사이로 한쪽에 10여 명씩 상여꾼이 선다. 장례 절차를 마치고 상주

가족이 상여 앞에서 마지막 절을 마치면 상여가 출발한다. 상여꾼들은 구슬픈 '어~야, 어~야'를 합창하면서 막대를 잡고 상여를 올렸다 내렸다를 반복하다가 마침내 막대 사이의 띠를 어깨에 걸쳐 맨다. 앞에서 리더가 요령(작은 방울)을 흔들면서 '이제 가면 언제 오나 ~'와 같이 선창하면 상여꾼이 '어야, 어야~' 하고 후창한다. 이렇게 섰다 가기를 반복하면서 상여는 장지를 향해 나아가게 된다.

이 노래는 시작부터 특이하다. 새 창살을 끄는 듯한 작은 요령 소리가 간헐적으로 들리다가 들릴 듯 말 듯 읊조리는 '어~하여' 소리가 들린다. 이 소리는 파도가 밀려오듯 점점 고조되더니 '허~야' 하고 온몸을 쥐어짜면서 토해내는 듯한 고음으로 바뀐다. 한참을 이러다가 점점 소리가 약해지더니 조용해진다. 잠시 정적이 흐르더니 잔잔한 피아노 반주와 요령 소리가 나면서 처음의 읊조리는 '어~허야'가 다시 들린다. '어~허여'만 반복하다가 끝날 것 같던 노래가 이 '어~허야'가 한껏 고조된 '아~하야'로 바뀌더니 '간다, 간다~'를 외치면서 마침내 본격 시작된다.

장사익이 부른 노래가 다 그렇지만 이 노래는 남도 '창' 같기도 하고, 전통 가락 같기도 한, 무엇보다도 맺힌 가슴을 움켜쥐고 울음을 참으면서 악을 쓰며 토해내는 듯한 독특한 음색은 가히 압권이다.

큰딸이 초등학교 때 "아빠가 노래하나 들려줄까?"하고 이 노래를 틀어주었는데 한참을 듣고 있던 딸이 "아빠! 귀신 나올려고 그래!"라고 말을 했다. 옆에 있던 작은딸은 곧 울음을 터뜨릴 듯한 표정을 짓고 있었다.

바다 자장가

파란 하늘 아래 하늘색 푸른 바다
넓고 따뜻한 당신 품에 안길 때면
두려웠던 내 마음 따뜻해 편안해지죠
나보다 더 나를 사랑한 그대
스스로보다 더 나를 사랑한 그대

예쁜 구름 아래 포근한 당신 윤슬
깊고 평온한 수평선을 바라볼 때면
답답했던 내 마음 바다 향 시원해지죠
내가 나를 포기한 순간에도
내 손 꼭 붙잡고 놓지 않았던 그대

에메랄드빛 고요한 물결로
내 마음 평온하게 해주려
저 수심 깊은 곳에 거세게 휘몰아치는
힘든 바다가 있는지 난 몰랐어요

당신의 세상에 전부인 내가
이젠 따뜻한 햇살이 되어 줄게요
사랑해요! 나의 바다

🌱 작사, 작곡, 노래 : 박서은(1990.10.5.~)

'바다 자장가'는 뮤지컬 배우 박서은이 싱어송라이터11)(singer song writer)로서 부모님의 노고와 희생에 감사한 마음을 담아 만든 첫 싱글 앨범이라고 한다.

2023년 발표한 이 노래는 인생의 버팀목이 되어 주신 부모님의 사랑과 따뜻한 품을 에메랄드빛 아름다운 바다에 비유하여 표현한 것인데 그녀는 성장 과정에서, 또 성인이 되어서 힘들 때마다 늘 같은 자리에서 다독여 주시는 부모님의 모습이 마치 어린아이를 어르고 달래며 자장가를 불러주는 모습 같아 곡 제목을 '아름다운 바다인 부모님이 불러주는 자장가'라는 뜻으로 '바다 자장가'로 붙이게 되었다며 이 노래가 세상 모든 부모님께 감사와 위로가 될 수 있다면 참 좋겠다고 말했다.

이 노래의 음악적 분위기와 스타일은 부모님의 맑고 밝은 사랑의 색감을 표현하고자 애니메이션 동요와 같은 부드러운 멜로디에 바다 향을 표현하기 위한 반주와 경쾌한 드럼 비트를 입힌 인디 발라드풍이라고 한다. 가사에 대한 설명을 듣고 노래를 들으면 가수의 예쁜 음색과 더불어 노래가 더 와닿는 것 같다.

---

11) 싱어송라이터(singer-song writer) : 작사가, 작곡가 그리고 가수를 겸하는 사람을 말하는데 보통 자기가 부를 곡을 직접 작사, 작곡하는 가수를 싱어송라이터라고 부른다.

6. 민요와 정다운 가곡

민요

나는 여기에 실을 민요를 고르려고 오랜만에 민요를 들어보았다. 민요를 들으면 저절로 어깨춤이 난다. 한 번도 배워 본 적이 없는 젊은이들에게 탈춤을 가르치면 금세 흥에 겨워 잘 따라 한다고 한다. 우리 고유의 율동과 가락이 오랜 역사를 통해 전해 내려오면서 DNA에 각인이 되어 그러지 않나 싶다.

아무튼 이렇게 민요를 듣고 따라 부르다가 깜짝 놀랐다. 내가 가사를 제대로 아는 곡이 거의 없다는 것을 알아차려서였다. 그렇지만 가사 한두 소절만 아는 곡은 참 많다. 우선 타령만 보아도 '창부타령', '신고산 타령', '군밤타령', '까투리 타령', '새타령', '꽃 타령' 등은 한 소절 정도는 안다. 이뿐만 아니라 제목도 몰랐던 〈노새 놀아 젊어서 놀아~〉로 시작하는 '노래가락', '뱃노래', '능수버들', '풍년가', 태평가', '노들강변', '천안 삼거리', '~ 아리랑' 등도 가사는 다 몰라도 따라 부를 만큼 익숙한 가락이다. 그나마 1절이라도 제대로 아는 곡은 '성주풀이'와 '닐니리아' 밖에 없다.

문득 통기타와 팝송을 열심히 배우던 20대 때 「우리나라는 역사와 전통이 그리 오래면서 프랑스의 샹송, 이탈리아의 칸초네, 영·미의 팝송, 일본의 뽕작, 미국 흑인들의 재즈와 같은 대중이 널리 부르는 음악이 왜 없을까? 기타처럼 누구나 쉽게 배울 수 있는 대중화 된 국악기 하나 없는가?」하고 한탄하면서 그들을 부러워했던 기억이 떠오른다.

이제 생각해 보니 우리 민요가 이들의 전통 대중음악에 해당한다. 말하자면 우리에게도 고유의 대중음악이 있는데 위 나라들처럼 널리 대중화 나아가 세계화를 시키지 못해서 그런 것 같다. 그래서 자료를 더 살펴보면서 몇 가지 원인을 찾아냈다.

'아리랑'의 경우 제목에 아리랑이 들어간 민요는 60여 종에 3,600여 곡이나 있다고 한다. 신고산이 와르르르 무너진다는 의미로 잘못 알고 있었던 '신고산 타령'도 가사를 한 문장씩 세로로 쓰면 거의 A4 용지 한 장이다. '어랑어랑~'의 후렴에 간단한 가사만 있다면 정말 신나게 부를 흥겨운 민요인데 말이다. 더구나 이렇게 가사가 길고 같은 민요라도 지역마다 유사한 버전이 너무 많다. 그러고 보니 우리 민요는 대중화하기 어려운 요소들만 가지고 있다. 나는 민요를 안다고도 할 수 없고 모른다고도 할 수 없다. 앞서 말한 대로 곡조는 잘 알면서도 가사를 끝까지 아는 민요는 한 곡도 없다.

나는 팝송을 정식 교육을 받아서 배운 것이 이니다. 주변에서 가르쳐 주기도 하고 라디오에서 흘러나오는 것을 듣고 악보를 보고 기타를 치면서 배웠다. 이것이 가능했던 것은, 노래 제목 하나에는 곡이 하나만 있을 뿐이고 가사도 대부분 2절이어서 배우는데 어렵지 않았기 때문이다. 우리 정서에 맞닿아 있는 민요를 보다 더 대중화시킬 시킬 필요가 있다고 본다. 그러기 위해서는 민요의 「표준화」와 「정형화」가 절실하다. 국악인들이 머리를 맞대어 모든 민요 가사를 2절(4절) 가사로 통일시키고 버전도 하나만 만들어 가요나 팝송처럼 공식적으로 배우지 않아도 금세 부를 수 있게 만들면 되지 않겠는가 싶다. 말하자면 '아리랑'을 '애국가'와 같이 온 국민이 똑같이 부를 수 있는 아리랑 버전 하나만(곡과 가사가 하나) 만들어

보급하고 다른 버전은 연구자료로만 활용할 수 있게 하자는 것이다.

이 글을 쓰면서 '국악한마당' 같은 프로를 유심히 보았는데 내겐 오히려 민요 정체성에 혼란만 가져왔다. 국제 군악제에서 군가와 국악과 춤이 어울려진 공연으로 찬사를 받는 것도 보았는데 그들만의 리그라는 생각을 지울 수 없다. 그나마 내가 이만큼이라도 민요를 아는 것은 1960년대 이후 소위 신민요(국악가요)라 하여 김세레나 등 민요풍의 노래를 부른 가수들의 덕이 아닌가 한다.

국악에 식견이 없어 더 언급할 수 없지만 궁중음악, 창, 춤, 국악기 등 국악의 모든 장르를 참조하여 외국처럼 대중화될 수 있도록 '우리 고유의 전통 대중음악'을 재창조해야 하지 않나 싶다.
'우리 고유의 전통 대중음악'이란 「우리의 오랜 역사 속에서 형성된 고유의 민족 정서를 잘 표출해 내어 세대에 상관없이 많은 사람이 즐겨 부르는 대중화된 음악」이라고 정의하고 싶다.
나는 단지 외국의 전통 대중음악처럼 우리 고유의 민족 정서를 담고 있는 민요를 배우기 쉽고 부르게 쉽게 만들어 보다 더 자주 그리고 널리 불려 지게 하면 좋겠다는 것이다. 그러면 내가 고른 민요 두 곡과 감미로운 이탈리아 칸초네 한 곡을 함께 감상해 보자.

태평가 ∨ 성주풀이
La Novia

태평가

1 짜증을 내어서 무엇하나
  성화를 바치어 무엇하나
  속상한 일도 하도 많으니
  놀기도 하면서 살아가세
  (후렴)
  니나노 닐리리야
  닐리리야 니나노
  얼싸 좋아 얼씨구 좋다
  벌나비는 이리저리 펄펄
  꽃을 찾아서 날아든다

2 거짓말 잘하면 소용있나
  진정을 다한들 쓸데있나
  한번 속아 울어봤으니
  다시는 속지 않으리라
  (후렴)

3 꽃을 찾는 벌 나비는
  향기를 쫓아 날아들고
  황금같은 꾀꼬리는
  버들사이로 왕래한다
  (후렴)

성주풀이

낙양성 십리 허에
높고 낮은 저 무덤은
영웅호걸이 몇몇이며
절세가인이 그 누구냐
우리네 인생 한번 가면
저 모양이 될 터이니
(후렴)
에라 만수 대신이야

저 건너 잔솔밭에
솔솔 기는 저 포수야
저 산비둘기 잡지 마라
저 비둘기 나와 같이
님을 잃고 밤새도록
님을 찾아 헤멘노라

La Novia

Bianca e splendente va La Novia
Mentre nascosto tra la folla
Dietro una la crima indecisa
Vedo morir le mie illusioni

1(5)　La sull'altar lei sta piangendo
　　　Tutti diranno che di gioia
　　　Mentre il suo cuore sta gridando
　　　Ave Maria

2(4)　Mentirai perche tu dirai di si
　　　Pregherai per me ma dirai di si
　　　io (lo) so tu non puoi dimenticare
　　　Non soffrir per me anima mia

3　　 La sull'altar lei sta piangendo
　　　Tutti diranno che e di gioia
　　　Mentre il suo cuore sta gridando
Ave Maria
Ave Maria
※ 번호(1~5)는 노래를 부르는 가사 순서임.

🌱 Milva

라 노비아

입장하고 있는 눈부시게 새하얀 신부를
하객들 사이에 숨어서 지켜보고 있어요
어찌해야 하나 맺힌 눈물 훔치면서
스러지는 나의 환상12)을 보고 있어요

1(5) 단상에 오른 그녀는 울고 있는데
　　　하객들은 축하해주고 있네요
　　　그녀 가슴은 울부짖고 있는데 말예요
　　　오! 성모 마리아여!

2(4) 거짓일 거예요 주례를 향한 "네"라는 대답은
　　　나를 위해 기도할 거예요 "네"라고 대답했어도
　　　나는 알아요 당신이 나를 잊을 수 없다는 것을
　　　나로 인해 고통받지 말아요 나의 전부인 그대!

3　　단상에 오른 그녀는 울고 있는데
　　　하객들은 축하해주고 있네요
　　　그녀 가슴은 울부짖고 있는데 말예요.
오! 성모 마리아여!
오! 성모 마리아여!

---

12) 환상(幻想) : 현실성이나 실현 가능성이 없는 헛된 상각이나 공상

🌱 작사, 작곡 : 호아킨 프리에토(Joaquín Prieto, 칠레)
　노래 : Tony Dallara(1963~), 밀바(Milva, 1939~2021)

　연배가 지극하신 분은 '라노비아'(La novia)라는 노래 제목만 들어도 추억 속에 빠져들지 않겠나 싶다. 그만큼 인기가 많았던 이탈리아 대표적인 칸초네 곡인데 나도 좋아했지만 가사 내용은 전혀 몰랐다. 그러나 뭔가 애잔한 선율과 호소하는 듯한 여가수의 음색이 나를 사로잡았다. 처음 들어본 이태리어도 이색 미를 더해 주었다.
　번안곡 '축제의 노래'(Aria di Festa)도 밀바(Milva)가 부른 곡이다.

　1960년에 위 작곡가가 만든 이 노래는 그 동생이 불러 칠레에서 성공하자 이듬해인 1961년 이탈리아 남자가수 Dallara와 그 이듬해인 1962년 여가수 Milva가 불러 세계적으로 공전의 히트를 했다. 그리하여 미국, 영국 등 여러 나라에서 번안곡이 발표되었는데 이 남녀가 부른 두 곡이 다 나름대로 고유한 맛이 있다.

　이 곡을 실으면서 이참에 가사 내용을 알아보려고 여러 포털사이트를 찾아본 결과 노래 주인공이 사랑하는 연인이 다른 남자와 결혼식을 올리는 현장에서 이를 지켜보면서 견디기 힘든 감정을 억누르며 가만히 읊조리고 있는 것이 이 노래 가사라는 것을 알았다.
　그런데 포털사이트에는 어이없게도 번안 가사인지 원어 가사 밑에 전혀 엉뚱한 내용의 한글 번역본을 실어 놓은 게 많다. 이런 경우는 처음이다. 다른 번역본도 가사가 문장 위주로 되어 있는데 이마저도 서로 다른 데가 있다. 그리하여 알지도 못하는 이탈리아어 단어를 파파고에서 찾아보며 곡의 분위기에 맞게 표현하려고 노력했다.

정겨운 가곡

나는 가곡을 중·고등학교 음악 시간에 배운 곡 말고는 아는 게 별로 없다. 솔직히 내 음악 수준은 그 정도이다. 다만 음악에 조예가 있으셨던 아버지로 인해 어려서 이런저런 노래를 배울 수 있었다. 여기에 형이 음악을 정말 좋아해서 형에게도 영향을 받았던 것 같다. 형이라고 해봐야 나보다 2살 위인데 어떻게 그럴 수 있는지 중학교 때부터 팝송도 정말 많이 알았다. 내 생애 처음 배운 '어느 소녀에게 바친 사랑'(All for the love of a girl)이라는 팝송도 중학교 때 형이 가르쳐 주었다.

음악과 관련하여 생각나는 것은 중학교 1학년 때 음악 선생님이 합창반을 만들었는데 전 학급 모두를 개인별로 노래를 시켜서 50~60명으로 구성했다. 알고 보니 도내 합창대회에 출전하기 위해서다. 나는 당연히 뽑히지 못했다. 그런데 어느 날 음악 시간에 출석을 부르는데 내 이름을 부르고 나서 "네가 강세 동생이냐?"라고 물으셨다. 내 이름이 형하고 돌림자이다. 그래서 "네"하고 대답했더니 잠시 뜸을 두었다가, "그래? 너! 합창반에 들어와!" 이렇게 해서 졸지에 합창반이 되어 생전 처음이자 마지막으로 무대에 서보았다.

내가 성인이 되어 뮤지컬을 몇 번 보았는데 처음 보았을 때 집중적으로 조명이 비추는 무대를 보고 중학교 때 합창반 일원으로 무대에 섰을 때가 생각났다. 무대가 극장이었는데 그 많은 좌석이 꽉 차 있는 군중 앞 눈부신 조명 아래 가슴이 쿵쾅거리면서 서 있던 기억이 새롭다. 합창은 어떻게 불렀는지도 모르게 끝이 났다. 내가 합창단원이 된 것부터가 웃겼는데 더 웃긴 것은 우리가 금상을 받은 사실이다. 형이 음악 선생님하고 너무 친해서 내게 이런 웃지 못할 추억이 생겼다.

본론으로 돌아와서 이제 가곡을 소개하려니 착잡한 심정이다. 소싯적에 그렇게 감동받고 즐겨 부르던 가곡들이 친일파 논란의 인사가 만든 곡이라는 것을 알게 되어서다. 가고파, 선구자, 희망의 나라로, 목련화, 산들바람, 내 마음은 호수여, 봉선화, 그 집 앞, 봄 처녀 등 많은 곡이 그렇다. 앞서 집필하는 동안 참으로 곤혹스럽고 힘들었던 때가 두 경우가 있었다고 했는데 남은 하나가 바로 여기서다.

처음에 멋모르고 온갖 감상을 적어 놓은 이 노래들을 제거하는 작업은 쉽지 않았다. 누가 뭐라고 하지도 않았는데 '아무것도 모르고 작품에 감동받은 것에 무슨 죄가 있단 말인가?'라고 항변해 보았다. 또 한편으로는 배신감과 분노가 차 오르기도 했다.

친일 논란 인사의 작품은 몰랐다면 몰라도 싣지 않았다. 아니 실을 수가 없었다. 뒤의 동요 편에 당연히 있을 것 같은 동요가 없는 것도 이런 사유다, 이런 노래들을 학창 시절에 아예 배우지 않았더라면 참 좋았을 것을 --- 아쉽기만 하다.

각설하고 가곡 하면 중학교 때 배운 '메기의 추억'이 맨 먼저 떠 오르지만 가사 버전이 너무 많아 실을 수가 없었다. 그러면 가곡 몇 곡을 감상해 보자.

향수
여수
보리밭
긴 머리 소녀
비목
동심초

향수(鄕愁)

넓은 벌 동쪽 끝으로
옛이야기 지줄대는 실개천이 휘돌아 나가고,
얼룩백이 황소가
해설피 금빛 게으른 울음을 우는 곳,
-그곳이 차마 꿈엔들 잊힐리야.

질화로에 재가 식어지면
비인 밭에 밤바람 소리 말을 달리고,
엷은 졸음에 겨운 늙으신 아버지가
짚베개를 돋아 고이시는 곳,
-그곳이 차마 꿈엔들 잊힐리야.

흙에서 자란 내 마음
파아란 하늘 빛이 그리워
함부로 쏜 화살을 찾으려
풀섶 이슬에 함추름 휘적시던 곳,
-그곳이 차마 꿈엔들 잊힐리야.

전설 바다에 춤추는 밤물결 같은
검은 귀밑머리 날리는 어린 누이와
아무렇지도 않고 예쁠 것도 없는
사철 발 벗은 아내가

따가운 햇살을 등에 지고 이삭 줍던 곳,
-그곳이 차마 꿈엔들 잊힐리야.

하늘에는 성근 별
알 수도 없는 모래성으로 발을 옮기고,
서리 까마귀 우지짖고 지나가는 초라한 지붕,
흐릿한 불빛에 둘러앉아 도란도란 거리는 곳,
-그곳이 차마 꿈엔들 잊힐리야.

* 향수(鄕愁) : 고향을 그리워하는 마음이나 시름
* 지줄대는 : '지절대는'의 사투리. 거침없으면서도 다정하고 나긋나긋한 소리를 내는
* 해설피 : 느릿느릿하고 길고 슬픈 느낌을 주는 소리
* 질화로 : 진흙으로 구워서 만든 화로
* 함초롬 : 가지런하고 고운 모양, 모자람 없이 알맞게 담뿍
* 풀섶 : 풀이 많이 난 곳. '길섶'은 길 가장자리, 길가
* 휘적시던 : 마구 적시던
* 성근 : 듬성듬성한
* 서리 까마귀 : 가을에 서리 내릴 때 모여드는 까마귀

🌱 작시 : 정지용(1902.06.20.~1950.09.25.),

　　작곡 : 김희갑(1936.3.9.~)

　이 시인은 1930년대에 한국 현대시의 새로운 시대를 개척한 선구자로 평가받는데 당시의 시단을 대표했던 인물이라고 한다.

　이근배 전 한국시인협회 회장은 "정지용 시인 자체가 그냥 한국 시·문학사라고 할 만큼 정지용 시인이 끼친 우리 한국시사, 특히 현대 시에 끼친 영향은 절대적이라고 할 수 있다"고 평가했다.

아래의 글을 보고 이게 누가 쓴 것인지, '시'인지조차 몰랐어도 정감이 솟아오른다면 당신은 이글을 언젠가, 어디선가 본 적이 있다. 그렇다면 당신은 황혼 세대가 맞다.

「얼굴 하나야
　　손바닥 둘로
　　폭 가리지만,

　　보고 싶은 마음
　　호수만 하니
　　눈 감을 밖에.」

이 시를 정지용 시인이 썼다는 것을 자료를 찾으면서 알게 되었다. 이 시인이 청록파(조지훈, 박목월, 박두진)와 윤동주, 이상을 추천 등을 통해 등단시켰다는 사실을 알고 놀라움을 금치 못했다.

이 시인은 6·25전쟁이 일어난 그해 가을에 돌아가셨는데 이후 이분 사상을 놓고 많은 논란이 있어 모든 작품이 금서목록에 들어가 있었다. 노태우 정부에 이르러서야 납북된 것인지 월북한 것인지 확실치 않다고 하여 1988년 '7·19 해금 조치'를 하게 되니 그의 주옥같은 작품들은 비로소 빛을 보게 되었다. 이듬해인 1989년 이 시 '향수'에 김희갑 님이 곡을 붙이고 테너 박인수와 가수 이동원이 듀엣으로 노래를 불러, 온 국민의 마음을 사로잡았다. 그의 앨범이 170만 장이나 팔렸다니 그렇지 않았겠는가.

여수(旅愁)

깊어 가는 가을밤에 낯설은 타향에
외로운 맘 그지없이 나 홀로 서러워
그리워라 나 살던 곳 사랑하는 부모 형제
꿈길에도 방황하는 내 정든 옛 고향

명경같이 맑고 푸른 가을 하늘에
등불 가에 젖는 달빛 고즈넉이 내릴 제
줄지어 가는 기러기 떼야
서리 내린 저녁 길에 어딜 찾아가느냐

🌱 작사, 작곡 : 오드웨이(John P. Ordway, 1824~1880)

　오드웨이는 미국 대표적 민요 작곡가 포스터(Stephen Collins Foster, 1826~1864), 〈할아버지 시계〉, 〈조지아 행진곡〉으로 유명한 클레이 워크(Henry Clay Work. 1832~1884)와 거의 같은 시기에 활동한 음악가다. 이 노래는 미국 남북전쟁이 일어난 1851년에 만들어져 참전 군인의 향수를 달래는 노래가 되었다 한다. 학창 시절에 이 노래를 배운 것 같은데 작사자를 찾을 수 없었다. 알고 보니 일본, 대만, 중국에서 번안곡이 크게 유행했고 우리나라에는 1907년 일본의 인도규케이(犬童球溪)가 '여수(旅愁)'라는 제목으로 번안한 게 거의 그대로 전해져서 그렇다. 많은 가수가 불렀는데 1970년대 가수 이연실이 부른 이 노래를 들으면 뭔가 찡하면서 애절해진다. 이 가을도 이 노래를 꼭 한번은 불러야 지나갈 것 같다.

보리밭

보리밭 사이 길로 걸어가면
뉘 부르는 소리 있어 나를 멈춘다
옛 생각이 외로워 휘파람 불면
고운 노래 귓가에 들려 온다
돌아보면 아무도 보이지 않고
저녁놀 괸 하늘만 눈에 차누나

🌱 작사 : 박화목(1924.2.15.~2005.7.9.)
　작곡 : 윤용하(1922.3.16.~1965.7.23.)

　이 시 제목은 박화목 시인의 동시 '옛 생각'인데 작곡자가 제목을 바꾸자고 하여 '보리밭'이 되었다고 한다. 윤용하 작곡자는 1952년 부산에서 피난 생활 중에 곡을 썼다는데 이 노래 발표 후 관심을 끌지 못하다가 사후 10여 년이 지난 1970년대 초반 폭발적인 인기를 얻는다.

　평생 가난과 씨름했던 그는 43세에 간경화로 요절했는데 그가 살던 남산 밑 빈농 셋방은 북간도 일본 헌병대의 감옥만큼이나 침침했고, 상자를 뜯어 여민 단칸방의 거적 위에서 눈을 감았다고 한다.

　이 노래는 세계적인 성악가 조수미와도 사연이 있다. 그녀는 28세에 세계 정상에 올라 영국에서 가장 큰 음반 회사와 계약할 때 이 '보리밭'을 음반에 넣고, 앨범 재킷에 한글로 '보리밭' 넣는 것을 조건으로 내걸어 이 노래가 해외에서도 널리 알려지게 되었다고 한다.

긴 머리 소녀

빗소리 들리면 떠오르는 모습
달처럼 탐스런 하얀얼굴
우연히 만났다 말없이 가버린
긴머리 소녀야

(후렴) 눈먼 아이처럼 귀먼 아이처럼
       조심 조심 징검다리 건너던

개울 건너 작은집에 긴머리 소녀야
개울 건너 작은집에 긴머리 소녀야
눈감고 두손모아 널 위해 기도하리라

🌱 가사 : 손철, 작곡 : 이두진, 노래 : 둘다섯(1954~2021, 이두진, 오세복)

  까까머리 중고교 세대에게 이 노래는 잊지 못할 추억의 노래가 아닐까 싶다. 가사가 왠지 황순원의 『소나기』를 연상시키고, 갓 사춘기 시절 가슴설레었던 그 여학생을 떠올리게 만든다. 아하! 그러나 1974년에 발표된 이 노래는 그게 아니다. 당시 여학생은 단발머리였다. 단발이 필요 없는 긴 머리 소녀는 학업을 포기하고 고향을 떠나 공단에 취직하여 가족의 생계를 책임져야 했던 소녀가장이다. 이런 누이들을 생각하며 만든 곡이라고 한다. 〈둘다섯〉은 구로공단을 특히 많이 방문했는데 이 노래를 부를 때면 공연장을 꽉 메운 누이들의 울음바다가 되었다고 한다. 나는 이렇게 만들어진 노래 인지를 정말 몰랐다. 그리고 보니 좀 어색했던 마지막 구절이 비로소 이해되었다. 이 노래를 〈보리밭〉 작곡가를 생각하며 여기 실었다.

비목(碑木)

초연(硝煙)13)이 쓸고 간 깊은 계곡
깊은 계곡 양지녘에
비바람 긴 세월로 이름 모를
이름 모를 비목이여
먼 고향 초동 친구 두고 온 하늘가
그리워 마디마디 이끼 되어 맺혔네

궁노루 산울림 달빛 타고
달빛 타고 흐르는 밤
홀로 선 적막감에 울어 지친
울어 지친 비목이여
그 옛날 천진스런 추억은 애달파
서러움 알알이 돌이 되어 쌓였네

🌱 작시 : 한명희(1939.~), 작곡 : 장일남(1932.2.2.~2006.9.24.)

  한명희는 강원도 화천 백암산 부근에서 십자 나무만 세워져 있는 무명 용사 돌무덤의 비목(나무로 만든 묘비)을 보고, 조국을 위해 죽어간 젊은 이들을 기리는 내용의 시를 지었고, 이를 장일남에게 보여주자, 즉석에서 곡을 만들었다고 한다. 이는 1967년의 일로 곡은 1969년에 발표했다. 한국전쟁에서 희생된 무명용사들을 추모하기 위해 화천에 비목공원이 조성되었고, 매년 6월 비목 문화제가 열리고 있다.

---

13) 초연(硝煙) : 화약 연기

동심초(同心草)

1 꽃잎은 하염없이 바람에 지고
　만날 날은 아득타 기약이 없네
　(후렴)
　무어라 맘과 맘은 맺지 못하고
　한갓되이 풀잎만 맺으려는고
　한갓되이 풀잎만 맺으려는고

2 바람에 꽃이 지니 세월 덧없어
　만날 길은 뜬구름 기약이 없네
　(후렴)

춘망사(春望詞)

風花日將老　풍화일장로
佳期猶渺渺　가기유묘묘

不結同心人　불결동심인
空結同心草　공결동심초

🌱 작시 : 설도(768~832)
당나라 여류 시인

🌱 역자 : 김억(1896~?), 작곡 : 김성태(1910~2012)

　이 가곡을 어디서 배웠는지 기억이 나지는 않지만, 그 고음에 숨이 막히는 듯하다가 무사히 잘 넘어가서 안도의 한숨을 내쉬던 기억이 새롭다. 우리 고전 가곡으로 알고 있었는데 이 가곡의 가사 원작자는 놀랍게도 약 1,200년 전 당나라 때의 유명한 명기(名妓)이자 여류 시인인 설도(薛濤)라는 분이다. 이 시를 김소월의 스승인 김억(金億)이 번역하여 1934년 번역 시 선집 〈망우초(忘憂草)〉에 실었는데 이것을 1945년 작곡가 김성태가 곡을 붙였고 2절 가사는 작곡가가 쓴 것이라고 한다.
　이 한시는 춘망사 4부 중에서 3번째 시인데 이 시인의 삶이 조선의 4대 여류 시인으로 알려진 이옥봉의 비운의 삶과 너무 닮아있다는 점도 놀라웠다.

셋째 다발

형식이 다른 시와 시어들

1. 추억의 외국 명시들
2. 한시 감상
   2-1. 한시에 실려 보낸 사연들
   2-2. 흐르는 역사 위에서
   2-3. 원류 한시
3. 옛시조와 고전 한글 시
4. 유교문화와 한문 그리고 우리 고전과 한문 공정
5. 새롭게 다가온 동요
6. 나 혼자만의 다짐

1. 추억의 외국 명시들

외국인의 시는 고전에 해당하는 시 몇 편을 실었다. 첫 번째의 '내 가슴은 뛰누나'(My Heart Leaps Up)는 '무지개'로 더 알려져 있는데 그 유명한 '어린이는 어른의 아버지'라는 말이 나오는 시다.

프로스트(Frost)의 '가지 않은 길'은 대학 수학능력 시험제도가 시행된 시기에 언어 영역 지문으로 출제된 외국 문학작품은 딱 셋뿐이었는데 그 중의 하나라고 한다.

롱펠로우(Longfellow)의 '인생 예찬'(A Psalm of Life)과 맥아더 장군이 평생 읊조리고 다녔다고 하는 사무엘 울만(Samuel Ullman)의 '청춘'(Youth)도 여기에 실었다. 연배가 좀 되신 분은 이 시 두 편을 읽으면서 회상에 젖어 보시고 손주들에게도 알려 주시기를 권해 드린다. 들어본 적이 있거나 처음 보는 젊은이라면 무조건 외우라고 말하고 싶다.

이 외에도 널리 알려진 각 나라의 고전에 해당하는 시를 몇 편 실었다. 그리고 외국 시 감상 이해를 돕기 위해 서구의 근·현대 문예사조 흐름을 정리(〈표 3-1〉)해 보았다.

무지개 / 안개 속에서
가지 않은 길 / 미라보 다리
아름다운 달 5월에
삶 / 오늘 / 에너벨 리
사랑하는 그대여, 나 죽거든
인생 예찬 / 청춘
번역에 대한 단상

〈표 3-1〉 서양의 근·현대 문예사조의 흐름

	문예사조	경향	주요 작가
17C 중 ~ 18C 초	고전주의	규범, 조화와 완성, 통제와 형식미	세익스피어, 코르네유, 레싱, 몰리에르, 괴테
18C 말	계몽주의	이성과 자연, 합리성	몽테스키외, 볼테르, 루소, 로크, 라이프니치
18C 말 ~ 19C 중	낭만주의	비합리, 감성, 공상, 형식타파,	스탕달, 빅토르위고, 워즈워드, 바이런, 셀리, 하이네
19C 중 ~ 19C 말	사실주의	사실 묘사	플로베르, 스탕달, 푸시킨, 고골리, 도스토이예프스키
19C 말	자연주의	사실주의 갈래, 실증주의	에밀졸라, 발자크, 모파상, 무어, 톨스토이, 체홉, 입센
19C 말	유미주의	사실주의 반동 예술지상주의	플로베르, 코디에, 와일드, 버지니아 울프
19C 말 ~ 20C 초	상징(퇴폐)주의	유미주의 심화	말라르메, 랭보, 보들레르, 게오르게, 릴케, 예이츠
20C 초 ~ 20C 중 모더니즘 사조	표현주의	반 자연주의	뭉크(미술)
	이미지즘	반 낭만주의 사상(寫像)주의	흄, 파운드, 올딩턴, 로렌스
	미래파	파시즘에 기여	마리네티, 파스테르나크
	다다이즘	허무주의(반문명, 반이성, 반도덕)	후고 발, 휠젠버크
	초현실주의	잠재의식과 꿈의 세계	앙드레 부르통, 뱅자멩 울프, 페레, 루이 아라공
	주지주의	탐미주의 반대, 전통, 지성 강조	흄, 파운드, 엘리어트, 헉슬리, 제임스 조이스
	행동주의	사회적 참여 실존주의 파생	말로, 지드, 생텍쥐베리, 헤밍웨이
	실존주의	존재로서의 인간 본질 추구	사르트르, 까뮈, 니체, 앙드레 말로, 야스퍼스, 카프카

※ A 근대 : 고전주의 ~ 자연주의, B 현대 : 유미주의 ~ 실존주의

My Heart Leaps Up

My heart leap up when I behold
A rainbow in the sky :
So was it when my life began :
So is it now I am a man :
So be it when I shall grow old,
Or let me die!
The Child is father of the man :
and I could wish my days to be
Bound each to each by natural piety.

🌱 Wordworth

무지개(내 가슴은 뛰누나)

하늘에 뜬 무지개를 바라보고 있노라면
내 가슴은 뛰누나
내 어린 시절에도 그랬고
어른이 된 지금도 그렇고
나 늙어서도 그러하겠지
그렇지 않다면 차라리 이 목숨 거두어 주오
어린이는 어른의 아버지
그래서 나는 바라노니 내 살아가는 날들
하루하루가 자연의 경건함으로 이어지기를

🌱 **윌리암 워즈워드(Willian Wordworth, 1770~1850)**

영국의 대표적인 낭만파 시인. 계관시인(1843)

Im Nebel

Seltsam im Nebel zu wandern!
Einsam ist jeder Busch und Stein,
Kein Baum kennt den andern,
Jeder ist allein.

Voll von Freunden war mir die Welt,
Als noch mein Leben licht war,
Nun, da der Nebel fällt,
Ist keiner mehr sichtbar.

Wahrlich, keiner ist weise,
Der nicht das Dunkel kennt,
Das unentrinnbar und leise
Von allen ihn trennt.

Seltsam im Nebel zu wandern!
Leben ist Einsamsein.
Kein Mensch kennt den andern,
Jeder ist allein.

🌱 Hermann Hesse

안개 속에서

안개 속을 헤매는 것은 진기한 일
덤불숲과 돌도 혼자고,
나무도 다른 나무를 보지 않는다.
각기 다 혼자다.

나의 인생이 밝게 빛났을 때는
나에게는 온통 친구들로 넘쳐났었지
그러나, 짙은 안개가 깔린 지금은
아무도 보이지 않는다.

쉴 새 없이 내리깔려
천천히 그를 감싸고 도는 어둠만이
그를 모든 것으로부터 단절시킨다는 것을
아는 사람은 현명하다고 할 수 있다.

안개 속을 헤매는 것은 진기한 일
인생 자체가 고독이다.
누구도 다른 사람을 보지 않는다.
각자가 다 혼자다.

🌱 헤르만 헷세(Hermann Hesse, 1877~1961)

    소설 『데미안』으로 잘 알려진 독일의 문학가이자 예술가. 1946년 노벨문학상을 수상.

The Road Not Taken

Two roads diverged in a yellow wood,
And sorry I could not travel both
And be one traveler, long I stood
And looked down one as far as I could
To where it bent in the undergrowth;

Then took the other, as just as fair,
And having perhaps the better claim,
Because it was grassy and wanted wear;
Though as for that the passing there
Had worn them really about the same,

And both that morning equally lay
In leaves no step had trodden black.
Oh, I kept the first for another day!
Yet knowing how way leads on to way,
I doubted if I should ever come back.

I shall be telling this with a sigh
Somewhere ages and ages hence:
Two roads diverged in a wood, and I—
I took the one less traveled by,
And that has made all the difference

Frost

가지 않은 길

노랗게 물든 숲속에 두 갈래 길이 있었습니다.
나는 두 길을 모두 가지 못하는 것이 안타까워하며
오래도록 서서 한 길이 덤불 사이로 굽어지는 곳까지
바라다볼 수 있는 데까지 멀리 바라다보았습니다.

그리고 똑같은 마음으로 다른 길을 택했습니다.
그 길은 풀이 무성하고 사람 발길이 덜 닿아서
더 나을 것 같았습니다.
비록 그 길도 사람들이 지나다니다 보면
닳아서 같은 길이 되겠지 만은요.

그날 아침 까맣게 밟은 자국 하나 없는
낙엽이 깔린 두 길이 펼쳐 저 있었습니다.
아, 나는 후일을 위해 먼저 길은 남겨 두었습니다.
한번 가면 다시 돌아오기 어렵다는 것을 알지만
길이 어떻게 이어지는지 알고 있어서요.

먼 훗날 나는 어디에선가
한숨지으며 이렇게 말하겠지요.
숲속에 두 갈래 길이 있었다고,
나는 사람이 적게 다닌 길을 택하였다고,
그 선택으로 나의 모든 것이 달라졌다고.

🌱 **로버트 프로스트(Rovert Frost, 1874~1963)**

   1916년 발표작

Le Pont Mirabeau

Sous le pont Mirabeau coule la Seine
Et nos amours
Faut-il qu'il m'en souvienne
La joie venait toujours après la peine
(후렴) <u>Vienne la nuit sonne l'heure</u>
       <u>Les jours s'en vont je demeure</u>

Les mains dans les mains restons face-à-face
Tandis que sous
Le pont de jos bras passe
Des eternels regards l'onde si lasse
(후렴)
L'amour s'en va comme cette eau courante
L'amour s'en va
Comme la vie est lente˙
Et comme l'Espérance est violente
(후렴)
Vienne la nuir sonne l'heure
Les jours s'en vont je demeure
Passent les jours et passent les semaines
Ni temps passé
(후렴)

🌱 Apolinaire

미라보 다리

미라보 다리 아래 세느강은 흐르고
나는 우리의 사랑을
회상만 해야 하는가
기쁨은 언제나 괴로움 뒤에 오는 것
(후렴) 밤이 오고 종이 울리고
　　　　날들은 흘러가 버리고 나는 남아 있네

손 맞잡고 얼굴을 마주하고
우리 팔로 만든 다리 아래로
영원한 눈길들에 지친 강물이
마냥 흐르는데
(후렴)
사랑이 가네
흐르는 강물처럼 사랑이 떠나 가네
삶은 얼마나 느린가
희망은 또 얼마나 격렬한가
(후렴)
하루하루가 가버리고 주일들이 지나가
지나간 시간도 우리들 사랑도
돌아오지 않는데
미라보 다리 아래 세느강은 흐르고
(후렴)

🌱 아폴리네르 (Guillaune Apolinaire, 1880-1918)

로마 출신의 프랑스 시인이자 작가로 제1차 대전 후 상징주의에 초현실주의를 도입한 모더니즘의 선구자로 알려져 있다.

'미라보'는 〈보기 좋은 곳〉, 〈아름다운 풍경을 지닌 장소〉의 의미이며 이 다리는 에펠탑과 자유의 여신상을 한 번에 볼 수 있는 장소라고 한다. 이해가 잘 안 되는 말이지만.

내가 외국 시를 찾으려니까 어디선가 들어 익숙한 '미라보 다리'가 생각났다. 여기저기 찾아보니 번역본은 많은데 해석이 약간씩 다 달랐다. 불어를 몰라 맘에 드는 번역본을 중심으로 단어 사전을 찾아보면서 가급적 시적인 표현으로 고쳐 썼다.

Vous...

Vous devez vivre comme vous pensiez,
sinon aussitôt vous penseriez comme vous vivez.

당신은

당신이 생각하는 대로 살아야 한다.
그렇지 않으면 사는 대로 생각하게 된다.

🌱 폴 발레리(A. Poul T. J. Valéry, 1871~1945)

프랑스 시인, 철학자.

Im wunderschoenen Monat Mai

Im wunderschoenen Monat Mai,
Als alle Knospen sprangen,
Da ist in meinem Herzen
Die Liebe aufgegangen.

Im wunderschoenen Monat Mai,
Als alle Voegel sangen,
Da hab ich ihr gestanden,
Mein Sehnen und Verlangen.

🌱 Heine

아름다운 달 5월세

경이롭고 아름다운 달 5월
온갖 꽃망울들이 피어날 때
나의 가슴에도
사랑이 움텃네

경이롭게 아름다운 달 5월
온갖 새들이 노래 부를 때
나는 그녀에게 고백했네
애타는 내 마음을

🌱 하인리히 하이네(Heinrich Heine, 1797~1856)

괴테와 더불어 독일이 낳은 세계적인 시인으로 일컬어짐.

삶

삶이 그대를 속일지라도
슬퍼하거나 노하지 말라

그 힘든 날들을 참고 견디면
머지않아 기쁨의 날이 오리니

현재는 언제나 슬픈 것
마음은 미래에 사는 것

모든 것은 일순간에 지나가고
지나간 것은 그리워지리니

🌱 알렉산드르 세르게예비치 푸시킨

(Alexander Sergeyevich Pushkin, 1799~1837)

위 시는 누구라도 한 번쯤 본 기억이 있지 않을까 싶다. 외국 시를 이이 저리 뒤적이다가 이 시를 보고 중학교 때 책상 앞에 붙여 놓은 기억이 나서 반가움과 정겨움이 솟아올랐다.

푸시킨은 당시 러시아 사회 만연한 고전주의를 벗어나 사실주의의 황금기를 연 대문호라고 한다. 원문을 구하지 못했으나 제법 긴 시로 추측되는데 나름 운율에 맞추어 요약본을 완성했다.

Today

So here hath been dawning
Another blue day:
Think, with thou let it
Slip useless sway?

Out of Eternity
This new day was born;
Into Eternity,
At night, will return. Behold it aforetime
No eyes ever did;
So soon it forever
From all eyes is hid.

Here hath been dawning
Another blue day:
Think, with thou let it
Slip useless away?

오늘

그래 여기 날이 밝았다.
청명한 새날이
생각해 보라, 오늘 하루
헛되이 흘려보내려는가?

영원의 너머에서
태어난 이 새날은
밤이 되면
영원 속으로 돌아가리니

이전엔 아무도 본 적 없는
이 새날을 바라보라
새날은 곧 모든 이들로부터
영원히 사라지리니

여기 날이 밝았다.
청명한 새날이
생각해 보라, 오늘 하루
헛되이 흘려보내려는가?

🌱 칼라일(Thomas Carlyle, 1795~1881)

　19세기 영국 빅토리아시대에 최고의 문필가. 『자유론』을 쓴 밀과 더불어 그 시대 가장 큰 영향력을 가진 사상가로 추앙받았다.

Annabel Lee

It was many and many a year ago,
In a kingdom by the sea,
That a maiden there lived whom you may know
By the name of Annabel Lee;
And this maiden she lived with no other thought
Than to love and be loved by me.

I was a child and she was a child,
In this kingdom by the sea:
But we loved with a love that was more than love －
I and my Annabel Lee;
With a love that the winged seraphs of heaven
Coveted her and me.

And this was the reason that, long ago,
In this kingdom by the sea,
A wind blew out of a cloud, chilling
My beautiful Annabel Lee;
So that her highborn kinsmen came
And bore her away from me,
To shut her up in a sepulchre
In this kingdom by the sea.

The angels, not half so happy in heaven,
Went envying her and me -
Yes! — that was the reason (as all men know,
In this kingdom by the sea)
That the wind came out of the cloud by night,
Chilling and killing my Annabel Lee.

But our love it was stronger by far than the love
Of those who were older than we -
Of many far wiser than we -
And neither the angels in heaven above,
Nor the demons down under the sea,
Can ever dissever my soul from the soul
Of the beautiful Annabel Lee:

For the moon never beams, without bringing me dreams
Of the beautiful Annabel Lee;
And the stars never rise, but I feel the bright eyes
Of the beautiful Annabel Lee;
And so, all the night-tide, I lie down by the side
Of my darling - my darling - my life and my bride,
In her sepulchre there by the sea,
In her tomb by the sounding sea.

🖋 Edgar Allan Poe

애너벨 리

아주 오래전 바닷가 어느 왕국에
애너벨 리라는 한 소녀가 살았답니다.
당신이 알지도 모르겠습니다만
이 소녀는 날 사랑하고 내 사랑을 받는 것 외엔
아무것도 몰랐답니다.

바닷가 이 왕국에서 그녀도 나도 어렸습니다만
나와 에너벨 리는 사랑 이상의 사랑을 했답니다.
천상의 날개 달린 천사도 우리를 시샘하여 탐낼 만큼

오래전 바닷가 이 왕국에 구름에서 바람이 불어와
나의 아름다운 애너벨 리를 싸늘하게 만들어 버린 것은
이 때문이었습니다.
그래서 지체 높은 그녀의 친척들이 그녀를 내게서 떼어내어
이 바닷가 왕국 무덤 속에 가두어버렸답니다.

천국에서 우리 반만큼도 행복하지 못한 천사들이
그녀와 나를 시기한 것이었습니다.
맞아요! -- 그것이 이유였습니다.
한밤중 구름 속에서 모진 바람이 불어와
나의 애너벨 리를 싸늘하게 숨지게 한 것은
(바닷가 이 왕국 사람들은 다 알고 있어요)

그러나 우리의 사랑은 훨씬 더 굳셌답니다.
우리보다 나이 많은 이들의 사랑보다
우리보다 지혜로운 이들의 사랑보다도
그래서 천상의 천사들도 바다 밑 악마들도
내 영혼을 아름다운 애너벨 리의 영혼으로부터
떼어내지 못했답니다.

내가 아름다운 애너벨 리의 꿈을 꾸지 않으면
달이 빛을 비출 수 없었고 별조차 뜰 수 없었답니다.
그러나 나는 애너벨 리의 빛나는 눈동자를 느낀답니다.

그래서 나는 밤새도록 내 사랑 - 내 사랑 -
나의 생명, 나의 신부 곁에 누워 있답니다.
바닷가 그곳 그녀의 무덤에
파도 철썩이는 그녀의 무덤에

🌱 포우(Edgar Allan Poe, 1809~1849)

　19세기 미국 문학을 대표하는 위대한 작가, 시인. '검은 고양이'와 같은 '공포와 환상'을 다룬 작품들로 유명하다는 것만 알았지 이 작가가 그렇게 불우한 일생을 보냈다는 것은 미처 몰랐다. 태어나자마자 아버지는 집을 나가고, 어머니는 2살 때 결핵으로 세상을 떠난다. 불행으로 가득한 그의 짧은 삶을 여기 소개하기가 힘들다. 이 명시 '에너벨 리'는 27세 포우와 13세에 결혼하여 24세에 사망한 아내 버지니아 클램으로 인해 탄생했다. 너무나 사랑했던 그녀를 평생 그리워했다고 한다.

When I am dead, my dearest

When I am dead, my dearest,
Sing no sad songs for me ;
Plant thou no at my head,
Nor shady cypress[x] tree:
Be the green grass above me
With showers dewdrops wet;
And if thou wilt, remember,
And if thou wilt, forget.

I shall not see the shadows,
I shall not feel the rain;
I shall not hear the nightingale[x]
Sing on, as if in pain
And dreaming through twilight
That doth not rise nor set,
Haply I may remember,
And haply may forget.

* cypress : 소나무과에 속하는 상록수
* nightingale : 유럽 지빠귓과의 작은 새

Rossetti

사랑하는 그대여, 나 죽거든

사랑하는 그대여 나 죽거든
나를 위해 슬픈 노래 부르지 말아요
내 머리맡에 장미도
그늘질 사이프러스도 심지 말아요
내 무덤 위 푸른 풀이 소낙비와 이슬에
젖도록 그냥 두세요
나를 기억하고 싶으면 기억하시고
잊고 싶으면 잊어버리세요.

나는 그림자조차 볼 수 없을 거예요
비 오는 것도 느끼지 못할 거예요
고통스러운 듯 지저귀는 나이팅게일
새소리도 듣지 못할 거예요
그리고 뜨지도 지지도 않는
어스름한 햇빛에 꿈을 꾸면서
나는 아마 당신을 기억할 거예요
아니, 어쩌면 잊을지도 몰라요.

🌱 로제티(Christina Georgina Rossetti, 1830~1894)

    1862년 발간. 낭만적인 시를 많이 쓴 영국 여류 시인. 죽음의 세계와 삶의 세계 경계가 모호한 표현으로 보아 저자의 오랜 삶의 연륜이 묻어 있는 작품으로 생각했는데 저자 18세(1848)에 쓴 시다.

Psalm of Life

H.W. Longfellow(1807~1882)

Tell me not, in mournful numbers, Life is but an empty dream!
For the soul is dead that slumbers, And things are not what they seem.

Life is real! Life is earnest! And the grave is not its goal;
Dust thou art, to dust returnest Was not spoken of the soul.

Not enjoyment, and not sorrow, Is our destined end or way; But to act, that each to-morrow
Find us farther than today.

Art is long, and time is fleeting, And our heart, though stout and brave, Still, like muffled drums, are beating Funeral marches to the grave.

인생 예찬

H.W. 롱펠로우

인생은 한낱 헛된 꿈에 불과하다고 슬픈 어조로 내게 말하지 말라. 잠들어 있는 영혼은 죽은 것이며, 세상일은 눈에 보이는 것이 전부가 아니기 때문이다.

인생이란 실재이다. 진지한 것이다. 또한 무덤(죽음)이 인생의 최종 목적지는 아니다.
"너는 흙이니 흙으로 돌아갈 것이니라."(성경)라는 말은 영혼이 그렇다는 것이 아니다

우리가 운명적으로 도달해야 하거나 가야 할 길은 향락이나 슬픔이 아니라, 우리 각자가 오늘보다는 더 멀리가 있는 내일에서 우리를 찾을 수 있도록 행동하는 것이다.
(저마다 오늘보다 내일이 더 낫도록 행동하는 것)

예술은 길고 세월은 빠르게 흘러간다. 우리의 심장은 비록 튼튼하고 용감할지라도, 둔탁한 소리를 내는 북처럼, 무덤을 향해가는 장송행진곡을 둥둥 울리고 있는 것이다.

In the world's broad field of battle, In the bivouac of life, Be not like dumb, driven cattle! Be a hero in the strife!

Trust no future, howe'er pleasant! Let the dead Past bury its dead!
Act, - act in the living Present! Heart within, and God o'er head!

Lives of great men all remind us We can make our lives sublime, And,
departing, leave behind us Footprints on the sands of time.

Footprints, that perhaps another, Sailing o'er life's solemn main, A forlorn and shipwrecked brother, Seeing, shall take heart again.

Let us, then, be up and doing, With a heart for any fate; Still achieving, still
pursuing, Learn to labor and to wait.

'세상'이라는 드넓은 전장에서, '인생'이라는 야영지에서, 말 못 하고 쫓기는 짐승이 되지 말라! 싸움에서 이기는 영웅이 되어라!

아무리 즐거울지라도, 미래는 믿지 말라! 죽은 과거는 죽은 채로 그냥 묻어버려라!
행동하라, 살아있는 지금 행동하라! 가슴에는 심장이 머리 위에는 하나님이 있다!

위대한 사람들의 생에는 우리를 일깨워 준다. 우리도 숭고한 삶을 살 수 있다고!
그리고 이 세상을 하직할 때 우리의 뒤에 세월의 모래 위에 발자국을 남길 수 있다고!

다른 어떤 사람이 인생의 장엄한 바다를 항해하면서 남긴 발자국! 난파당하여 버려진 어느 형제가 그 발자국을 보게 된다면 그는 다시 용기를 얻게 될 것이다.

자! 그럼 어떤 운명에도 굴하지 않을 용기를 가지고 분연히 일어나서 나아가자.
끝까지 성취하고, 끝까지 추구하면서 일하는 것을 그리고 인내하는 것을 배우자.

Youth

Samuel Ullman(1840~1924)

Youth is not a time of life; It is a state of mind;
It is not a matter of rosy cheeks, red lips and sup-
ple knees; It is a matter of the will, a quality of the imagination, a vigor of the emotion; It is the freshness of the deep spring of life.

Youth means a temperamental predominance of courage over timidity of the appetite, for advent
ure over the love of ease. This often exists in a man
of sixty more than a boy of twenty. Nobody grows old merely by a number of years. We grow old by deserting our ideals.

Years may wrinkle the skin, but to give up
enthusiasm wrinkles the soul. Worry, Fear, self
distrust, bows the heart and turns the spirit back to dust.

청춘

사무엘 울만

청춘이란 인생의 한 시기가 아니라 마음 가짐인 것이다.
그것은 장미 빛 볼, 붉은 입술, 강인한 신체가 아니라 풍부한 상상력, 왕성한 감수성과 의지력을 말한다.
청춘은 생명의 깊은 샘에서 솟아나는 참신 함이다.

청춘이란 안이함을 극복해야 하는 모험을 위해 소심함을 뛰어넘는 용기가 기질적으로 압도적인 것을 말한다. 이것은 20세 청년보다는 오히려 60세 노인에게 있는 경우가 많다. 나이를 먹는 것만으로 늙는 사람은 아무도 없다. 우리는 이상을 포기해 버릴 때 비로소 늙는 것이다.

세월은 피부에 주름을 늘게 만들지만, 열정을 포기하는 것은 영혼에 주름을 늘게 만드는 것이다.
근심, 두려움, 자신감의 상실은 마음을 굴복시키고 영혼을 먼지로 화하게 한다.

Whether sixty or sixteen there is in every human being's heart the lure of wonder, the unfailing childlike appetite of what's next, and the joy of the game of living.

In the center of your heart and my heart, there is a wireless station; so long as it receives messages of beauty, hope, cheer, courage and power from men and from the infinite, so long are you young.

When the aerials are down, and your spirit is covered with snows of cynicism and the ice of pessimism, then you are grown old, even at twenty, but as long as your aerials are up, to catch the waves of optimism, there is hope you may die young at eighty.

60세이건 16세이건 모든 인간의 마음에는 경이로움에 대한 이끌림, 다음에는 무엇이 있는지 끊임없는 아이와 같은 탐구심, 그리고 인생이라는 게임을 통해 얻는 즐거움이 있다.

그대와 내 마음의 한가운데 무선기지국이 있어, 사람들과 조물주로부터 아름다움, 희망, 갈채, 용기, 그리고 힘에 대한 메시지를 받고있는 한은, 그동안만큼은 당신은 젊은 것이다.

기지국의 안테나가 내려가고, 그대의 영혼이 냉소 눈과 비탄의 얼음으로 가득 차게 되면 비록 20세라 할지라도 그대는 노인이다. 하지만 그대의 안테나를 높여 낙관주의의 주파수를 확보하고 있는 한. 그대는 80세에도 젊은이로 죽을 수 있는 희망이 있다.

번역에 대한 단상

팝송에서도 그랬지만 나는 포털사이트에 올라와 있는 영시 번역본을 보다가 깜짝 놀랐다. 서로 다른 번역이 많고, 비교적 무난한 번역에도 '아니다' 싶은 부분이 꼭 있어서였다. 그래서 이 책에 실은 외국 작품은 모두 내가 번역한 것이다.

이 일로 번역에 대해 생각이 많아졌다. 사실 나는 영어를 배워가면서 한 나라의 문화는 그 언어 속에 녹아있다고 생각하게 되었는데 번역 문제와 함께 이를 피력해 보고자 한다.

'번역'하니 "가장 잘된 번역은 그 번역문을 읽었을 때 원래 한글 문장을 읽는 것처럼 자연스럽게 읽히는 글"이라는 고교 시절 영어 선생님 말씀이 맨 먼저 떠 올랐다. 그런데 이렇게 번역하기는 쉬운 일이 아니다. 우선 언어 구조가 다르다. 영어는 주어 다음에 술어가 오지만 우리말은 맨 뒤에 온다. 이 언어 구조 차이가 서양은 결과를 중시하고 우리는 과정을 중시하는 것으로 나타나는 것이 아닌지라고 생각했는데 알쏭달쏭하다.

무엇보다도 영어의 가장 큰 특징은 우리말에는 없는 〈무생물 주어〉다. 우리나라 말은 주어가 사람이나 생물인데 영어는 생물이든 무생물이든 화제가 되어 있는 그 주체가 주어가 된다. 나는 여기서 서구의 상대를 존중하고 인정하는 문화가 이미 말 속에 포함되어 있다고 보았다. 이는 수동태에서 극명하게 드러난다. 하여튼 〈무생물 주어〉로 된 문장은 부사구로 번역해야 자연스럽다.

〈수의 일치〉도 큰 특징이다.

영어는 단수와 복수를 철저히 구분하여 표현한다. 셀 수 있는 것과 없는 것에 대한 표현도 다르다. ~ 중에 하나(one of~)라는 것도 우리말에는 없는 표현이다. 나는 이것을 보고 그들의 과학이 발달할 수밖에 없는 정확성이 언어에 녹아있다고 생각했다.

우리는 정반대다. 수에 대한 무개념이 말에 녹아있다.

밥을 지을 때 물을 '적당히' 부어야 한다거나 '두서너 시', '대여섯 개', 옛날의 '코리안 타임' 등이 좋은 예이다. '코리안 타임'이란 약속 시간보다 20~30분 늦는 것을 당연하게 여기는 옛날 우리의 습관을 말하는 것인데 '국제 통용어'였는지도 모르겠다.

그런데 우리도 칼같이 지키는 것이 하나 있다. 서열 의식이 바로 그것이다. 히딩크 축구 감독이 선수 사이의 이것을 깨기 위해 그야말로 엄청난 노력을 했다고 한다. 이것이 4강 위업 달성에 적지 않은 영향을 미치지 않았니 싶다. 11명이 힘을 합쳐 골을 넣어야 하는데 이 조직이 서열 조직이라면 간단한 문제가 아닐 것 같아서다.

물론 군대와 같이 서열이 꼭 필요한 부분도 있고 젊은이가 어른을 존중하는 관습과 같은 것은 소중한 유산이라고 생각한다.

어린이들에게 우리의 예절 문화를 가르치는 태권도가 미국 학부모를 열광시키고 있다고 하지 않은가. 족보에서 항열(行列)을 따지는 것과같이 불필요하게 우리 사회에 널리 스며있는 서열 의식이 과유불급이라는 것이다.

끝으로 번역할 때 특히 유념해야 할 점을 다음과 같은 출판 관련 강좌를 요약 소개하는 것으로 대신하고자 한다. 영어는 〈형용사 + 명사〉 구조가,

우리말은 〈부사 + 동사〉 구조가 발달해 있다. 그래서 영어는 이 형식이 콤마(,)를 찍으면서 반복되는 긴 만연체 문장이 많다. 그래서 이를 그대로 번역하면 수식 관계가 불분명해져 원문과는 매우 다른 새로운 의미의 번역본이 탄생하게 될 소지가 크다. 따라서 문장을 끊어 〈부사 + 동사〉 형식으로 번역해야 자연스러운 문장이 된다. 즉, 〈우리 학교에는 천 명의 학생이 있다.〉는 영어식 표현으로 어색하므로 〈우리 학교에는 학생이 천 명 있다.〉와 같이 번역하라는 말이다.14)

언어는 세상만사처럼 끊임없이 변하고 있다. 젊은이들이 쓰는 말을 기성세대가 못 알아들을 정도이다. 따라서 어문 규범이 불변이라고 생각하면 안 되지만 번역은 원본의 내용을 충실히 표현하는 것이 핵심이다. 이것이 보통 힘든 일이 아니라는 것은 우리나라 향토색 짙은 소설을 외국어로 번역한다고 생각해 보면 금세 알 수 있다.

외국어, 특히 문학작품을 번역하는 분들은 신중할 필요가 있다.
자기가 감명받은 작품의 내용을 오역(誤譯)으로 인해 잘못 알고 있었다는 것을 알게 되었을 때 그 심정이 어떻겠는가.
「번역은 제2의 창작이다」라는 말은 원본의 내용을 번역어에 맞게 잘 살려보라는 의미지 오역을 해도 좋다는 의미가 아니지 않은가.

---

14) 서울북인스티튜트(sbi). '편집자 입문 과정' (2024.4. 강사 이현정 외)

2. 한시 감상

2-1. 한시에 실려 보낸 사연들

한시(漢詩)란 한(漢)나라 때 시를 말하는 것이 아니라, 말 그대로 한자로 적은 시를 말한다. 한시는 중국의 긴 역사 속에서 여러 가지 형태로 변화해 오면서 당대(唐代)에 이르러서는 평측법(平仄法)이나 압운법(押韻法) 같은 규칙도 생겼다고 하는데 우리가 그런 것까지 알 필요는 없을 것 같고 기본적인 사항만 알고 넘어가기로 하자.

한시는 5언 또는 7언 율시가 기본이다. 이는 한 문장의 글자 수가 5자이거나 7자인 문장이 8줄(구)인 것을 말한다. 여기서 문장의 수가 율시 8줄의 1/2인 4줄(구)인 경우에는 전체 줄(구)의 반을 잘랐다고 해서 절구라고 한다. 따라서 '5(7)언 절구'라 함은 한 문장의 글자 수가 5(7)자이면서 4줄로 된 시를 말한다.

한편. 우리 선조가 남긴 한시가 너무 많고 다루고 있는 주제 또한 무척 다양하다. 그래서 크게 역사와 역사 이외의 두 부분으로 분류하여 나름 징한 기준에 의해 작품을 선성했다.

2-1 에는 역사 외의 다양한 주제의 한시를 실었고 2-2 에는 고조선에서 근대까지 역사 흐름에 따라 고대 한시 각 한편과 근대 한시 여러 편을 실었다. 여기에 한글 시 '일편단심 변할 손가'. '신흥무관학교 교가' 그리고 영시 '나의 영원한 조국, 조선이여'를 함께 실었는데 주제의 성격상 여기가 적절하여 그리했다. 그러면 삶의 애환과 우국충정을 담아낸 선조들의 한시를 함께 감상해 보자.

折花行   절화행

牡丹含露眞珠顆   모란함로진주과
美人折得窓前過   미인절득창전과
含笑問檀郎   함소문단랑
花强妾貌强   화강첩모강
檀郎故相戲   단랑고상희
强道花枝好   강도화지호
美人妬花勝   미인투화승
踏破花枝道   답파화지도
花若勝於妾   화약승어첩
今宵花同宿   금소화동숙

진주 이슬 머금은 모란꽃을
신부가 꺾어 들고 창문 앞에서
방긋이 웃으며 신랑에게 묻는다
꽃이 예뻐요? 제가 예뻐요?
신랑이 짐짓 장난을 치느라
꽃이 당신보다 더 예쁘네요
신부는 꽃이 이긴 것에 질투하여
꽃가지를 던지고 짓밟으면서
꽃이 저보다 예쁘시다면
오늘 밤은 꽃이랑 주무세요

🌱 이규보(1168~1241) 고려시대 문인.

途中望海　　　도중망해

東南山豁見溟波　동남산활견명파
霧盡烟銷蕩日華　무진연소탕일화
上下微茫爲一色　상하미망위일색
不知是水是天耶　불지시수시천야

동남산 확 트인 곳에서 검푸른 파도를 보고 있노라니
안개 연기 사라지고 태양 빛 사방으로 흩어진다.
아득히 위와 아래가 같은 색이 되었으니
이게 물인지 하늘인지 알 수가 없도다.

🌱 이승소(1422~1484) 조선 초기 문신.

撲棗謠　　　박조요

隣家小兒來撲棗　인거소아래박조
老翁出門驅小兒　노옹출문구소아
小兒還向老翁道　소아환향노옹도
不及明年棗熟時　불급명년조숙시

이웃집 아이가 와서 대추를 따고 있어
노인이 문 앞에 나와 아이를 내쫓으니
아이 노인 향해 돌아서며 하는 말이
내년 대추 익을 때까지 사시지도 못할 거면서

🌱 손곡 이달(1539~1612) 조선 중기 시인, 허균의 스승

奉別蘇判書世讓　　　봉별소판서세양

1 月下庭梧盡(월하정오진)　달빛 가득한 뜰에 오동잎 떨어지고
　霜中野菊黃(상중야국황)　서리 맞은 들국화는 더욱 노랗네

　樓高天一尺(누고천일척)　누각은 높아 하늘이 지척인데
2 相盞醉無限(상잔취무한)　주고받는 술잔은 취해도 끝이 없네

　流水和琴冷(유수화금냉)　흐르는 물에 취한 거문고 소리 차갑고
　梅花入笛香(매화입적향)　매화 향기는 피리 소리에 젖는구나

3 今日相別後(금일상별후)　오늘 우리 서로 헤어지고 나면
4 憶君碧波長(억군벽파장)　당신 생각 파란 물결처럼 한이 없으리

1 月下梧桐盡(월하오동진)　달밤에 오동잎 다 떨어지고
2 人醉千酒觴(인취천주상)　천배 술잔에 취하고 말았네
3 明朝相別後(명조상별후)　내일 아침 우리 서로 헤어지고 나면
4 情與碧波長(정여벽파장)　바친 순정 파란 물결처럼 가이없으리
※ 달리 표현한 시구가 있어 함께 실음

🌱 황진이(1506~1567), 기명 : 명월(明月)

황진이 요약 일대기

황진이는 조선 중기 송도의 황 진사의 서녀로 태어났다. 타고난 절색에 명창이었으며 시재(詩才)에도 능해 그녀가 남긴 여러 작품은 한국 문학사에 큰 족적을 남긴 것으로 평가받는다. 사망 일자와 원인은 정확하지 않은 것으로 알려져 있는데 묘소는 경기도 장단군 장단면 판교리에 있다.

황진이는 화담 서경덕, 박연폭포와 함께 송도삼절(松都三絶)로 일컬어지는데 당대 최고의 명기답게 많은 일화가 구전과 민담으로 전해 내려온다. 첫사랑 부운 거사 김경원을 못 잊어 쓴 시도 있고 소세양과는 동거도 하는 등 사대부를 농락하고 숱한 염문을 뿌렸다고 한다. 그래서인지 죽기 전에 "나 때문에 천하의 남자들이 자애하지 못하였으니 내가 죽거든 관을 쓰지 말고 동문 밖 개울가에 시체를 두어 여인들로 하여금 경계로 하여 주시오"라는 유언을 남겼다고 한다. 얼마나 절세 미녀였으면 그녀를 사모하다가 상사병으로 죽은 마을 청년의 상여가 집 앞에 멈추어 움지이지 않았다고 한다.

그런가 하면 30년 면벽 수도를 하여 생불로 일컬어지는 지족 선사를 파계시킨 일화는 너무 유명하다 못해 잔인하기까지 하다. 자신은 청상과부로 불제자가 되겠다고 애원하여 한밤중에 요염한 교태로 유혹 그를 무너뜨린 것이다. 지족 선사는 그렇게 떠난 황진이를 찾아 헤매다가 반 광인, 반 걸인이 되었고 그 이후의 행방을 아는 사람이 없다고 한다. 시조 '청산리 벽계수야'로 유명한 벽계수가 말에서 떨어졌다는 이야기도 모르는 사람이 없다.

대학자 화담 서경덕도 지족 선사처럼 유혹하려 들었으나 미동도 없는 선생님을 오히려 존경하게 되어 스승처럼 받들었다고 한다.

황진이는 사후에도 일화를 남긴다. 중용을 800번이나 읽은 사람으로 더 유명한 임제 선생이 선조 9년(1577) 서북도 병마평사(兵馬評事)로 임명되어 임지로 가는 도중 황진이의 묘소에 들러 술잔을 올리고 시조 한 수를 지었다. 황진희 사후 10년이 지난 때의 일이다.

「청초(靑草) 우거진 골에 자난다 누엇난다
홍안(紅顔)을 어듸 두고 백골(白骨)만 무쳣나니
잔 잡아 권하리 업스니 그를 슬허 하노라」

절세 명기라고만 알고 있던 황진이에 대해 새롭게 인식하게 되었는데 나의 이 심정을 임제 선생처럼 시적으로 표현해 보고자 한다.

「아름다운 꽃은
바람 불어 흔들리는데
명월 꽃은
스스로 흔들리는 도다.」

여기 소개한 한시는 한때 동거하던 소세양이 떠나게 되자 그를 못 잊어 하며 지었다는데 정든 님을 보내는 여인의 애절함이 묻어난다고나 할까. 어쨌거나 소세양이 부러울 뿐이다.

桐梅月柳	오매월류
桐千年老恒藏曲	동천년로항장곡
梅一生寒不賣香	매일생한불매향
月到千虧餘本質	월도천휴여본질
柳經百別又新枝	류경백별우신지

오동나무는 천년이 흘러도 한결같은 제 곡조 잃지 않고
매화는 평생 추위 속에 피어 있어도 제 향기 팔지 않네
달은 천 번을 이지러져도 원래 모습 남아있고
버들가지 백 개를 꺾어내도 새 가지 자라나네

퇴계와 두향의 매화 연정(戀情)

이 책 머리말에 퇴계와 두향의 지고지순한 사랑을 소개했나.
동양의 '주자'로 일컬어지는 대학자의 사랑 이야기가 생경하기는 하지만 위대한 철학자는 어떤 사랑의 밀어를 나누는지 그 또한 매우 궁금하니 첫눈에 반해 한창 사랑이 불타오를 때의, 그러니까 요즘 말로 데이트 현장을 따라가 보자.

단양 8경을 함께 돌아다니며 꿈같은 날들을 보내던 어느 날, 두 연인은 단양군 하방리 마을의 복도소(復道沼)라는 저수지 둑길을 거닐면서 속삭이고 있었다.
"나으리! 혹시 오매월류(梧梅月柳)라는 칠언절구의 한시를 들어본 적이 있으시나요?"

"음. 그래. 한양에 있을 때 나도 들어서 알고 있네."

"이 시가 기녀들 사이에 입으로, 입으로 지금까지 전해져 왔는데요. 저도 정말 좋아하는 시예요. 제가 한 번 불러 볼까요?"

"정말? 그럼 나야 좋지."

"그럼 부르겠습니다!"

이렇게 하여 위 시 '오매월류'를 청아한 목소리로 읊어 내자 퇴계는 두향의 절창에 감탄을 자아낸다.

노래를 마친 두향은 시어에 대해 여쭈어보기 시작했다.

"그런데요. 이 시 첫 소절의 오동나무가 곡(曲)을 지니고 있다는 말은 무슨 뜻인가요?"

"오동나무가 거문고나 가야금 같은 악기를 만드는 목재 아닌가. 아마 이 말은 악기를 방금 다 자란 오동나무로 만드나, 천년묵은 오동나무로 만드나, 만든 악기가 다 똑같이 울림성 좋은 한결같은 소리를 낸다는 그런 의미일 것 같네."

"아! 그렇군요. 그럼, 매화가 향기를 팔지 않는다는 말은요?"

"매화는 봄이 오기 전 추운 이른 봄에 잎보다 먼저 피어나. 이 꽃은 가장 추운 겨울을 견디면서 속으로 그 빛과 온기를 가꿔 마침내 봄을 피워 내지. 봄이 와서 매화가 피는 것이 아니라 매화가 피면서 봄을 위로 밀어 올리는 거야. 어떤 꽃들은 생명이 위태로우면 서둘러 꽃을 피우고 자신은 죽어 버리지만, 매화는 절대로 그런 법이 없어. 추위 자체가 삶의 환경 전부라 할 수 있지.

아무리 춥다고 한들 서둘러 향기를 내어 나비나 벌을 유혹할 생각이 없다는 것을 그리 표현하지 않았나 싶네만 --"

"아! 말씀을 듣고 나니 눈이 확 밝아지는 느낌이에요. 그럼, 달이 이지러져도 본질은 남아있다는 말도 설명해 주세요!"

"그 말은 아마 현재의 슬픔에 낙망하지 말라는 뜻일 것 같네. 그믐달이 되어 밤하늘이 캄캄하게 될 때, 우린 그걸 현실이라고 생각하고 크게 절망하여 일을 그르치기가 쉽지.

그러나 그믐달은 곧 초승달이 되고 머지않아 둥근 달이 되지 않던가. 달이 이지러졌을 때 그 안에 보름달이 있음을 바라보라고, 보름달이 달의 본질이니 눈앞에 닥친 현상만으로 판단하여 본질을 잊는 어리석음을 범하지 말라는 말인 것 같네그려."

"아! 네. 그런 깊은 뜻이 있었네요. 그럼, 마지막 구절의 버들가지가 백번을 이별한다는 말은 무슨 뜻인가요?"

"옛날에는 관의 인사가 주로 봄에 있었는데 항구의 지방관리가 부임했다가 떠날 때 님을 보내는 여인이 물가에 잘 자라는 버들가지를 꺾어 주면서 그걸 심어두고 날 보듯 하라는 말로 작별했지.

고려의 시인 정지상의 '송인'도 항구의 이별을 노래한 시고, 절양유(折楊柳)도 버들가지 꺾어 주며 눈물로 읊는 이별 시가 아닌가.

백 명의 젊은 남녀가 봄마다 헤어지면서 버들가지 꺾어 손에 쥐여 주는데 이 버드나무는 이듬해 봄이 오면 어김없이 백 개의 새 가지를 드리우지. 이별보다 강한 것이 새로 돋아나는 사랑이라네.

나의 두향에 대한 사랑처럼 말이네."

"그렇게 말씀해 주시니 소녀, 부끄럽사옵니다.

그런데 궁금한 게 하나 더 있는데요. 이 시의 소재 네 개 중 오동나무, 매화, 버드나무는 모두 식물인데 사뭇 다른 달이 왜 여기에 섞여 있는지 모르겠어요."

"어허! 거참 잘 보았네그려. 이 시가 기녀들을 통해 전해 내려왔다고 자네가 말하지 않았는가. 이것들이 기녀들이 자신을 의탁했던 물건들이네. 오동나무는 거문고로 그녀들의 분신이었고, 매화는 그녀들의 향기요 지조 아니었든가. 버드나무는 그녀들의 가슴 아픈 이별이었고 달은 눈물로 지새우는 그녀들의 독수공방을 비추는 하얀 눈물이었지. 기녀들은 이 네 가지 소재를 벗 삼아 그들의 한 많은 삶을 견디어 내지 않았겠는가.

「늙는 것, 추운 것, 이지러지는 것, 이별하는 것」"

"정말 그러하군요. 나으리! 이 말씀은 마치 저의 일상을 그림처럼 보여주고 있는 것 같아요. 그러고 보니 이 노래에는 시간이 들어 있네요. 오동나무는 천년의 시간, 매화의 일생은 꽃 하나로만 보면 겨울 석 달, 달은 일 년에 12번 이지러지니 천 번을 이지러지려면 어림잡아 백년, 버들가지 백번 찢기는 봄날은 다음 해 백번 찢길 때까지로 보면 일 년 이여요.

이렇게 보면 「1,000년---3개월---100년---1년」, 운율로 말하면 「강-약-중-약」으로 높낮이와 세기의 흐름을 타고 있어요.

천년은 예술의 시간이고 석 달은 향기의 시간이고 백년은 인간의 수명이고 1년은 사랑의 시간이네요. 예술에 의지하면 천년을 살고, 미색에 의지하면 석 달, 사랑에 의지하면 고작 일 년 갈 뿐이니 ---인생 백년을 어떻게 살아야 하는지요?"

"오호, 두향! 이 시에서 어찌 그런 것까지 찾아낼 수 있는지 놀라울 뿐이네. 어쨌거나 인간 백년 무상이야 어찌 기녀들만의 슬픔이겠는가. 다만 그 삶의 굽이와 고비마다 뜻을 지키고 향기를 팔지 않고 살자는 것이 이 시의 요체가 아닌가 싶네."

위의 '오매월류'에 대한 '퇴계와 두향의 대화'는 여기저기 소개된 유사한 자료들을 참조하여 대화체로 재구성한 것이다. 말하자면 논픽션을 가지고 픽션을 만든 셈이다.

그런데 이 시에는 문제가 좀 있다. 한시 '오매월류'의 저자를 조선 중기 문인 신흠(1566~1628)으로 소개한 자료가 많고 작자 미상으로 소개한 자료도 있다. 만약 이 시 저자가 신흠이라면 퇴계와 두향이 사랑에 빠질 때가 1549년경이므로 신흠은 태어나기도 전이여서 '퇴계와 두향의 대화'는 후세 사람들이 지어낸 이야기가 된다.
반대로 두 분의 대화가 사실이라면 퇴계 탄생(1502) 이전에 쓴 작자 미상의 시가 맞다. 나는 작자 미상 입장에서 대화를 만들었다.

사실 두 분의 애틋한 사랑은 매화를 떼 놓고는 말할 수 없어 이런 사연도 생긴 것 같은데 그렇다면 퇴계와 두향이 함께 지었다는 시 도수매(**倒垂梅**)를 마저 감상하고 넘어가기로 하자.

'도수매'란 가지를 드리운 매화를 칭하는 것으로 '능수매' 또는 '수양매'라고도 부른다. 이 시를 읽고 나서야 무심코 보아 온 매화꽃이 거꾸로 매달린 채 머리를 들고 피어 있다는 것을 처음 알았다.
이 시를 번역하다 보니 퇴계와 두향의 표현 방식이 조금 다를 것 같다는 생각이 들어 괄호 안은 두향의 입장에서 표현해 본 것이다.

倒垂梅　　　도수매

一花纔背尙堪猜　일화재배상감시
胡奈垂垂盡倒開　호나수수진도개
賴是我從花下看　뢰시아종화하간
昂頭一一見心來　앙두일일견심래

꽃 한 송이 잠깐 고개 돌려도 시새움에 견디기 어려운데
어찌 저만치 드리운 채 끝끝내 거꾸로 피어 있는가(있나요)
그리하여 내(소녀)가 꽃을 따라 밑에서 올려다보니
치켜든 송이마다 다가오는 마음 보이는구려(눈에 보여요)

勸學歌　　　권학가

小年易老學難成(소년이로학난성) 소년은 늙기 쉽고 학문은 이루기 어려우니
一寸光陰不可輕(일촌광음불가경) 짧은 시간도 가벼이 여겨서는 안 되느니
未覺池塘春草夢(미각지당춘초몽) 연못가의 풀은 아직 봄 꿈을 덜 깼는데
階前梧葉已秋聲(개전오엽이추성) 섬돌 앞 오동잎은 벌써 가을 소리로고

🌱 주희(1130-1200)

　주자(朱子)의 권학문(勸學文)에 나오는 이 시를 고등학교 한문 시간에 배웠다. 나는 젊은 시절에는 논어, 맹자 등도 열심히 공부했으나 지금은 유학에 매우 비판적인 시각을 갖게 되었다. 그건 그렇고 이 시는 젊은이들에게 면학을 권장하는 멋진 시로 보인다. '세월은 사람을 기다리지 않는다'(歲月不待人)는 도연명(365~427)의 면학 권유시도 유명하다.

조선 4대 여류 시인

조선 시대 4대 여류 시인으로 통상 이옥봉(?), 황진이(1506~1567), 허난설헌(1563~1589), 이매창(1573~1610)을 꼽는다. 이매창은 신사임당의 맏딸 이매창(1529~1592)과 동명이인이다.

조선시대 여류작가들의 작품에는 사랑에 얽힌 규방(閨房)의 한을 절절히 드러내는 것들이 많다. 따져 보면 조선의 기생이나 축첩제도와 같은 여성에 대한 잘못된 신분제도가 가장 큰 문제였던 것 같다.

지아비가 소실의 방에 들어가는 것을 지켜보는 정실의 심정은 어떻겠는가. 소실 또한 소실이기 전에 한 여인인데 사랑하는 지아비가 자주 찾아오지도 않고 정실 방에 가는 것도 서러운데 다른 소실의 방에 드는 것을 알았을 때 그 심정이 어떻겠는가. 기생은 여자 아닌가? 그녀가 첫눈에 반한 남자를 나만 가지고 싶은데 유부남이라니. 신분에 상관없이 조선시대 여성들의 사랑은 곧 비극이었다고 단언하고 싶다. 동서고금을 막론하고 질투는 살인도 저지를 만큼 거의 본능에 가까운 것인데 아무리 가부장시대라고는 하지만 이것을 자극하는 잘못된 제도가 관습이 되어 버린 사회라 조선의 여인들은 한이 서릴 수밖에 없지 않았겠는가 하고 반문하고 싶다.

놀랍게도 이 축첩제도는 현대에까지 이어졌다. 고 박정희 대통령이 혁명에 성공하고 나서 가장 먼저 한 일이 군대를 다녀오지 않은 자를 색출하는 것과 첩을 둔 공무원을 찾아 처벌하는 것이었다고 한다. 할 말은 많으나 이쯤 해 두고 황진이는 이미 소개했으니 남은 이분들의 생애를 알아보자.

夢魂　　　　몽혼

近來安否問如何　근래안부문여하
月到紗窓妾恨多　월도사창첩한다
若使夢魂行有跡　고사몽혼행유적
門前石路半成沙　문전석로반성사

요즈음 어떠하신지 안부를 여쭈면서도
사창에 달이 뜨니 소첩 원망 넘쳐납니다.
꿈속에서 오간 내 영혼의 발자국이 실제였다면
당신 집 앞 돌길 거반은 모래가 되었을 것입니다.

🌱 이옥봉(李玉峯)

　조선시대 천재 여류 시인으로 비극적으로 생을 마감한 그녀의 출생과 사망 시기는 알 수 없다. 다만 정철(1536~1594), 유성룡(1542~ 1607), 이항복(1556~1618)과 교분이 있었다는 점과 선조 때 옥천 군수를 지낸 이봉의 서녀로 태어난 점을 고려할 때 조선 중기에 활동한 분임을 유추할 수 있다. 이분의 생애에 대한 설화가 많아 실학자 이수광의 '지봉유설'에 적힌 일화를 중심으로 소개하기로 한다.

　이옥봉은 어려서부터 시문에 뛰어난 재주를 보였다고 하는데 일직 한양에 올라와 장안의 내노라하는 명사들과 어울리며 재능을 발휘, 그녀를 모르는 선비가 없을 정도였다고 한다. 그러던 중 선조 때 승지에 오른 선비 조원에게 한눈에 반해 사랑에 빠지게 된다. 그런데 조원은 그게 아니었는지 시를 쓰지 않겠다는 서약을 조건으로 내세우는 데 조원을 너무 사랑한 그녀가 이를 수락하여 소실이 된다.

이와 같은 그녀의 일방적인 사랑이 비극의 씨앗이 아니었는가 싶다. 이옥봉은 이렇게 10여 년을 지내오다가 옛 몸종인 산지기가 억울하게 소도둑으로 누명을 쓰자 파주 목사에게 시 한 수를 지어 탄원서를 보내 몸종은 풀려나게 된다. 이 사실을 알게 된 조원이 대노하여 소박을 맞히는 바람에 이옥봉은 옥천에 내려와 비정한 임을 향한 일편단심을 어찌 못하는 인고(忍苦)의 세월을 보내게 된다.

기막힌 위 시도 이때 쓴 것 같다. 이 여인에게 있어, 시작(詩作)은 삶의 의미와도 같은 데 이것을 못 하게 하고 그걸 어겼다고 이럴 수가 있을까. 소실 생활 10년도 평탄했겠는가. 평생의 비련은 결국 시로 꽉 채운 창호지 두루마리를 온몸에 휘감고 동아줄로 묶어 바다에 스스로 몸을 던짐으로써 한 많은 생과 함께 끝나고 만다.

후일 조원의 아들 조희일은 명나라에 사신으로 갔다가 원로대신으로부터 이옥봉 시집 한 권을 받으면서 "40여 년 전 바닷가에 괴이한 주검이 떠돌아, 사람을 시켜 건져 올리도록 했는데 주검은 종이로 수백 겹 말려있었다. 종이 안쪽에는 시가 빼곡히 적혀있었고 말미엔 '해동 조선국 승지 조원의 첩 이옥봉'이라고 적혀있었다. 중국 원로대신들이 이 시를 보고 감탄한 나머지 한 권의 시집으로 만들었다"는 놀라운 얘기를 전해 듣는다.

이옥봉의 작품은 11편이 중국의 명시종 열조시집 '명원시귀'에 실려있고 1704년 조정만이 고조부 조원 등 3대의 시문을 모아 간행한 '가림세고(嘉林世稿)' 3권의 부록 '옥봉집'에 33편이 수록되어 있다.

夢遊廣桑山 詩序   몽슈광상산 시서

碧海浸瑤海   벽해침요해
靑鸞倚彩鸞   청란의채란
芙蓉二七朶   부용이칠타
紅墮月霜寒   홍타월상한

※ 란(鸞) : 난새, 신령스러운 전설상의 새 ※ 채(彩) : 고운 빛깔

푸른 바닷물이 일렁이는 바다에 번지니
청란이 채란을 의지하는 형국이라
휘늘어진 부용꽃 스물일곱 송이
달빛 차가운 서리 위에 붉게 떨어 지네

🌱 허초희(호 : 난설헌, 1563~1589)

　허난설헌은 조선 선조 때의 천재 시인으로 조선 4대 여류 시인의 한 분으로 꼽는다. '홍길동전'을 쓴 허균의 누이이기도 하다. 이분의 출생과 사망 연도를 옮겨적다가 두 숫자가 이상하여 계산해 보니 차이가 26이었다. 이 숫자가 맞다면 이분이 27세에 요절하신 것인데 정말 그렇다.

　내가 이 책 원고를 써내려 가면서 놀라웠던 점이 일찍 돌아가신 분이 너무 많다는 것과 비극적인 삶을 산 분 또한 많다는 것이었다 재사박명(才士薄命)이니 미인박명(美人薄命)이니 하는 말을 누가 만들어 냈는지 참 야속하다.

　또한 나는 조선시대 풍습과 유교에 대해 잘 못 알고 있는 게 많은 것 같다. 장자 상속의 가부장 제도도 조선 후기에 와서 정착된 사회풍습이지

그전에는 고려시대부터 이어온 남녀평등사회였다고 한다. 혼례 풍속도 '남귀여가'(男歸女家) 또는 '솔서혼속'(率壻婚俗)이라 하여 남자가 여자 집으로 가서 혼례를 하고 처가 집에서 사는 데릴사위제도였던 것이 하필 허난설헌이 15세에 결혼할 때는 '친영례'(親迎禮)라 하여 신랑집에 신부를 데려와 혼례를 하고 신부가 시집살이하는 제도로 바뀌게 되는데 이때가 조선 건국 이후 거의 300년이 지나가는 시점이다.

그러면 짧은 인생이 너무 비극적이었던 이 여류 시인의 삶을 살펴보기로 하자. 허난설헌은 우리가 잘 아는 신사임당과 같은 고향 강원도 강릉이다. 시대는 다르다. 신사임당보다 60년 후에 태어났다.

허난설헌의 아버지 허엽(許曄)은 화담 서경덕과 퇴계 이황에게서 학문을 배웠다고 한다. 선조 때 높은 관직에 오른 강릉 토호 세력이라고 할 수 있다. 오늘날 초당 두부는 그의 호 초당에서 유래했다고 한다. 그는 시문에 특출한 재능을 가진 딸의 행복을 위해 고르고 골라 5대가 문과에 급제한 안동 김씨 명문가에 시집을 보냈는데 이것이 허난설헌의 비극이 시작일 줄은 꿈에도 몰랐다.

이런저런 자료를 보면 신랑 김성집과 금슬이 그렇게 좋은 것은 아니었던 것 같으나 이것보다는 시댁에서 과거에 여러 번 떨어져 무능한 아들보다 재능이 특출한 며느리가 질시의 대상이 된 것이 문제였던 것 같다. 시집살이도 그렇지만 그녀의 비극은 1580년 경상관찰사를 마치고 귀경하던 아버지가 상주에서 객사하면서부터 시작된다. 이듬해는 전염병으로 딸과 아들을 차례로 잃고 배 속의 아이까지 유산하게 된다.

아버지 사망 후 부모처럼 의지하던 오빠 허봉은 1583년 순무 어사가 되어 감찰 하던 중 군기가 정돈되지 못했다고 수원 부사 한응을 파면하고 책임자 병조판서 율곡을 탄핵하라는 상소를 하여 오히려 갑산으로 귀양을 갔다가 1585년에 해제되어 1588년 금강산을 유람하던 중 객사한다. 동생 허균도 귀양 가는 것을 보게 된다.

허난설헌은 짧은 생을 살면서 조선 땅에서 태어난 것, 여자로 태어난 것, 남편을 잘못 만난 것, 이 3가지를 한탄했다고 한다. 그녀는 죽기 전에 자기가 지은 작품을 모두 불태우라고 했으나 다행히 동생 허균은 친정집에 숨겨져 있던 유작(遺作)과 외우고 있던 불태워진 시를 살려내 1608년 〈난설헌집〉을 발간했다. 여기에 인용한 시는 이 시인이 1585년 꿈을 꾼 이야기를 적은 장편의 시 맨 끝에 나오는 구절로 27세에 자기의 죽음을 예견하고 있는 듯한 시이다.

허난설헌의 시는 중국 사신에 의해 처음 중국에 알려진 이후 중국에서 오랫동안 선풍적인 인기를 끌었다. 명나라 문인 오명제는 시 수 백수를 암기하고 있는 허균에 대해 놀라워하며 허균의 도움을 받아 1600년 조선의 시를 모아 〈조선 시선〉을 발간했다.
여기에는 허난설헌의 시 58수가 실려있다. 또한 청나라 초기에 전익겸은 신라 최치원부터 조선 당대까지의 시를 편집하여 〈열조시집〉을 발간했는데 여기에는 "난설헌의 시는 하늘에서 떨어지는 꽃처럼 많은 사람들에게 회자되었다."고 적고 있다.

憶故人 억고인

1
春來人在遠 춘래인재원
對景意難平 대경의난평
鸞鏡朝粧歇 난경조장헐
瑤琴月下鳴 요금원하명

2
看花新恨起 춘한신한기
聽燕舊愁生 청연구수생
夜夜相思夢 야야상사몽
還驚五漏聲 환경오루성

옛 임을 생각하며

1
봄은 왔건만 임은 멀리 계시니
경치를 보아도 마음이 편치 않네
아침에는 거울 보고 화장하다 그만두었고
이 밤엔 달 아래 거문고 타며 눈물 흘리네

2
꽃을 보니 새로운 원망이 일어나고
제비 소리 들으니 옛 근심 생겨나네
깊은 한밤중에 님 만나는 꿈을 꾸다가
오경 알리는 자격루 소리에 또 놀라네

🌱 이매창(李梅窓)(1573~1610)

전라북도 부안(扶安) 기생 매창은 개성(開城) 황진이와 더불어 조선 2대 명기로 일컬어진다. 시인 신석정은 황진이, 화담 서경덕, 박연폭포의 '송도삼절(松都三節)'과 대비했는지 유희경과 이매창 그리고 직소 폭포를 가리켜 '부안 삼절(扶安三絶)'이라고 하였다.

이매창은 부안의 아전이었던 아버지 이탕종(李湯從)에게서 한학(漢學)을 배웠는데 재능이 출중하여 시문도 뛰어나고 거문고도 잘 탔다고 한다.

이매창이 기생이 된 연유는 명확하지 않다. 그녀를 탐낸 현감 서관우의 후처가 되었는데 본처의 질투가 심하여 그 집을 나온 후 기생이 되었다고 하는 데 이 또한 정설이 아니다.

김제 군수 이귀, 〈홍길동전〉의 저자 허균, 한준겸, 김광세 등 당대 내로라하는 선비들이 이매창의 한시(漢詩)와 거문고 소리에 탄복하여 호의를 베풀고 곧바로 문우(文友)가 되어 끊임없는 교류가 이어졌다고 한다. 이렇게 교류하는 과정에서 부안에 놀러 온 운명의 남자 위항시인(委巷詩人)[15] 유희경을 처음 만나게 된다. 두 사람은 28살의 나이 차이에도 불구하고 금세 사랑에 빠진다.

이듬해 임진왜란이 일어나고 하여 15년 만에야 재회하게 되는데 짧은 만남을 뒤로 하고 떠난 뒤 소식이 없는 유희경을 그리며 이매창은 38세로 요절할 때까지 일편단심, 마치 수절 과부와도 같은 삶을 살게 된다. 그래서 이매창의 시에는 그리움과 서러움을 노래한 것이 많다. 여기 실은 억고인(憶故人)도 외로움을 기막히게 표현하고 있지만, 한양으로 간 후 소식 없는 유희경을 그리워하며 지은 시조 「이화우(梨花雨) 흩날릴 제」는 너무나도 유명하다.

---

15) 위항시인(委巷詩人) : '위항'이란 꼬불꼬불 좁고 지저분한 거리를 뜻하는 말로 넓은 터에 사는 양반을 제외한 일반 백성들을 '위항인'이라 불렀다. 1786년(정조10) 천수경과 13명이 종로구 옥류동에 모여 시 모임을 결성, 1818년(순조)에 이르기까지 많은 사람이 활발히 활동하는데 이들을 위항시인'이라고 한다.

「이화우(梨花雨) 흩뿌릴 제 울며 잡고 이별한 님
추풍낙엽(秋風落葉)에 저도 날 생각난가
천 리에 외로운 꿈만 오락가락 하노매」

이 시조는 그녀의 작품 중 유일하게 남아있는 한글 시조라고 하는데 1976년(고종 18) 박효관과 안민영이 편찬한 시조집 『가곡원류(歌曲源流)』에 실려있다. 이매창의 사인은 폐결핵이었다고 한다.

허균이 유배 중에 그녀의 부음을 들었는데 1년 후에 찾아와 애도하며 시 2수를 남겼다고 한다. 그녀 사후 60년이 지난 1668년(현종 9)에 부안의 관리들이 그녀의 시 58편을 엮어 펴낸 『매창집』이 전해온다. 전북 부안 서외리에 매창공원이 조성되어 있다.

憶幼女　　억슈녀

1
幼女端陽日　유녀단양일
新粧洗玉膚　신장세옥부
裙裁紅苧布　군제홍저포
髻插綠菖蒲　계삽녹창포

2
習拜微端妙　습배징단묘
傳觴示悅愉　전상시열유
如今懸艾16)夕　여금현애석
誰弄掌中珠　수롱장중주

어린 딸을 생각하며

1
어린 딸아이 햇볕 따뜻한 단옷날이면
옥 같은 살결 깨끗이 씻고 새 단장 했지
모시 베로 마름한 붉은 치마 둘러 입고
쪽머리엔 푸른 창포잎 꽂고 있었지

2
절하는 연습한다는 귀엽고 단정한 모습
술잔을 올리면서 기쁜 표정 지어 보였지
내 딸 쑥 인형 문에 매다는 저녁 이때
손에 구슬 굴리듯 누가 같이 놀아 주려나

---

16) 현애(懸艾) : 단오날 무닥거리를 하고 쑥으로 만든 인형을 문에 걸어 나쁜 기운 을 없앤다는 풍습

다산 정약용(1762~1836)

다산의 『유배지에서 보낸 편지』 중에서

17세기 지봉 이수광으로부터 19세기 다산 정약용(1762~1836)에 이르는 성리학을 비판하고, 실용적이고 실질적인 논리로 사회개혁을 주장한 학자들을 실학파라고 부른다. 위당 정인보 선생은 18년 유배 생활을 한 다산에 대해 「천신만고의 괴로움 속에서 한자가 생긴 이래 가장 많은 저술을 남긴 대학자라」고 존경의 마음을 표했다.

다산은 1801년(순조 1년) 신유사옥(辛酉史獄)으로 당신의 집안이 멸문지화(滅門之禍)를 당해 스스로 폐족이라 일컬었다. 다산의 3형제 중 약종은 처형되고 『자산어보』를 쓴 형 약전은 16년 유배지 흑산도에서 사망했다. 누나의 남편 이승훈이 참수당하고 집안은 파멸했다. 조카사위 황사영의 집안도 마찬가지가 된다. 다산의 집안뿐만이 아니다. 당시 천주교 신자 100여 명이 처형되고 400명이 유배되었다. 아무리 시대 상황이라지만 기껏 정적인데 우리 선조가 이렇게 잔인할 수 있는지, 신유년 봄 이 역사적 비극에 가슴이 먹먹할 뿐이다.

여기에 시은 시 '익유녀'는 딸을 그리워하며 쓴 시이다. 다산은 슬히에 6남 3녀를 두었다. 그중 막내딸은 유배지에서 얻은 딸이다. 그래서 어떤 딸을 생각하며 지은 것인지 설왕설래하나 다산이 유배된 해는 1801년 3월이고 그해 5월 단오날에 딸 생각하며 지었으니 이 당시 다산의 나이 40세이고 큰아들이 15세, 큰딸이 나이가 8세로 큰딸을 생각하고 지은 것이 맞는 것 같다. 이 시에는 한참 재롱을 부릴 나이의 눈에 너도 아프지 않을 딸을 그리워하는 심정이 잘 나타나 있다.

정인보, 안재홍 선생이 간행한 『여유당전서』(與猶堂全書)에는 〈다산이 자식들에게 보낸 편지를 묶은 서간집〉이 있는데 이것을 번역한 『유배지에서 보낸 편지』(박석무, 1979)라는 책에는 자식들이 살아가면서 알아야 하고, 지키고, 실천해야 할 가족 간, 이웃 간의 윤리 등의 다양한 편지 내용을 담고 있다. 이 책을 읽다가 기가 막힌 구절을 발견했다.

그 글을 읽어 보니 우리의 세상을 살아가는 세태가 200여 년 전이나 지금이나 별반 다를 것이 없다. 한번 읽어 보시라고 원본 '여유당전서'에서 이 부분을 찾아 번역해서 실었다. 여유당은 다산의 당호(堂號: 집의 이름이나 호)이다.

「人家方 富貴榮暢之時 骨肉且方依附藉賴 雖有小怨 含之不泄
所以 彼此不失和氣, 若 貧困 兩其 卽 斗粟 尺布 辨諍紛起
惡言相加 胥侮胥 轉輾層激 終爲仇敵

인가방 부귀영창지시 골육차방의부자뢰 수유소원 함지불설
소이 피차불실화기, 약 빈곤 양기 즉 두속 척포 변쟁분기
악언상가 서모서 전전층격 종위구적

집안에 부귀가 한창 피어날 때는 골육 간에 서로 돕고 의지하며 친근히 잘 지내면서 비록 조금 원망스러운 일이 있어도 그것을 속에 품고 나타내지 않아 화목한 분위기가 깨지지 않으나, 만약 빈궁에 빠져 어렵게 되면 곡식 몇 되, 포목 몇 자 가지고도 다툼이 일어나서 서로에게 모욕을 주는 험한 말을 주고받다가 이것이 점점 더 심해져서 끝내는 원수지간이 되어 버린다.」

東湖泛舟　　　동호범주

東湖春水碧於藍	동호춘수벽어람
白鳥分明見兩三	백조분명견양삼
柔櫓一聲飛去盡	유노일성비거진
夕陽山色滿空潭	석양산색반공담

동호의 봄물 빛은 쪽빛보다 푸르고
흰 새 두세 마리 분명히 보았는데
노 젓는 소리에 다 날아가 버리고
석양에 물든 산색 빈 강에 가득 찼네

🌱 **정초부(1714~1789)**

　조선 영·정조 때 시인

김홍도 도강도(渡江圖)와 정초부

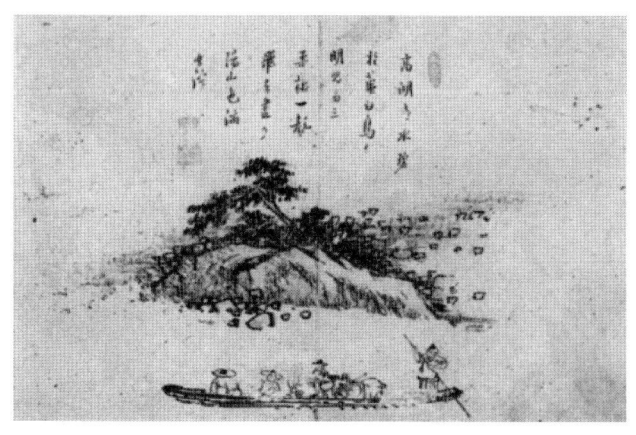

형식이 다른 시와 시어들 - 333

이 한시는 여러 가지 면에서 화젯거리를 전해주고 있다. 이 시를 지은 사람이 노비 신분의 나무꾼이었다는 점과 단원 김홍도가 이 시에서 영감을 얻어 위 그림 〈도강도(渡江圖)〉-오늘날 서울시 성동구 옥수동 앞 한강인 동호(東湖)를 건너는 나룻배를 그린 그림-를 그렸다는 점이 대표적이다.

정초부는 양평의 사대부 여동식의 노비, 나무꾼이었는데 여씨가 그의 비범한 재능을 알아보고 자기 아들 여춘영과 글공부를 함께 하도록 하여 훌륭한 시인이 탄생한 것이다.

정초부는 정약용, 박제가, 이학규와 함께 4명의 시만 골라서 묶은 『다산시령』에서 발견될 정도로 명성이 자자했다고 한다. 특히 조선 후기의 명시인 작품을 실은 『명세집』에 정초부의 시가 11수나 실려있다고 한다. 그의 신분 때문에 그의 이름은 잘 몰랐어도 그의 작품은 중국 당나라 시선 이백이나 시성 두보가 환생했다는 평가를 받을 정도였고, 양반들이 그를 초대해 함께 시를 시었고, 그 시에 감명받은 양반들이 그가 사는 양평으로 찾아오기까지 했다고 한다.

여춘영이 그의 문집 『한적집』에서 정초부를 자세히 소개하고 있는데 20살이 많았다는 정초부를 "어려서는 스승 어른이 되서는 벗처럼 지내며 시에서는 내겐 오로지 초부뿐이었다"고 적고 있다.

경기도 양평군에서 2021년 그가 살았던 양서면 신원리 일대 약 4km를 '정초부 지게 길'로 복원했다. 그리고 반포대교처럼 한강의 대교들은 이름만 들으면 금세 아는데 동호대교는 알기 어렵게 왜 동호대교라고 지었는지 하는 의문이 이제야 풀렸다.

諸行無常 제행무상

諸行無常	제행무상	모든 것은 무상하나니
是生滅法	시생멸법	이것이 곧 생멸의 법칙이다.
生滅滅已	생멸멸이	생과 멸이 다 소멸하고 나면
寂滅爲樂	적멸위락	그 소멸의 고요함이 즐거움이다.

이홍주 스님 소설 『하산(下山)』 이야기

 이 한시는 이홍주(李洪舟) 스님이 쓴 소설 『하산』 235페이지에 나오는 구절이다. 나는 이 한시가 석가모니가 전생에 설산동자였는데 동자 시절 수행할 때 시의 전반을 듣고 나서 후반을 얻기 위해 자신의 육신을 기꺼이 던지는 위법망구(爲法忘軀)의 보시를 했다는 설화가 있는 유명한 열반경(涅槃經)의 구절임을 알게 되었다.

 그리고 책에는 이 스님에 대한 이력이 없어 알 수 없으나 책을 보면 아마 범어사에서 오래 수행하지 않았나 싶다.

 소설 『하산』은 범어사를 이렇게 묘사하는 것으로 시작된다.
「천리안중(千里安中)에는 대자연(大自然)이요.
 무념지처(無念之處)에 탐구일미(探求一味)라고나 할까!
 바라보면 산과 언덕이 끝없이 펼쳐서 있는 전경은 그대로가 장엄적멸궁(莊嚴寂滅宮), 도량을 거닐고 있노라면 마치 파도를 헤치며 떠 가는 커다란 배를 탄 느낌이 절로 든다.
 그래서 이 절은 일찍이 망망대해를 항해하는 배 형국이라고 했다. 왼쪽에 솟아있는 계명봉(鷄鳴峯)은 흡사 볏가리를 덩거렇게 쌓아 올린 부잣집

깊숙이 들어앉아 쳐다보는 듯한 이 절 노적봉(露積峯)이기도 하다. 우편 봉우리는 원효망대(元曉望臺)라 한다. 올라서서 내려다보면 푸른 바다 저 멀리 가물거리는 대마도는 그대로가 화폭이며 전설 깃든 망향의 피안이다. 장장 칠십 리를 뻗어 내린 능선 끝에는 크고 작은 낙도(落島)가 점선을 이루었고 거기 짙은 해무(海霧) 속에는 부산항이 펼쳐있다.

산정(山頂)에는 금정(金井)이 있어 범천(梵天)에서 금어(金魚)가 내려와 놀았다는 유래로 시작된 금정산 범어사는 거금 천삼백 년이란 연륜(年輪)에도 오히려 묵묵할 뿐이다.---」

여기서 이 소설『하산』에 얽힌 나의 일화를 소개하고자 한다.

고등학교 1학년 때였던 것 같다. 수업이 끝나고 도서관에 가서 열람실을 둘러보다가『하산』이라는 책이 눈에 들어왔다.

나는 이 책을 뽑아 들고 자리에 앉았는데 이 책을 다 읽을 때까지 한 번도 자리에서 일어나지 않았다. 도서관을 나설 때는 석양이 붉게 물들어 있었는데 그 책의 감동이 사라지지 않아 상기된 채로 교정 언덕길을 내려 온 기억이 또렷하다.

이 책은 두 스님 이야기다. 한 분은 개차반이고 한 분은 그야말로 모범생인데 이 두 스님의 이야기가 책에 몰입하게 만든 것이다.

사춘기 소년의 마음을 단박에 사로잡은 이 책에서 지금도 기억나는 것은 이 모범생 스님이 동정을 잃는 장면이다. 당시 어린 나는 성에 대한 호기심만 있었을 뿐 동정이란 단어 뜻도 잘 몰라 사전을 찾아봐야 할 정도의 수준이었는데도 그 상황이 묘사되는 장면에서 속으로 '안 돼! 안 돼!'를 외치다가 끝내는 동정을 잃고 말자 마치 내가 소중한 뭐를 잃어버린 것처럼 너무나 안타까워했던 기억이 새롭다.

그렇게 세월이 흘러 군대를 다녀오고 대학교 2학년 때였나, 문득 이 『하산』이 생각나서 종로서적에 갔는데 없었다. 당시에 서울에서 제일 큰 서점이었던 여기에 없다면 헌책방밖에 없다고 생각하고 어느 날부터는 틈만 나면 청계천 헌책방을 뒤지기 시작했다.

청계천이 복개되기 이전이었는데 청계천 양쪽에 늘어선 헌책방은 장관이었다. 책방 하나하나가 작은 공간이고 모든 책방이 헌책을 길 밖까지 쌓아 놓았다. 내 기억으로는 한 학기 내내 청계천 헌책방을 거의 다 들어갔다 나온 것 같다. 결국은 찾지 못해 포기하려다가 문득 스님에 관한 책이니까 조계사 근처 불교 서적을 파는 곳에 가면 있을지도 모르겠다는 생각이 들어 종로 2가 조계사로 뛰어갔다. 조계사 앞에는 책방이 좀 있었는데 역시 이 책을 아는 분이 없었다. 그러다가 어느 책방에 들어갔더니 나이가 지긋한 분이 앉아 있다.

"『하산』이라는 책 있어요?" 하고 묻자, 나를 위아래로 훑어보더니
"젊은 사람이 그런 책을 왜 찾아?" 그러시는 게 아닌가!
"오래전에 읽었는데요. 너무 큰 감동을 받은 책이라 꼭 구하고 싶어서 청계천 헌책방을 다 찾아다녔는데도 없었어요."
"그 작가는 빨갱이야! 월북했어. 그리고 그 책도 중이 타락한 것을 쓴 것인데 그런 불경스런 책을 찾으면 안 되지!"
"네? --- 그게 아니라 오래되어 잘 생각은 안 나지만 구도자의 정신적 방황을 그린 것 아닌가요?"
"뭐가 어쩌고 어째? 어허! 이 젊은 친구 큰일 낼 사람이네"
책을 읽은 지가 너무 오래되어 책 내용이 궁금하던 차에 우연히 스님이 월북작가라는 것도 알게 되어 호기심만 더 커졌을 뿐 결국 소설 『하산』을 찾는 일은 포기하고 말았다.

그 후 방학이 되어 고향에 내려온 어느 날 고교 시절 학교 앞에 헌책방이 죽 있던 기억이 나서 오랜만에 얼마나 변했는지도 볼 겸 여기를 가보고 싶었다. 가서 보니 학교 앞은 거의 변한 게 없었다. 헌책방도 그대로 있었다. 헌책방을 부지런히 들어 다니다가 어느 한 책방 위쪽에 『하산』이 꽂혀 있는 것을 발견했다.

참으로 감격스러운 순간이었다. 그렇게 찾아 헤맸는데 여기에 있을 줄이야! 드디어 이 책이 내 손에 들어온 것이다. 이 글을 쓰면서 이 책 끝장을 펼쳐 보니 1967년 6월 15일 〈교육문교사〉에서 발행했고 정가는 300원이다.

그러나 이것이 얘기 끝이 아니다. 방학이 끝나고 학교생활이 지속되던 어느 날 동아리 여학생이 나에게 요즈음 아주 인기가 많은 책이라고 한번 읽어 보라면서 『만다라』라는 책을 주었다. 집에 와서 그 책을 읽다가 깜짝 놀랐다. 『만다라』가 내용이 좀 많아졌을 뿐 책 구성이나 내용이 『하산』과 너무 흡사했다. 여학생에게 책을 돌려주면서 이 이야기를 했더니 그 책을 읽어 보겠다고 가져오라고 한다. 내가 이 책을 주면서 어떻게 구했는지를 설명하고 잃어버리면 절대 안 된다고 신신당부했다. 며칠 후 그 여학생은 책을 돌려주면서 "형이 하도 조심하라고 해서 신줏단지 모시듯이 가지고 왔다"고 하면서 이렇게 말했다. "『만다라』는 100% 표절작품이네요!"

| 庭菊秋秋黃 | 정국추추황 | 뜰의 국화 가을마다 노랗고 |
| 慈母年年白 | 자모년년백 | 어머니의 머리는 해마다 희어지네 |

🌱 신영복(1941.8.23.~2016.1.15.)

　서울대 상대를 졸업하고 육사 경제학 교수 사관으로 근무 중이던 1968년 소위 〈통혁당 사건〉으로 무기징역을 선고받고 20년을 복무, 1988년 가석방된다. 이때 그동안 틈틈이 가족에게 쓴 편지를 모아 『감옥으로부터의 사색』이라는 책을 출간, 이 책을 읽은 사람들에게 뭐라 말할 수 없는 감동을 안겨주었다. 나는 이분을 '너무나 맑은 영혼의 소유자'라고 정의했다. 성공회대 교수를 역임하시다가 2016년 75세를 일기로 세상을 떠났다. 아래 글은 이 책에서 가져왔다.

아내와 어머니 - 『감옥으로부터의 사색』 중에서

　「함께 징역을 사는 사람 중에는 그 처가 '고무신 거꾸로 신고' 가버리는 경우를 종종 봅니다. 그런가 하면 상당한 고초를 겪으면서도 짧지 않은 연월(年月)을 옥바라지 해가며 기다리는 처도 없지 않습니다. 이 경우 떠나가 버리는 처를 악처라고 하고 기다리는 처를 열녀(?)라 하여 OX 문제의 해답을 적듯 쉽게 단정해 버리는 사람도 있겠지만, 세상살이의 순탄치 않음을 누구보다도 잘 아는 이곳 벽촌(碧村)사람들은 기다리는 처를 칭찬하기는 해도 떠나가는 처를 욕하는 일은 거의 없습니다. 떠남과 기다림이 결국은 당자의 '마음'에서 비롯되는 것이지만, 우리는 그 '마음'을 탓하기에 앞서 그런 마음이 되기까지의 사연을 먼저 묻지 않을 수 없습니다. 시가에 남아있는 사람, 친정에 돌아가 얹혀사는 사람, 의지할 데가 없어 술집에라도 나아가 벌어야 하는 사람 ---. 그 처지의 딱함도 한결같지 않습니다. 개중에는 마음마저 부지할 수 없을 정도의 혹독한 처지에 놓인 사람도 허다합니다.

그 처지가 먼저이고 그 마음이 나중이다 보면 마음은 크게는 그 처지에 따라 좌우되게 마련입니다. 그리고 다른 한편으로 징역 간 남편에 대한 신뢰와 향념(向念)의 정도에도 그 마음이 좌우됨을 봅니다. 이 신뢰와 향념은 비록 죄지은 사람이기는 하나 그 사람에 대한 아내 나름의 평가이며, 삶을 더욱이 힘든 삶을 마주 들어봄으로써 만이 감지할 수 있는 가장 적절한 이해이며 인간학입니다.

떠나가는 처를 쉬이 탓하지 못하는 까닭은 이처럼 그 아내의 처지와 그 남편의 사람됨을 빼고 나면 그 아내가 책임져야 할 '마음'이란 기실 얼마 되지 않은 한 줌의 '인정'에 불과하기 때문입니다.

그러나 인정이란 것도 사람의 도리이고 보면 함부로 업수이 보아 넘길 것이 아님은 물론입니다. 그러기에 고무신을 거꾸로 신고 가버린 일단 자책과 함께 이해는 하면서도 그 매정함을 삭이지 못해 오래오래 서운해 하는가 봅니다.

처의 경우 이럴 수도 있고 저럴 수도 있음에 반해 '어머니'의 경우에는 태산부동(泰山不動) 변함이 없습니다. 못난 자식일수록 모정은 더욱 간절하여 세상의 이목도, 법의 단죄도 개의치 않습니다. 심지어는 개가(改嫁)해 간 어머니의 경우도 새 남편 알게 모르게 접견 와서 자식을 탓하기에 앞서 당신을 탓하면서 옷고름을 적시는 일도 더러 있습니다. 처와 어머니는 동전의 양면처럼 같은 여자의 두 얼굴이지만 처는 바로 이 점에서 아직도 어머니의 어린 모습입니다. 모야천지(母也天只). 어머님 마음은 언제나 열려 있는 하늘입니다.」

2-2. 흐르는 역사 위에서

平壤懷古	평양회고
各區風物冠歐洲	각구풍물관구주
感古傷心不啼遊	감고상심불제유
緬思箕聖朝天馬	면사기성조천마
安在檀君送子舟	안재단군송자주
幸逢詩酒無雙士	신달시주무쌍사
更上江山第一樓	갱산강산제일루
水逝雲空何世界	수서운공하세계
菱歌梅笛喚人愁	릉가매적환인수

명승지 풍물들이 서구 보다 뛰어 나는데
회고하니 속상하여 예서 울지 않을 수 없다
아득히 기자 성군이 천마를 부르는 것을 생각하고
단군이 자주(子舟) 보낸 것을 위안 삼아 편히 있노라

다행히 둘도 없는 선비 시와 술을 만나
다시 경관 제일 높은 누각에 올랐노라
물은 흘러가고 구름 없으니 어찌 된 세상인가
마름 노래 젓대 가락이 남의 수심 부르는구나

매사 김우택(1851~1925)

매사(梅史)는 구한말에 태어나서 격동의 시대를 살다 간 호남(나주)의 향토 학자이다. 1919년 69세의 연세에 문우(文友) 3명과 함께 금강산, 한양, 평양, 송도 등의 명승고적을 유람하면서 느낀 소회를 적은 산문과 60여 편의 네 분의 시를 엮은 『동유기』(東遊記)를 펴냈는데 이 책에는 나라 잃은 설움, 민족의식과 역사의식이 잘 나타나 있다. 위 시는 평양에서 고적을 둘러보며 상고사를 회고하는 시다. 우리나라 상고사는 일제의 역사 왜곡으로 논란이 있으나 고조선은 단군조선과 뒤를 이은 기자조선 그리고 위만조선을 말하는 것이 통설이라 할 수 있다.

시 첫 구절 3행은 기성(箕聖), 즉 기자조선의 기자성왕(箕子聖王)이 상제(上帝)가 타고 하늘을 달린다는 천마(天馬)를 부르는 것을 말한다. 그리고 단군조선의 서쪽 국경이 갈석산(碣石山)을 경계로 하는데 이 산이 발해 해안에 가까운 지금의 하북성 난하(灤河, 랴오허강) 해변가에 있다. 4행의 송자주(送子舟)란 단군 성왕이 여기 난하에 배를 띄워 보냈다는 말이다.

〈단군조선의 국경 갈석산〉

지도에서 갈석산의 위치를 보면 북경 일대는 물론 오늘날 중국 본토의 거의 반이 고조선 영토였음을 알 수 있다. 이 시에는 초강대국이었던 고조선, 즉 단군조선과 기자조선의 치적을 상기하면서 일제 치하에서 망국의 한을 달래고 있는 매사의 회포가 잘 나타나 있다.

與隋長于仲文　여수장우중문

神策究天文	신책구천문	귀신같은 계책은 천문을 꿰뚫고
妙算窮地理	묘산궁지리	기묘한 지략은 지리에 통달했네
戰勝功旣高	전승공기고	전쟁 승리의 공이 이미 높으니
知足願云止	지족원운지	족한 줄 알고 그만하면 어떻겠나

🌱 **을지문덕(乙支文德)**

고구려 영영왕 23년(612년)에 일어난 중국 수나라와의 전쟁, 살수대첩 직전 을지문덕 장군이 적장 우중문에게 보낸 시.

落花岩　낙화암

國破山河異昔時	국파산하이석시
獨留江月幾盈虧	독류강월기영휴
落花岩畔花猶在	낙화암반화유재
風雨當年不盡吹	풍우당년부진취

나라가 망하니 산천도 옛날 같지 않구나
강 위에 홀로 뜬 달 차고 이지러지기 몇 번이런가.
낙화암 틈새에 꽃이 아직 피어 있으니
그해 모진 비바람 차마 다 몰아치진 못했나 보다.

🌱 **홍춘경(1497~1548)**

조선 연산군~명종 시대 문인. 백제의 멸망을 회상한 시

臨海殿　　임해전

羅代繁華事瞥然　　나대번화사별연
海波方信變桑田　　해파방언변상전
維言彩鷁從流也　　유언채익종류야
輪與黃牛懶上阡　　윤여황루라상천

千載殿臺荒宿草　　천재전대황숙초
一村喬木鎖寒烟　　일촌교목쇄한연
興亡今古歸人事　　흥망금고귀인사
莫把前朝問彼天　　막파전조문피천

신라시대 화려한 번영도 잠깐이라 여기니
파도치는 바다가 뽕밭이 되었대도 믿겠구나
물 위에 놀잇배 떠다니던 곳이라는 말을 말아야지
황소가 느릿느릿 수레를 끌고 가는 논두렁인데

천년 궁궐과 누각은 폐허 되어 잡초만 우거지고
하나 있는 마을 키 큰 나무를 찬 연기가 덮고 있네
예나 지금이나 흥망은 다 사람의 일로 여겨졌으니
사라진 왕조 붙들고 부디 저 하늘에 묻지를 말게나

🌱 김영조(1577~1648)

　조선 후기 문신. 임해전은 안압지 서쪽에 있던 궁궐이다. 안압지의 원 명칭은 동궁(東宮)과 인공호수 월지(月池)였는데 이곳에 기러기와 오리가 많이 날아 와서 이렇게 지었다고 한다.

開城 善竹橋 개성 선죽교

1
故國江山立馬愁　고국강산입마수
半千王業一空邱　반천왕업일공구
煙生廢墻寒鴉夕　연생폐장한아석
葉落荒臺白雁秋　엽락황대백안추

2
石狗年深難轉舌　석구년심난전설
銅臺陀滅但垂頭　동대타멸단수두
周觀別有傷心處　주관별유상심처
善竹橋川咽不流　선죽교천열불류

1 말 위에 앉아 고국 강산을 바라보며 시름에 잠기노니
　오백 년 왕조의 위업이 빈터 하나로 남았구나
　연기 나는 무너진 담장 위 추운 까마귀 저녁이라 말해 주고
　낙엽 딩구는 황폐한 누대의 흰 기러기 가을임을 알려 주네

2 석구는 해가 지날수록 혀조차 굴리기 어려워하고
　청동 대는 무너져 내려 부질없이 고개를 숙였구나
　두루 둘러보다 더없는 아픔이 마음에 자리하니
　선죽교 냇물조차 목이 메어 흐르지를 못하누나

김병연(1807~1863)

'죽장에 삿갓 쓰고 방랑 삼천리' 노래의 주인공 방랑시인 김삿갓은 조선 후기 20세부터 전국을 유랑하며 수많은 일화와 많은 작품을 남긴다. 시대가 만든 비운의 천재 시인이라고나 할까. 홍경래의 난(1811) 때 선천 부사 김익순이 항복했다. 후일 김익순을 비판하는 내용으로 과거에 급제했는데 이분이 조부라는 사실을 알고 20세 무렵부터 하늘을 볼 수 없는 죄인이라 생각하여 큰 삿갓을 쓰고 방랑 생활을 시작했다고 한다.

終命詩　　종명시

時來天地皆同力　시래천지개동력
運去英雄不自謀　운거영웅불자모
愛民正義我無失　애민정의아무실
愛國丹心誰有知　애국단심수유지

때가 되어 온 세상이 힘을 다 합쳤는데도
운이 다하니 영웅도 어찌할 바를 모르는 도다
백성을 사랑하고 정의를 위한 일 내 무슨 잘못이런가
나라 사랑 붉은 마음 그 누가 알리

파랑새

새야새야 파랑새야 / 녹두밭에 앉지마라
녹두꽃이 떨어지면 / 청포장수 울고간다
새야새야 파랑새야 / 녹두잎에 앉지마라
녹두잎이 깐닥하면 / 너죽을줄 왜모르니

🌱 전봉준 (1855~1895)

'파랑새'는 우리나라 전역에서 불려진 전래민요(동요)이다. 전봉준의 봉기와 실패 그리고 교수형을 지켜본 조선 백성들은 그 안타까움과 슬픔을 이 노래에 담았는데 이 가사에서 파랑새는 푸른 군복을 입은 일본군을 녹두밭은 동학 농민군을 청포 장수는 백성을 상징한다는 해설도 있다. 그래서인지 전봉준은 녹두장군으로 더 잘 알려져 있다.

파랑새는 '달아 달아~'와 함께 어린이들이 가장 많이 부른 노래라고 한다. 녹두장군이 1894년 4월 27일 전주성을 점령하고 관군 최고사령관인 홍계훈과 체결한 12개 화약내용에는 '노비문서를 소각할 것', '천민의 대우를 개선하고 백정이 쓴 패랭이를 없앨 것'이라는 조항도 있다. 패랭이가 무엇인지 찾아보니 천민, 상인, 역졸 등이 쓴 댓개비로 엮어 만든 갓이다. 불과 130년 전 우리 국민의 처지가 이 모양이었다니 기가 막히다.

참으로 비정하게도 사형을 언도한 바로 다음 날인 1895년 4월 24일 사형을 집행하니 불세출의 혁명가, 동학 농민군의 대장 전봉준의 나이는 불과 40세였다. 서울 지하철 종각역 6번 출구로 나오면 장군의 동상이 있다. 여기에 동상을 세운 것은 녹두장군이 갇힌 감옥이 이 근처에 있었고 동상 맞은편이 재판받은 의금부(법무아문권설재판소)가 있던 자리였기 때문이라고 한다.

구한말 우국지사의 한시 몇 수를 어렵게 골라 본뜻을 알기 쉽게 표현하려고 고치고 또 고쳤다. 이렇게 해 오다가 여기 녹두장군의 사형 언도 다음 날 처형되는 장면에 이르러 도저히 더 이상 책상에 앉아 있을 수가 없어 컴퓨터를 끄고 밖으로 나와 버렸다.

이런 경우가 앞서 김현식의 노래 '내사랑 내곁에' 다음 두 번째다. 금년 들어 눈이 가장 많이 온 날이다. 전철 1호선 종각역 6번 출구로 나왔는데 녹은 눈으로 길마저 질퍽거린다. 가만히 '파랑새'를 읊조리면서 녹두장군 좌상을 한동안 바라보고 서 있다가 근처 찻집에서 커피 한잔 마시고 돌아왔다.

일편단심 변할 손가

대마도는 딴 나라라
우리 서울 하도 멀어
갇혀 있는 아홉 사람
몹시도 슬프구료
나라일 걱정에
이따금 눈물이 흐르고
집안 생각 간절하여
언제나 애를 끊도다

내게는 단 음식도
오히려 쓰기만 하고
좋은 산이 저렇건만
한숨만 절로 나도다
나고 죽는 것은 운명이라
인력으로 못하나니
만리가 머다 한들
일편단심 변할 손가

🌱 이 식

　74세의 고령이신 최익현(1833~1906) 선생이 제자 임병찬과 함께 체포되어 1906년 7월 8일 대마도에 유배된다. 와서 보니 유준근을 의병장으로 하는 호서지방 9 의사, 즉 남규진, 문석환, 신보균, 신현두, 안항식 이식, 이상두, 최상집이 이미 유폐 중이었다. 최익현 선생이 「무슨 일로 그대들 이 길을 왔단 말인가~」라는 4행시를 쓰자 모두 답 시로 화답했는데 이 시 11편이 『대마도 유폐 일기』에 수록되어 있다. 고국과 고향에 대한 그리움, 선생님에 대한 존경심, 우국 충절을 담은 애절한 시들인데 이 시는 그중의 하나다.
　그리고 이 일기는 제자 임병찬이 자신이 형을 선고받은 다음 날부터 선생님이 순절하신 11월 17일까지 쓴 것이다. 임병찬은 2년 형을 마치고 귀국하여 항일투쟁을 하다 1914년 다시 체포되어 거문도에 유폐 중 단식으로 스승의 뒤를 따른다.

殉命詩　　　순명시

鳥獸哀鳴海岳嚬　　조수애명해악빈
槿花世界已沈淪　　근화세계이침륜
秋燈掩卷懷千古　　추등엄권회천고
難作人間識字人　　난작인간식자인

새와 짐승들 구슬피 울고 바다와 산조차 찡그리니
무궁화 삼천리 우리 조국 이미 기울었도다.
가을 등잔 아래에서 책을 덮고 옛일을 생각하니
지식인이 인간의 도리 다하기란 참으로 어렵도다.

🌱 매천 황현(1855-1910)

"나는 죽어야 할 의리는 없다. 다만 국가에서 500년이나 선비를 길러왔는데 나라가 망할 때 죽는 사람이 하나도 없다는 것이 어찌 원통치 않은가."

매천 황현은 이와 같은 내용의 유서와 4편의 시를 남기고 1910년 9월 10일 스스로 목숨을 끊었다. 구한말 상위, 심백영, 이선장 등과 함께 4대 문장가로 불렸다. 저서로는 『매천야록』과 『오하기문』이 있다.

남긴 한시도 2천 여수에 이른다.

絶命詩   절명시

斷頭臺上   단두대상
猶在春風   유재춘풍
有身無國   유신무국
豈無感想   기무감상

단두대에 올라서니
되레 봄바람이 이는구나
몸은 있으되 나라가 없으니
어찌 감상이 없겠는가

🌱 왈우 강우규(1855~1920)

　1919년 9월 2일 지금의 서울역에서 새로 부임하는 시이토마코도(齊藤實)에게 폭탄을 던졌으나 총독 암살은 미수에 그치고 주변의 3명이 사망하고 37명이 중경상을 입었다. 재판 당시 옆에 있는 아들에게 이렇게 유언을 남겼다. 이때 의사의 나이 65세였다.

　"내가 죽는다고 조금도 어쩌지 말라. 내 평생 나라 위해 한 일이 아무것도 없음이 도리어 부끄럽다. 내가 자나 깨나 잊을 수 없는 것은 우리 청년들의 교육이다. 내가 죽어서 청년들의 가슴에 조그만 충격이라도 줄 수 있다면 그것은 내가 소원하는 일이다."

신흥무관학교 교가17)

서북으로 흑룡(黑龍) 태원(太原) 남(南)의 영절(濘浙)에
여러 만만 헌원(軒轅) 자손 업어 기르고
동해(東海) 섬 중 어린 것을 품에다 품고
젖 먹여 기른 이 뉘뇨
(후렴)　우리 우리 배달나라에
　　　　우리 우리 조상들이라18)
　　　　그네 가슴 끓는 피가 우리 가슴
　　　　좔좔좔 거치며 돈다

장백산 밑 비단 같은 만리 낙원은
반만년 래 피로 지킨 옛집이어늘
남의 자식 놀이터로 내어 맡기고
종 설움 받는 이 뉘뇨
(후렴)
칼춤 추고 말을 달려 몸을 단련 코
새로운 지식 높은 인격 정신을 길러
썩어지는 우리 민족 이끌어 내어
새 나라 세울 이 뉘뇨

---

17) 미국군가 '조지아 행진곡'(1865)에 맞춰 부름. 작사가는 이상룡으로 알려짐.
18) 북 흑룡강에서 서 산서성 태원, 남 절강성 영절에 이르는 중국 신화 삼황오제 후손들이 살았다는 이 땅과 동해 아래 일본 강토를 다스린 자가 하늘의 왕 환인의 아들 이자 단군의 아버지인 환웅(단군 이전 1565년 통치)이라는 말
※ 헌원(軒轅) : 오제(五帝)의 첫 번째 왕

『아리랑』과 독립운동가 김 산

아마 그때가 1990년대 초가 아니었나 싶다. TV 채널을 돌렸는데 미국의 어느 단독주택 정원 같은 데서 얼굴에 주름이 가득한 백발의 웬 할머니 모습이 나왔다. 뭔가 하여 계속 보다가 놀랍게도 이분이 님 웨일스(Nym Wales, 1907~1997)라는 것을 알았다. 우리나라 한 TV 방송국에서 이분을 찾아가서 인터뷰하고 있는 장면이었다.

님 웨일스〈Helen Foster Snow(본명)〉는 미국인으로 신문기자이자 시인인데 마오쩌둥(毛澤東)의 전기『중국의 붉은 별』의 저자인 남편 Edgar Snow와 함께 1930년대 격동기 중국 혁명가들을 취재하면서 여러 저서를 남긴 분이다. 이분이 남다른 것은 1941년에 독립운동가 김산(金山)의 전기『아리랑의 노래』(Song Of Ariran)를 발간, 만방(萬邦)에 일본 식민지배와 민족독립운동을 알리는 데 큰 공헌을 하신 분이기 때문이다.

나는 이 TV프로를 보면서 크게 두 번 놀랐다.
첫 번째는 일제 강점기 분이 살아계신다는 믿기지 않은 사실 때문이었는데 이는 일제 강점기를 까마득한 옛날로 생각한 데서 일어난 착오였다. 이분은 1997년 89세를 일기로 세상을 떠났다.
두 번째는 내가 젊은 시절에 읽은『아리랑』첫 페이지에 전면 크기의 깊은 눈매를 가진 미모의 젊은 여작가의 흑백사진이 있는데 지금 내가 보고 있는 TV 속의 연로한 할머니가 설마 그 사진 속의 여인이리라고는 상상할 수가 없었기 때문이었다. 충격 속에 한동안 멍하니 있다가 '사람이 나이를 먹는다는 것, 세월이 흐른다는 것이 무엇인지를 보여주는 것 아니겠는가' 하고 마음을 추스렸다.

문득 『아리랑』이 떠오른다. 이 책을 읽은 지가 너무 오래되어 내용은 잘 모르겠는데 김산이 15세 나이에 만주 신흥무관학교를 찾아가기 위해 700리를 걸어간 것과 중국공산당원(여성 4명) 20여 명이 포로가 되었는데 적군 장교가 그중 기막힌 미모의 한 여인에게 반하여 자기와 결혼하면 모두 살려주고 아니면 다 처형하겠다고 해서 모든 당원이 간청하여 그리하는데 후일 이 여인 덕에 목숨을 구한 그 당원들이 곤경에 처한 이 여인을 외면하고 여인은 가족에게도 버림받아 비참한 신세가 되어 버린 실화에 비분강개했던 것, 파란만장한 삶을 산 김산이 중국에서 혁명운동을 하면서 키워낸 중국공산당에 의해 처형되는 것에 비통해하며 분노했던 기억은 난다.

이 책 일본어 번역본을 『우상과 이성』의 저자이신 리영희 선생님이 우연히 일본서점에서 구입, 1960년대 초까지도 아무도 몰랐던 공산주의 혁명가 김산이 이 일본판 책 한 권을 통해 국내에 알려지게 되는데 반공이 국시이던 시대라 그 과정 또한 기가 막히다.

『아리랑』 제목의 한글판은 1984년에 발간되는데 김산의 시를 싣고 싶어서 책을 열심히 뒤졌으나 찾지 못해 소년 김산이 찾아간 신흥무관학교 교가를 싣게 되었다. 신흥무관학교는 우당 이회영이 세운 독립군을 양성하는 학교다.

「우당은 1910년 경술국치를 당하자 그해 가을 6형제를 한자리에 모아놓고 모두 만주로 망명하여 독립투쟁을 할 것을 제안한다.

이리하여 6형제의 가족은 물론 이 집안에서 함께 생활하던 하인 등의 식솔 60여 명이 독립운동을 위해 만주로 떠난다. 1907년 이후 이렇게 만주로 건너간 조선인이 약 100만 명이나 된다고 한다.

우당 6형제는 독립 자금을 마련하기 위해 6형제의 전 재산을 처분했는데 오늘날의 가치로 환산하면 약 600억~1,000억 원에 해당하는 금액이라고 한다. 우당은 이 모든 돈을 독립군 양성하고 독립운동하는 데 썼다. 1912년 7월 중국 자린성 합니하(哈尼河)에 교사 8동을 신축하여 신흥무관학교를 설립한 이후 1920년 7월 자금난으로 폐교할 때까지 약 3,500여명의 독립군 간부를 배출해 낸다. 경술국치 이후 아무런 대책도 없이 허둥대던 그때 수많은 인재들이 이 학교에서 양성되어 독립투쟁에 헌신하게 되니 국가도 못한 일을 한 개인과 그 집안이 해 낸 것이다.

조국 독립운동을 위해 떠난 6형제와 그 식솔 등 60여 명 중, 꿈에 그리던 조국 광복을 맞아 살아남아 35년 만에 조국에 돌아온 사람은 20여 명밖에 되지 않았다. 6형제의 경우 만석궁 둘째 석영은 아사(餓死)하고 넷째 회영과 막내 호영은 잔혹한 고문을 당해 횡사(橫死)하고 첫째 건영과 셋째 철영은 병사(病死)했다. 유일하게 살아 돌아온 분은 초대 부통령을 지낸 다섯째 이시형뿐이었다.」[19]

다시 『아리랑』으로 돌아와서 소년 김산이 신흥무관학교를 찾아가는 부분과 그 전후에 있는 내용을 소개하기로 한다.

김산은 무관학교를 찾아가는 길에 삼원보(三源堡)에 거주하는 안동희 목사 댁에서 3주간 머물게 되는데 목사님은 어린 감산이지만 사람됨을 알아보고 14세인 자기 딸을 맺어주려고 한다. 이 딸이 김산의 첫사랑이 되는데 이 이야기는 생략하기로 한다.

마침내 신흥학교에 도착했는데 입학 최저 연령이 18세로 15세인 꼬마를 거들떠보지도 않자 어린 독립군 후보는 엉엉 울었다. 학교에서 이를 알고 시험을 치게 해서 지리, 수학, 국어에서는 합격했는데 국사와 가장 중요한 신체검사에서 떨어졌다. 그러나 특별케이스로 100여 명의 18세에

---

[19] 박강석(2023). 『꿈꾸는 산하, 목메인 강토』(개정증보판) p119~p122 요약

서 30살까지의 합격생에 끼어 3개월 코스에 입학하게 된다.

교육을 마치고 삼원보로 돌아가서 목사님이 알선한 80리 떨어진 보통학교에서 3개월을 근무하다가 목사님께 상해로 가서 정치학과 과학을 공부하고 혁명운동에 합류하겠다는 의사를 밝힌다. 목사님은 훌륭한 생각이라고 지원도 해주시겠다고 하면서 2년 후에 딸도 좋은 학교에 보내고 싶으니 그때 도와 달라고 부탁한다. 그렇게 하겠다고 하고 헤어지는데 이게 처참한 이별이 될 줄은 꿈에도 몰랐다.

김산이 떠난 몇 주 뒤에 엄청난 비극이 이 지역에서 발생한다.
1920년 말경 조선 독립군이 훈춘(琿春)〈북한 동북 끝 국경과 러시아와 국경이 접한 지역〉을 점령하여 그곳의 일본인을 거의 몰살해 버린다. 일본 정부는 독립군을 없애 버리려고 2개 사단을 보냈으나 독립군은 이미 시베리아로 도주해 버린 뒤였다. 일본군은 이에 대한 보복으로 이 일대 조선인 6천 명 이상을 살해했다. 여자와 어린아이들은 대검에 찔려죽었고 수많은 지도사들이 산 채로 매장되었다.

안동희 목사 가족은 처참했다. 목사 부부는 두 아들이 세 동강이 나는 것을 지켜봐야 했고 노목사는 맨손으로 자기 무덤을 파고 그 속에 누었다. 그러자 왜놈 병사들이 산채로 그를 매장했다. 부인은 강물에 몸을 던졌고 감산의 첫사랑 14살짜리 소녀의 행방은 아무도 알 수 없었다.20)

〈책 『아리랑』과 님 웨일즈〉

---

20) 김산, 님 웨일스 지음, 조우화 옮김(1993). 아리랑. 동녘.

"The Lamp of the East"

In the golden age of Asia
Korea was one of its lamp-bearers
And that lamp is waiting to be lighted once again
For the illumination in the East."

🌱 Targore

동방의 등불

일즉이 아세아의 황금기에
빛나든 등촉의 하나인 조선이여!
그 등불 한번 다시 켜지는 날에
너는 동방의 밝은 빛이 되리라!

🌱 작시 : 타고르(Rabindranath Targore, 1861~1941),

 번역 : 주요한, 1929년 3월에 동아일보에 실린 원문

　경술국치(1910) 이후 은둔의 나라 한국의 빼앗긴 들에도 해마다 봄은 왔지만, 의인은 자결하고, 꿈 많은 아해는 무참히 짓밟히고, 비운의 삼학사가 양산되고, 헤아릴 수 없는 무명의 전사가 피를 흘리고, 이름도 성도 빼앗겨 얼마저 있고 없고, 소처럼 일해서 다 뺏기고, 능멸과 굴욕의 주홍글씨를 달고 오도 가도 못한 수많은 민초들은 포도청 목구멍을 위해 비굴과 배반의 가시를 삼켜야 했다.

아! 그런데 일제의 식민통치기간 중에서도 무단통치로 조국의 산하도 치를 떨게 만든 가장 어두운 시기, 누망도 없는 질곡의 삶을 살아내고 있던 이 땅의 민초, 어린 백성들에게 한 줄기 빛과 같은 메시지가 전해졌다.

인도의 시성 타고르(R. Targore)는 시공을 초월하는 예언자적인 한 편의 시를 통해 우리 민족에게 무한한 희망과 긍지 그리고 감격을 안겨다 주었다. 그는 '민족주의'(1917)라는 자신의 저서에서
"동방에서 영원한 빛이 다시 빛날 것이다. 동방은 인류 역사의 아침, 태양이 태어난 곳이다.--" 라고 선지자적 예지의 눈을 밝혔다. 이 동방이 고요한 아침의 나라가 '코리아'이다. 그래서일까 당시 그의 나라도 영국의 식민 지배를 받고 있어 조선을 더 잘 이해하고 있다고 믿은 모든 피압박 민족들이 그의 시집 '기탄잘리'의 35번 시 맨 마지막 구절을 이 시성의 마음의 손을 빌려 다음과 같이 당신들의 염원을 담아내었다.

내 마음의 조국, 코리아여 깨어나소서!

이는 시성 타고르와 더불어 동방의 등불이 다시 켜지기를 바라는 모든 이들은 우리 백성들에게 다시 한번 감격의 눈물을 흘리게 만들었다. 이 35번 마지막 구절에 '코리아여'는 없는데 그 시대 우리와 같은 처지에 있는 세계의 모든 민족과 국가가 코리아의 해방을 염원하고 있다고 믿고 싶은 마음에서 이와 같이 써넣은 것 같다.

My Eternal Home, Korea

The sun rises and shines,
Where people sing the essence of Asia;
Clam is the sky with harmless clouds above shrines,
My eternal home, Korea!

Across the river thy soft breeze blows
Sweet with scents of rice fields far away:
From mountain lake the stream flows
With delights to the ocean on its way

Thou are the "Land of Morning Calm."
My beloved, Eternal Home, Korea!
But now, Thou hearest the wailing from the farm
And also from every youthful heart of Korea

And yet thy bright lamps thou bear,
Still burning and brightening the night:
Dawning of the Wast is drawing near,
Chilliness and dark will be gone with the night

O my beloved , "The Land of Morning Calm."
O my Eternal Home, Korea!

나의 영원한 고향, 조선이여

해가 떠올라 빛나고,
사람들이 아시아의 진수라고 노래하는 곳:
거룩한 땅 위 하늘이 순수한 구름과 함께 고요한
나의 영원한 고향, 조선이여

강을 가로질러 부드러운 바람 불어오고
저 멀리 날아오는 논의 향기 달콤하다:
산정 호수에서 흘러내리는 개울은
즐겁게 바다로 향해 나아간다.

너는 "고요한 아침의 나라"
내가 너무 사랑하는 영원한 고향, 조선이여!
그러나 지금은 농장에서 그리고 조선의 모든
젊은 마음에서 울부짖는 소리가 들리는 도다.

그래도, 오 밝은 램프 너는 견디어 내며,
여전히 타오르며 밤을 밝혀주고 있구나
동녘의 여명이 밝아오고
추위와 어둠은 밤과 함께 사라지리니

오 내가 너무 사랑하는 "고요한 아침의 나라"
오 나의 영원한 고향, 조선이여!

흑구 한세광(1909~1979)

1909년 6월 19일 평양에서 태어난 흑구(黑鷗) 선생은 평양 숭인 상업학교를 졸업한 후 서울 보성전문학교 상과에 입학했다가 21세가 되던 1929년 미국 시카고로 가게 된다. 목사이자 독립운동가인 그의 부친 한승곤이 〈105인 사건〉에 연루되어 1913년 미국으로 건너가서 항일운동을 하고 있었기 때문이다.

부친은 1936년에 귀국 후 〈수양동우회〉 사건으로 일본 경찰에 체포 3년간 수감생활을 하는 등 고초를 많이 겪었다. 1993년 건국훈장 애족장이 추서되었다.

흑구 선생은 미국 유학 생활 5년 동안 약 200편의 시와 100편에 달하는 영어 시를 썼는데 모두 행방이 묘연하다고 한다. 그는 1926년 〈진생〉에 시 '거룩한 새벽하늘', 1928년 동아일보에 '인력거꾼'을 발표하는 등 일찍부터 창작 활동을 했다. 미국에서 흥사단 업무를 맡아 독립운동을 지원했던 그는 1934년에 귀국하는데 1939년에는 '흥사단 사건'으로 1년간 투옥된다. 해방 무렵 고산 조만식 문하생이었던 그는 선생이 마련해 준 트럭을 타고 월남하여 이후 서울에서 지내다 1948년 포항에 정착해 1957년부터 1971년까지 포항 수산초급대학 교수를 역임하고 1979년 70세의 나이로 타계했다.

포항시는 2012년 5월 생전 선생이 즐겨 거닐고 수필 '보리'의 주 무대가 되기도 했던 호미곶 구만리에 있던 마을회관을 개조 흑구 문학관을 개관했다. 2009년에는 그의 탄생 100주년 기념으로 그의 작품 시·소설 등을 묶은 『문학선집』을 펴냈다.

시인이자 문학 평론가인 한명수는 흑구의 작품 발굴을 위해 애써왔는데 위의 행방이 묘연하던 시들 중에서 무려 95년 전인 1929년 10월 25일자 노스파크 대 학생신문 'North Park College New'에 수록된 'You And I' 외 6편 등 총 20편을 찾아낸다. 그는 이들 작품 등을 모아 최근 출간[21]했는데 이 시는 여기에서 한편을 골라 실은 것이다. 이 시인은 흑구 선생을 "일제의 압박과 박해를 견디며, 끝까지 지조를 지키며 단 한 편의 친일 문장도 남기지 않았고 시 한 줄에도 조국을 생각했던 민족시인이요 우국시인이었다"고 평가했다.

친일문학을 낱낱이 들춰내 집대성한 문학 평론가 임종국은 "단 한 편의 친일 문장도 쓰지 않은 영광된 작가"라는 헌사를 남겼다.

일제는 조선 침략의 정당성을 확보하기 위해 조선 사회 각 분야에 명망 있는 인사들을 회유하고 온갖 고문과 협박으로 집요하게 친일을 강요한다. 1911년 테라우치 총독 암살미수 조작 사건인 〈105인 사건〉, 1937년 〈수양동우회사건〉 등이 그 대표적인 예라 할 수 있다. 청년 시절 제국주의와 근대사를 공부하면서 어이없는 우리 역사의 흐름을 놓고 헤아릴 수 없는 불면의 밤을 보냈던 기억이 새롭다.

35년이나 되는 강점기를 거치는 바람에 사회 모든 분야가 '친일'과 연관되지 않은 것이 없다 하겠다. 각설하고 오늘날까지도 이와 관련하여 친일의 불가피성이라든가 재평가가 어떻고 각양각색인데 그 시대 일제의 잔인한 질곡을 직접 경험하지 않은 사람들은 그 누구라도 아무 말도 하지 말고 쥐 죽은 듯이 지냈으면 참 좋겠다.

---

21) 한명수(2024). 『흑구 한세광의 영시 들』, 북크크.

開羅22)消息萬邦傳　　개라소식만방전
壯士歡呼動九天　　　장사환호동구천
掃蕩栢林23)群策定　　소탕백림군책정
直殲江戶24)膚功25)全　직섬강호부공전

遼海26)重收遠舊物　　요해중수원구물
靑邱獨立着先鞭27)　　청구독립착선편
寰宇28)促今平等化　　환우촉금평등화
願將文德29)十方宣　　원장문덕십방선

카이로 선언 소식 만국에 전해지자
장정들의 환호성 천지를 진동하도다
베르린 소탕할 온갖 계책이 정해졌으니
도쿄 직접 섬멸하야 큰 공로 온전하리라

오랜 옛 터전 해동을 다시 수복하여
조국의 독립을 가장 먼저 이루리라
이제 온 세상 평등화 멀지 않았으니
장차 문덕을 만방에 떨치기 원하노라

🌱 조소앙(1887.4.10.~1958.9.10.)

　임정 외무부장을 지낸 독립운동가, 삼균주의를 주장한 정치가, 한국독립당 창당

---

22) 개라(開羅) : 이집트 카이로 회담(Cairo Declaration)
23) 백림(栢林) : 독일 베르린
24) 강호(江戶) : 일본, 에도, 도쿄(東京)의 옛 이름
25) 부공(膚功) : 큰 공로
26) 요해(遼海) : 세종 때 명나라 문인 예겸이 조선 문인들과 주고받은 시문을 담아 발행한 기행문을 요해편(遼海篇)이라 적음. 조선을 의미함
※ 해동(海東) : 발해의 동쪽이라는 뜻으로 옛날에 우리나라를 일컫는 말
27) 선편(先鞭) : 남보다 먼저 시작하거나 자리를 잡음
28) 환우(寰宇) : 천자가 직할하는 영지, 세계, 천하
29) 문덕(文德) : 문명의 덕. 학문의 덕. 문인이 갖춘 위엄과 덕망

카이로 회담과 백범 김구

카이로 회담

카이로 회담은 잘 아는 바와 같이 1943년 11월 이집트 카이로에서 미·영·중 3개국 정상이 세계대전 문제로 가진 회동을 말하는데 『백범일대기』30)에서는 이 회담에 대해 「일제의 무조건 항복을 위한 전쟁의 계속을 거듭 다짐하고 일제가 침략 점령한 만주 대만 등지를 중국에 반환하고--- 한국 인민의 노예 상태에 유의하여 장차 한국을 자유 독립케 할 결의를 가졌다. 이 소식은 조국 광복을 위해 헌신 분투하던 임시정부 요인들에게는 큰 기쁨이 아닐 수 없었다. 임시정부 주석 백범은 신문기자의 질문에 3국 영수에 사의를 표하고--- 일본이 무조건 투항할 때까지 연합국의 승리와 우리 조국 독립을 위하여 연합국과 공동 분투할 것을 확보한다는 소감을 발표했다」고 적고 있다.

또한 이 소식을 접한 임시정부 요인들은 환호하며 몇몇 요인들이 이 숨길 수 없는 희망과 기쁨을 시로 나타내었다. 여기 소개한 시는 당시 임시정부 외무부장이었던 조소앙이 쓴 것이다.

이재봉 원광대 정치외교학 명예교수는 2024년 9월부터 11월까지 매주 1회씩 진행된 '미국 바로 알기' 강좌에서 카이로 선언과 당시 미국의 입장에 대해 이렇게 설파하고 있다.

---

30) 이원모(1977). 백범일대기-재미 백범 김구선생 기념사업회. 참한문화인쇄사

「카이로 선언문의 조선에 관한 원문은 이렇습니다.

The aforesaid three great powers, mindful of the enslavement of the people of Korea, are determined that in due course Korea shall become free and independent.

이 문장에는 한국을 적절한 절차(in due course)에 따라 자유와 독립을 얻게 할 것이라고 언급하고 있는데 당시 뉴욕타임즈 사설에서는 'in due course'의 의미에 대해 '조선을 아마 중국의 섭정(protectorate) 같은 통치 아래 둘 것'이라는 뜻으로 해석하고 있습니다. 그리고 미국 국무부의 외교문서에 의하면 김구, 이승만, 조소앙(임정 외무부장) 등은 임시정부를 승인하고 조선 사람을 군사훈련 시켜 연합국과 함께 일본과의 전쟁에 참여시켜 줄 것과 일본 패전 즉시 조선을 독립시킬 것을 요구하고 있고, 중국도 임정을 승인하자고 주장하였으나, 신탁통치를 염두에 두고 있었던 미국은 〈대한민국 임시정부(Korean provisional government)는 망명정부(government-in-exile)가 아니라 대한민국 독립운동(Korean inde-pendent movement)이다. 임정은 조선 어디서도 행정권을 발휘한 적이 없고 조선인들의 대표로 간주 된 적이 없다.〉고 하면서 이를 무시하고 반대하며 유감까지 표시하고 있음을 알 수 있습니다.」

이것이 현실이 되어 꿈에 그리던 조국 광복을 맞아 백범을 태운 비행기가 여의도에 도착했으나 개인 자격이 아니면 들어올 수 없다고 하여 다시 임정으로 돌아가는 어이없는 일이 발생한다. 이는 해방 후 조국의 불길한 앞날을 예고하는 단초와도 같은 사건이었다.

강의 내용 중 2차 세계대전 후 전승국이 패전국인 독일을 분할 통치한 것처럼 당연히 패전국 일본을 분할 통치해야 하는데 전승국 편에 있는 조선을 분할 통치했다는 것은 생각조차 못 해본 엄청난 충격이었다. 나아가 우리나라가 주권 국가임을 의심케 하는 '주한미군'의 정체는 거의 정신을 차릴 수 없게 만들었다. 여기서 이 문제를 논의하기는 어려우니 이에 대한 나의 소감만 밝히기로 한다.

해방 후 우리 사회에 전도된 가치관을 심어 말할 수 없는 피해를 가져온 '친일파의 득세'는 미군정 통치행위의 산물이다. 이는 용서할 수 없는 범죄행위이다. 범죄는 이뿐만이 아니다. 우리는 언젠가는 어떻게든 중대한 범죄를 저지른 미국을 단죄해야 한다. 그리고 이런 역사적 사실을 온 국민과 후세까지 알게 해야 한다.

백범 김구

그러면 서울운동장에서 거행된 백범 장례식을 살펴보면서 선생님이 애송하시고 직접 쓰시기도 한 한시도 감상해 보자.
한국 독립당을 대표한 엄항섭씨의 고인을 추모하는 구구절절 눈물을 뿌리는 고사는 처음부터 울먹이는 소리였다. 선생님 가셨는데 무슨 말씀을 하오리 까 쉰 밥에 썩은 김치를 나눠 먹고 독립운동하던 때를 회고하는 조사를 하는 순간 참다못해 누군가가 울음을 터뜨리자 순 식간에 울음은 파도처럼 온 장내가 울기 시작하였다. 장례식장인 서울운동장이 울음바다가 되어 버린 것이다.

거리는 완전히 인산인해(人山人海)였다. 시민들은 철시하고 집을 비우고 거리에 나온 것이다. 일생을 조국과 민족을 위해 바친 위대한 애국자의 비운을 슬퍼하고 마지막 가는 길에 백범 선생의 유해 앞에 조의를 하고자 하는 것이었다. 운구행렬은 백범 선생과 함께 투쟁하다 목숨을 바친 윤봉길, 이봉창 의사가 잠들고 있는 효창공원에 도착하여 1946년 7월 5일 하오 7시 10분 하관되었다. 파란만장한 피맺힌 일생이 모두 끝나고 비통해하는 겨레와 사랑하는 영원한 조국의 염원을 안고 잠드셨다. 〈주〉 30 p216~218 요약〉

〈백범 장례 행렬〉

삼천만 울음소리 임의 몸 메고 가오. 평안히 가옵소서, 돌아가옵소서
뼈져린 아픔, 설음 부여안고 끼치신 임의 뜻을 우리 손으로 이루리다

踏雪野中去	답설야중거	눈 덮인 들판을 건너갈 때
不須胡亂行	불수호난행	발걸음 하나 흩트려 걷지 말라
今日我行赤	금일아행적	오늘 내가 남긴 이 발자취는
遂作後人程	수작후인정	뒤에 오는 후세들의 이정표가 되리니

🌱 이양언(1771~1853)

조선 순조 때의 문인

2-3. 원류 한시

중국 역사 개관

```
1. 요순시대
2. 하·은·주시대 (BC 2070 ~ BC 256)
3. 춘추전국시대 (BC 770 ~ BC 221)
4. 진나라 천하통일 (BC 221 ~ BC 206)
5. 한나라 재통일 (BC 202 ~ AD 220)
   (전한 AD 8, 신(9~24), 후한 25 ~ 220)
6. 위진 남북조 시대 (220 ~ 589)
   a. 위·촉·오 삼국시대 (220 ~ 280)
   b. 진(서진) (263 ~ 316)
   c. 북 : 5호 16국 (304 ~ 439),
      남 : 동진(317 ~ 420)
   d. 남북조 : 북위∨송,제,양,진( ~ 589)
7. 수 (581 ~ 619)
8. 당, 송, 원, 명, 청나라 (618 ~ 1911)
```

중국은 요순시대를 거쳐 하·은·주 시대(BC 2070~BC 256)가 전개되는데 이는 우리의 단군조선(BC 2333~)에 해당하는 시기이다. 여기서 주나라 멸망 후 중국은 여러 나라로 분열되는데 이 시기가 우리가 익히 들어본 춘추전국시대(BC 770~BC 221)이다.

진(晉)이 3개의 국가 〈한(漢), 위(魏), 조(趙)〉로 나누어지는 BC 403년을 기준으로 이전까지 즉, 제(齊), 진(晉), 초(楚), 오(吳), 월(越)의 다섯 제후국 시대를 춘추시대, 그 이후, 즉 진(秦), 한(漢), 위(魏), 조(趙), 연(燕), 제(齊),

초(楚)의 '전국 7웅'이라는 이 나라들의 시대를 전국시대, 합쳐서 춘추전국시대로 부른다.

이처럼 제후들이 군웅 할거하는 약육강식의 시대에 많은 사상가와 주장들이 쏟아져 나왔는데 이를 제자백가 사상이라고 한다. 공자, 맹자, 노자, 장자 등이 이 시대 등장했다.

이들 국가 중 진(秦)의 시황이 이들 제후국을 차례로 멸망시킴으로써 천하를 통일하게 된다. 진시황은 출신을 가리지 않고 천하의 인재를 두루 썼는데 '상앙(商鞅), 장의(張儀)'나 '이사(李斯)의 변'이 그 유명한 일화이다. 그러나 통일 후 수많은 전쟁의 후유증, 무거운 세금, 무리한 대규모 토목사업, 가혹한 억압 등의 실정으로 그의 사망 후 반란이 일어나 통일 후 20년도 채 안 돼 망하게 되니 이는 BC 206년의 일이다.

시황(始皇)의 통일 제국 진(秦)이 쓰러진 후 새로 등장한 역사의 주역, 즉 유방과 항우가 천하의 패권을 다투는데 이것이 종류도 많은 『초한지』(楚漢志)에서 그려지고 있다.

결국 한(漢) 고조 유방에 의해 다시 천하가 다시 통일되는데 이 한나라는 역사적 의의가 크다. 한나라를 중국 민족의 시작, 즉 오늘날 중국의 기원으로 보기 때문이다. 이후 426년을 통치하는데 한자도 이때 통일하여 한(漢)나라의 한문(漢文)이다.

천하통일에 결정적인 역할을 한 참모 장량과 소하, '토사구팽(兎死狗烹)'의 당사자 한신 장군은 유방과 항상 붙어 다니는 이름이다.

괄호 안의 전한, 후한이란 '한' 통일 후 AD 9년에 왕망이 반란을 일으켜 신나라를 세웠으나 20년 만에 다시 한족 광무제가 이를 평정하여 한의 명맥을 이어가는데 이 '신'을 기준으로 이전을 전한, 이후를 후한이라 부른다. 그러나 '한'이 멸망한 AD 220년 이후 다시 군웅이 할거하는 350여 년에 걸친 위진남북조 시대가 전개된다.

이후 AD 581년에 수(隋)나라가 다시 천하를 통일하고, 이후 당(唐), 송(宋), 원(元), 명(明), 청(淸)나라로 이어져 오늘의 중국이 있게 된다. 그래서 앞서 유방의 한을 중국의 기원이라고 한 것이다.

여기서 위 표를 보면서 '위진 남북조시대'를 요약해 보자.

AD 220년에 한나라가 멸망하자 위, 촉, 오의 세 나라가 자웅을 겨루는 삼국시대가 열리는데 이 시대를 더 재미있게 읽고 싶으면, 유비와 조조, 삼고초려(三顧草廬)의 제갈량과 관우, 장비가 나오는 나관중의 『삼국지』(三國志)를 읽으시면 된다.

이후 북쪽은 AD 304년에 유연이 세운 선소(前趙)로부터 시작되는 북방의 유목민족에 의한 5호 16국 시대가 열리게 되고 남쪽은 유목민에 쫓긴 동진이 지배하게 된다.

뒤이어 선비족인 북위가 AD 439년에 북중국에 해당하는 5호 16국을 통일하게 되고 이후 동위와 서위로 갈라진다. 남중국에서는 송, 제, 양, 진으로 이어지는 정권의 부침을 거듭하게 된다.

이 시대에는 정사(正史)도 헷갈릴 만큼 너무 많은 나라가 생겼다 사라지는데 이 전체를 통칭하여 위진 남북조시대라고 부른다.

지금까지 한시의 시대적 배경을 이해하기 쉽게 중국 역사를 개관해 보았다. 그러면 다음에 소개하는 '해하가'와 '답항왕가'를 감상하기 위해 통일 왕조 '한' 고조 유방에게 다시 돌아가 보자.

유방과 천하를 다투던 초(楚) 왕 항우(項羽)는 한(漢) 왕 유방과의 대결에서 항상 우위에 섰으나 종내에는 한신을 앞세운 유방의 지략에 밀려 해하(垓下)에서 포위당하게 된다. 여기서 그 유명한 '사면초가'(四面楚歌)가 나온다.

궁지에 몰린 항우는 연인 우희와 이승에서의 마지막 작별 인사를 나눈다. 그가 우희에게 '해하가'를 남기고 애마 추와 800기의 기병으로 포위망을 돌파하여 오강(烏江)에 다다랐을 때는 28기만 남게 된다. 그는 강을 건너 후일을 도모하자는 주위의 권유를 물리치고 끝내 자결하고 만다.

그의 여인 우희 또한 답가로 '답항왕가'를 남기고 스스로 목숨을 끊어 항우의 뒤를 따른다. 후세 사람들이 이를 경극으로 재현(1993)하니 그게 우리가 익히 들어본 〈패왕별희〉(霸王別姬)다.

그러면 두 편 시를 감상해 보자.

垓下歌　　해하가

力拔山兮氣蓋世　역발산혜기개세
時不利兮騅不逝　시불리혜추불서
騅不逝兮可奈何　추불서혜가내하
虞兮虞兮奈若何　우혜우혜내약하

※ 추(騅) : 항우의 애마(愛馬) 이름

힘은 산을 뽑고 기운은 온 세상을 덮겠는데
시운이 불리하니 추조차 나아가지 않는구나
추마저 나가지 않으니 이 어찌해야 하는가
우희여, 우희여, 그대는 또 어이해야 하는가

🌱 항　우(BC 232~BC 202)

答項王歌　　답항왕가

漢兵已略地　한병이략지　　한나라 병사가 이미 다 점령하여
四方楚歌聲　사방초가성　　사방이 초나라 노래소리뿐이예요
大王意氣盡　대왕의기진　　대왕의 의기 다 하였다면
賤妾何聊生　천첩하료생　　이 천첩 살아 무엇하리요

🌱 우　희(?~BC 202)

이백과 두보

이백(701~762)과 두보(712~770)를 빼놓고 한시를 얘기한다는 것은 말이 안 되는 것 같아 간략히 소개하고 넘어가기로 한다.

두 사람은 동시대 사람이다. 이백이 11살 연상으로 같이 유람도 다닌 친한 사이였다. 그리고 이들이 살던 시대는 중국 당나라, 임금보다 더 유명한 양귀비의 현종 때이다. 이들은 중국 역사상 최고의 시인으로 평가받는데 이백은 시선(詩仙)으로 두보는 시성(詩聖)으로 추앙받는다.

이러한 호칭은 강산과 함께 풍류를 즐기는 이백의 시에서는 도교적인 정취가 짙게 묻어나고, 사회풍자와 교훈적인 주제를 담아낸 두보의 시에서는 유교적인 색깔이 강하게 나타난 데서 연유한다.

이백은 시를 거나하게 취해서 단숨에 휘갈겨 쓴다고 하면 두보는 다듬고 또 다듬는 작풍(作風)에서도 유추할 수 있다.

다 아시는 이야기겠지만 원고 초고를 다시 고치고 다듬는 것을 '퇴고(推敲)'라고 하는데 두보가 친구 집을 방문하여 문을 민다(推)고 해야 할지 두드린다(敲)고 해야 할지 고민한 데서 유래했다고 한다.

이백은 우리나라 구전동요 '달아 달아 밝은 달아, 이태백이 놀던 달아~'가 있을 만큼 유명한데 현종이 벼슬을 주었으나 탐탁지 않아 그만두고 유랑 생활을 하는데 이때 낙양에서 두보를 만나게 된다.

함께 지내면서 두보는 이백을 이렇게 노래했다.

昔年有狂客	석년유광객	옛적에 한 미친 과객이 있었는데
號爾謫仙人	호이적선인	그를 귀양 온 신선이라 칭했다네
筆落驚風雨	필락경풍우	붓을 놓으면 비바람이 놀라고
詩成泣鬼神	시성읍귀신	시를 다 짓고 나면 귀신도 감읍했네

이백은 안록산의 난의 피해자다. 반군을 피해 때 피난을 갔다가 현종 태자가 부왕의 승인 없이 즉위(숙종)하자 이복동생 영영왕이 반기를 드는데 여기 막료로 들어갔다가 유배되기도 한다. 62세에 사망했는데 풍류 시인답게 물속에 뜬 달을 건지려다가 빠져 죽었다는 전설이 생겨나기도 했다.

한편 두보는 파란만장하고 굴곡 많은 삶을 살았는데 사후에 오히려 크게 평가받았다. 이백과 달리 안록산의 난이 그에게는 입신양명의 발판이 되었다. 현종의 태자 숙종에 의해 벼슬길에 올랐으나 좌천되어 어렵게 살아간다. 당시 즉위한 숙종에게 가려다 반군에 붙잡혀 장안으로 호송되어 잠시 억류되는데 우리가 잘 아는 춘망(春望)이 이때 쓴 시다. 결국 48세에 사직하고 청구에 초가(완당 초가)를 지어 정착한다.

그러나 54세에 귀향을 결심하여 양자강 아래 귀주 협곡에서 배를 타고 체류하다 병을 얻어 58세에 배에서 사망한다.

우리나라에서는 두보를 높이 평가하여 고려시대에는 이제현, 이색 등이 큰 영향을 받았고 조선시대에는 그의 시집을 5차례나 간행했다. 그러면 이백의 시도 한 수 감상해 보자.

靜夜思　　정야사

牀前明月光　　상전명월광　　침상 머리맡에 밝은 달빛
疑是地上霜　　의시지상상　　이거 땅에 내린 서리인가
擧頭望明月　　거두망명월　　머리 들어 밝은 달 바라보다
低頭思故鄕　　저두사고향　　고개 숙여 고향 생각 하노라

소동파와 여동생 소소매

　중국 한시는 너무 많아 상징적으로 두보와 이백의 시만 소개하고 보니 너무 적어 재미있는 시 하나만 더 소개한다. 소소매(蘇小妹)는 당·송 팔대가의 한 사람으로 손꼽히는 소동파(蘇東坡, 1037-1101)의 여동생인데 이 남매는 사이가 각별했나 보다. 여동생이 못생긴 오빠의 얼굴을 놓고 웃음이 절로 나오는 시를 썼는데 이에 화답하는 오빠의 시도 가관이다. 짓궂으면서도 정감이 물씬 묻어나는 남매의 한시 이야기는 포옹노인(抱甕老人)이 쓴 『고금기관』(今古奇觀)에 실려 있다고 한다. 이 시에 대한 제목이 없어 내가 제목을 붙였다. 소소매(蘇小妹)도 소동파 여동생이라는 말이므로 이름은 따로 있을 것 같다. 한번 감상해 보자.

可笑哥哥顔面　　가소가가안면

一叢衰草出唇間　　일총쇠초출진간
鬚髮連髥耳杳然　　수발연염이묘연
口角幾回無覓處　　구각기회무멱처
忽聞毛裡有聲傳　　홀문모리유성전

웃기는 오빠 얼굴

한 무더기 마른 덤불숲 가운데로 입술은 툭 튀어나왔는데
구레나룻 수염과 머리카락이 헝클어져 귀는 어디로 갔나요
입꼬리라도 찾으려고 몇 바퀴를 돌았는데도 찾지 못했는데
갑자기 마른 털 덤불 속에서 오래비 목소리가 흘러나오네요

시를 읽고 아마 소동파 얼굴이 머리카락과 턱수염이 길게 자란 달마대사와 같이 생기지 않았을까 하고 유추해 보았다. 아무리 그렇기로서니 오래비를 이렇게까지 놀리다니 오래비가 가만히 있을소냐.

未出庭前三五步　　미출정전삼오보
額頭先到畵堂前　　액두선도화당전

※ 화당(畵堂) : 불화를 모신 사당

뜰앞으로 서너 걸음을 내딛기도 전에
이마 꼭지가 먼저 화당 앞에 와 있네

사당에 가려고 섬돌을 내려서자마자 여동생 앞이마가 사당에 닿았다니 여동생 또한 못생긴 것은 기본이고 대단한 앞짱구였나 보다.

한시 번역에 대한 소회

한시 번역에 대해서도 한 말씀 드려야 할 것 같다. 이 책에 실은 한시는 춘망사(春望詞)(가곡 동심초 원시) 외 엔 모두 나의 번역본이다. 전문가는 아니나 한문 세대라 on-off line을 통해 참조한 여러 한글 번역본이 아무래도 내 생각과 다른 번역 부분 많아서 그리했다. 내용은 같으나 표현이 다른 것이 많지만, 내용이 다른 번역도 적지 않고 김삿갓의 '개성 선죽교' 같이 아예 다른 번역도 있다.

한자는 어순이 우리말과 다르다. 주어 다음에 동사가 나오는 영어와 같은 어문 체계를 갖추고 있다. 또한 뜻글자이기 때문에 해석할 때 어떤 토씨를 붙이느냐, 하나의 한자를 명사로 보느냐, 동사로 보느냐, 그리고 한문은 전체 문장이 띄어쓰기도 없어 지속되어 한 문장을 구분할 때 어느 글자에서 끊느냐(마침표 찍기)에 따라서 뜻이 달라진다.

또한 이렇게 구분한 문장 일부를 구로 보느냐 아니냐, 문장과 문장 사이에 and, so, then 등 어떤 접속사를 넣느냐, 어떤 시제를 적용하느냐 등에 따라 해석이 크게 달라진다.

이와 같이 한자는 성격상 같은 한문을 놓고 서로 다른 각양각색의 한글 번역이 나올 수밖에 없는 요소를 가지고 있다.

한시를 번역하다 보니 한글 번역본의 시가 정말 아름다운 작품이 많았다. 이는 뒤에 실은 고대 한글 시조에서도 맛볼 수 있다. 그래서 '이런 한시를 애초에 한글로 썼더라면' 하고 아쉬워하다가 세종대왕께서 한글 창제 후 모든 문서에 한문을 쓰지 못하게 하는 칙령을 내려 철저히 감시했더라면 참 좋았었겠다는 생각이 들었다.

한발 양보하여 한문을 계속 사용하더라도 설명하거나 표현하기가 어려운 부분은 본인들도 무슨 한자를 써야 할지 고민했을 것으로 보이는 데 그런 곳마다 한글로 주해를 좀 달아 놓았더라면 참 좋았을 텐데 아쉽기가 그지없다.

그랬더라면 오늘날 후학들이 번역에 이렇게 많은 시간을 뺏기지도 않고, 번역도 서로 다르게 하고, 번역을 해 놓고도 헷갈리는 일은 없었을 것이고, 번역을 이중 삼중으로 하는 쓸데없는 노력과 시간 낭비도 하지 않을 텐데 말이다. 한문 번역 전문가도 정말 모르겠다는 한자와 문장이 적지 않다는데 옥편에도 없는 한자도 쓰신 분들이라 한글쯤이야 한나절이면 다 터득했을 테고 실제로도 아셨을 텐데 아쉽기만 하다.

우리나라가 세종대왕이 한글을 반포한 1446년 이전까지 우리글이 없어 한자를 차용해 온 것은 다 아는 사실이다. 그러나 그 이후로도 1968년 고 박정희 대통령이 한글 전용을 공표할 때까지 약 520년 동안 한자를 혼용해 왔다. 당시 모든 공문서에서 한자를 쓰지 못하게 하자 난리가 났다. 최만리 같은 분이 정말 많았다. 이제 와 생각해 보니 당시 한글 전용 결정은 얼마나 다행한 일인지 감사한 마음이 절로 든다.

3. 옛시조와 고전 한글 시

'시조'하면 젊은 세대들은 어떨지 모르겠으나 나이가 좀 있으신 분들에 겐 정몽주의 '단심가'와 이방원의 '하여가'가 떠오를 만큼 익숙한 분야다. '시조' 명칭도 가객 이세춘(영조)이 당시에 '단가'라고 불리던 것을 '시절 가조'(時節歌調)라고 부른 데서 유래되었다고 한다.

시조의 역사에 대해서는 대체로 고려 중기에 생겨나서 고려 말에서 조선 초기에 완성되었다고 보는 것이 일반적이다. 시조가 이렇게 긴 역사를 가지고 오늘날까지 이어지게 된 것은 3·4(4·4)조의 3행으로 이루어져 있어 누구나 쉽게 접근할 수 있고 유장한 리듬이 민족의 호흡과 자연스럽게 일치되기 때문이라고 한다.

시조의 계승·발전의 역사는 기록으로도 나타난다. 조선 3대 시조집이라 하는 『청구영언』(靑丘永言)이 1728년(영조 4), 『해동가요』(海東歌謠)가 1763년, 『가곡원류』(歌曲源流)가 1876년(고종 3)에 완성되었다. 개화기 이후에는 최남선, 이광수, 정인보, 이은상 등에 의해 현대시조로 거듭나서 오늘날의 현대 작가로 이어지고 있는데 겨우 명맥을 유지하는 수준이 아닌가 싶다.

시조는 우리나라 고유의 정형시로 한문을 사용하던 시대에 우리말로 만들었다는 점, 그리고 계급에 상관없이 양반과 평민 모두가 쓰고 애송한 국민문학이라는 점에서 문학사적으로 큰 의의가 있다고 한다. 옛시조와 사설시조 등 고전 한글 시 몇 편을 소개한다.

다만 현대시조의 경우 시조 고유의 리듬을 찾을 수 없고 내겐 현대 시와 구분이 안 되는 정도라 소개를 생략했는데 왠지 아쉽다.

한 손에 막대 잡고 또 한 손에 가시 쥐고
늙는 길 가시로 막고 오는 백발 막대로 차렸더니
백발이 제 먼저 알고 지름길로 오더라

🌱 우 탁(1261~1342) 고려 말 유학자

이화(梨花)에 월백(月白)하고 은한(銀漢)이 삼경(三更)인데
일지춘심(一枝春心)을 자규(子規)야 알랴마는
다정(多情)도 병인양하여 잠못들어 하노라
*이화(梨花): 배꽃 *은한(銀漢): 은하수 *자규(子規): 소쩍새

🌱 이 색(1328~1395) 고려말 학자

길 위의 두 돌부처 옷을 벗고 굶고 마주 서서
바람비 눈서리를 맞을 대로 맞을망정
인간의 이별을 모르니 그를 부러워 하노라

🌱 정 철(1536~1593) 조선 중기 문신

자네 집 술 익거든 부디 날 부르시오
내 집에 꽃 피거든 나도 자네 청하옴세
백년 덧 시름 잊을 일 의논코자 하노라

🌱 김 육(1580~1658) 조선 후기 문신

꽃피면 달 생각하고 달 밝으면 술 생각하고
꽃피고 달 밝자 술 얻으면 벗 생각하네
언제면 꽃 아래 벗 데리고 완월장취(玩月長醉) 하려노

* 완월장취(玩月長醉) : 달 구경하며 깊이 술에 취함

🌱 **이정보(1693~1766)** 조선 후기 문신

술을 취(醉)케 먹고 두렷이 앉았으니
억만(億萬) 시름이 가노라 하직(下直)한다.
아해야 잔 가득 부어라 시름 전송(餞送)하리라.

* 전송(餞送) : 잔치를 베풀어 떠나보냄

🌱 **정태화(1602~1673)** 인조~현종 때의 문신

님 그린 상사몽(相思夢)이 실솔의 넋이 되어
추야장 깊은 밤에 님의 방에 들렀다가
날 잊고 깊이 든 잠을 깨워 볼까 하노라

* 실솔(蟋蟀) : 귀뚜라미

🌱 **박효관(1800~미상)** 조선 후기 가객

눈물이 진주라면 흐르지 않게 두었다가
십 년 후 오신 님을 구슬 성에 앉히련만
흔적이 이내 없으니 그를 슬퍼 하노라

🌱 **작자 미상**

묏버들가

묏버들 갈해 것거 보내노라 님의 손대
자시난 창밧긔 심거두고 보소서
밤비예 새닙곳 나거든 나린가도 녀기쇼셔

묏버들 골라 꺽어 보내노니 님의 손에
주무시는 창밖에 심어두고 보소서
밤비에 새잎 나거든 나인가도 여기소서

🌱 **홍 랑(출생 미상)** 조선 선조 때 기생

贈別　　　증별

玉頰雙啼出鳳城　　옥협쌍제출봉성
曉鶯千轉爲離情　　효앵천전위리정
羅衫寶馬汀關外　　나삼보마정관외
草色超超送獨行　　초색초초송독행

고운 볼에 눈물 흘리며 도성을 나설 제
꾀꼬리 밤새 뒤척이며 이별 설움 달래주네
비단 적삼에 좋은 말 타고 물 건너 성문을 나서
홀로 가는 님 저 멀리 아득한 풀빛이 배웅하네

🌱 **최경창(1539~1583)** 조선 중기 선조 때 문신

홍랑과 최경창의 사랑이야기

관기 홍랑과 최경창의 지극한 사랑 이야기가 오늘날까지도 회자되고 있다. 놀랍게도 당시 최씨 문중에서 이를 인정하여 홍랑이 사망하자 장사를 지내주고 최경창 부부 무덤 아래 홍랑의 무덤을 마련해주었다. 최씨 문중 산은 경기도 파주시 교하읍 다율리에 있다.

최경창이 급제하여 1573년(선조 6년) 함경북도 평사로 발령받아 임지로 갈 때, 함경도 홍원 현감이 이를 축하하기 위해 연회를 여는데 이때 함경남도 홍원 출생의 관기(官妓) 홍랑과의 첫 만남이 이뤄진다. 한눈에 반한 두 사람은 바로 동거에 들어간다. 최경창은 처자식이 있었으나 경성은 변방이라 홀로 부임하고 홍랑도 따라가 막중(幕中)에서 기거하게 된 것이다. 말하자면 불륜인데 두 사람의 사랑 이야기를 끝까지 들어보면 뭐라 말을 할 수 없게 만들어 버린다.

어쨌거나 둘이 함께 살면서 그들의 정은 점점 깊어만 갔다. 떼려야 뗄 수 없는 운명적인 사랑에 빠진 이들은 안타깝게도 2년도 채 안 된 이듬해 봄에 이별하게 된다. 최경창이 임기를 마치고 1575년 서울로 돌아가게 된 것이다. 그녀는 눈물로 지새우다가 마침내 떠나는 님을 작별하는데 마지막 배웅하는 길은 멀고 험난했다. 홍랑은 몇날 며칠을 님을 따라 그야말로 태산준령을 넘어 쌍성까지 따라갔다.
이윽고 함관령 고개, 도(道) 경계에 이르러 더 이상 따라갈 수 없었던 홍랑은 거기 버드나무의 버들가지를 꺾어 최경창에게 건네면서 시조 한 수를 읊어 바치는데 그 시조가 위 〈묏버들가〉이다.

이후의 두 사람의 사랑은 눈물로 쓸 수밖에 없다. 그 뒤 3년 동안 소식이 끊겼었는데 홍랑은 최경창이 병석에 누웠다는 소식을 듣고 당일로 떠나 7주야를 걸어 서울에 도착, 최경창을 지극정성으로 간호했다. 덕분에 최경창은 쾌차했으나 이일이 조정에 흘러 들어간다. 그때가 하필 명종 왕비 국상 중이었는데 이런 때 기생을 불러들였다고 하여 최경창은 징계받고 홍랑은 홍원으로 돌아가게 된다. 이때 최경창이 홍랑에게 한시 2수를 지어 주는데 위 시가 그중의 하나다.

이것이 이생에서 마지막 만남이 될 줄은 꿈에도 몰랐다. 이후 파직을 당한 최경창은 변방 한직을 전전하다 1583년 45세의 나이로 객사하고 만다. 다시 만날 날을 학수고대하며 지내던 홍랑에게는 청천벽력의 일이었다. 넋을 잃고 목을 놓아 울던 그녀는 몸을 추스려 경기도 파주 그의 무덤 옆에 움막을 짓고 3년 시묘살이를 하게 된다. 더 가슴 아프고 믿을 수 없는 것은 자신의 미모가 빼어나서 뭇 남성이 접근하는 것을 우려 얼굴에 자상을 내어 추녀로 만들고 숯덩이를 삼켜 벙어리가 되어 버린 것이다.

삼년상이 끝나자 스스로 목숨을 끊으려 했으나 임진왜란이 일어나 당시 백광훈, 허균의 스승 이달과 함께 삼당시인으로 일컬어진 그의 유품을 가지고 함경도 피난 길에 오른다. 이렇게 보존된 그의 유작은 후일 그 호를 딴 '고죽집'이라는 문집으로 만들어져 오늘까지 전해지고 있다. 그 시대가 어떤 시대든, 제아무리 신분 차별의 시대라고 한들 이렇게 지극한 사랑과 절개를 어떻게 무시할 수 있었겠는가. 최씨 문중은 홍랑을 자기 집안사람으로 받아들였다.

하늘이 사롬을 닉미 쁠 곳이 다 잇도다
날ᄀᆞᆺ흔 궁ᄉᆡᆼ은 무삼 일을 일웟더뇨
등하의 글을 닑어 댱문부ᄅᆞᆯ 못 닐우고
ᄆᆞᆯ 우희 활을 닉여 오랑키를 못 쏘도다
반ᄉᆡᆼ을 녹녹ᄒᆞ야 젼샤의 잠겨시니
비슈를 녑히 끼고 역슈를 못 건넌들
금등이 압히 셔니 이거시 무슴 일고
간밤의 ᄭᅮᆷ을 ᄭᅮ니 요야ᄅᆞᆯ ᄂᆞ라 건너
산히관 잠은 문을 ᄒᆞᆫ 손으로 밀치도다
망히뎡 뎨일 층의 취후의 놉히 안ᄌᆞ
갈셕을 발노 박ᄎᆞ 불희를 마신 후의
진시황 밋친 ᄯᅳᆺ을 칼 집고 우섯더니
오ᄂᆞᆯ날 초초 ᄒᆡᆼ식이 뉘 타시라 ᄒᆞ리오

하늘이 사람을 내매 쓸 곳이 다 있도다.
나 같은 궁생(窮生)은 무슨 일을 이뤘던가?
등촉 아래 글을 읽어 <u>댱문부를</u> 못 이루고
말 위에 활을 익혀 오랑캐를 못 쏘도다.
<u>반ᄉᆡᆼ을 녹녹ᄒᆞ야 젼샤의</u> 잠겼으니
<u>비슈를</u> 옆에 끼고 역수를 못 건넌들
<u>금등이</u> 앞에 서니 이것이 무슨 일인가
간밤에 꿈을 꾸니 요동 들판을 날아 건너
산해관31)잠긴 문을 한 손으로 밀치도다.

---

31) 산해관(山海關) : 만리장성의 시작점인 중국 하북성 진황도에 있는데 현재도 '천하제일문(天下第一門)'이라는 현판이 붙어 있다. ※ 밑줄 친 부분 해석 불가

망해정(望海停) 제일 층에 취한 후 높이 앉아
갈석32)을 발로 박차 발해(渤海)를 마신 후에
진시황 미친 뜻을 칼 짚고 웃었더니
오늘날 초초 행색이 누구의 탓이라 하리오!

🌱 담헌 홍대용(1731~1783)

　한글 고전이라고 해야 할까. 색다른 시를 감상해 보자고 가져왔다. 위 원문을 읽고 얼마만큼이나 해석 가능한지 알아보는 것도 묘미일 것 같다. 필자는 반만큼도 해석하지 못했다.

　실학자 홍대용이 1765년(영조 41) 11월부터 1766년 4월까지 북경에 다녀와서 그 경험을 일기체 형식으로 쓴 책이 『을병연행록』이다. 이 책은 20권 20책으로 편집되어 있는데 한글로 썼다는 점이 특징이다. 이 시는 제1권의 27일째 되는 날 평북 의주에서 약 48km 떨어진 구련성과 봉황성 사이의 책문33)을 지나면서 쓴 기록에서 발췌한 것이다. 홍대용은 실학파인데 과학 분야에 남다른 조예를 가지고 있어 '과학 실학자'라고 해야 할지 모르겠지만 나는 이분의 이 시를 읽고 크게 감동받았다. 우리나라 상고사를 공부하다 보면 자부심이 차고 넘치게 된다. 고조선은 물론 삼국시대까지도 만주벌판은 물론 지금의 중국 영토의 반 이상 그리고 몽골고원에 이르기까지 광활한 영토를 가진 대국이었다는 것을 알 수 있기 때문이다. 그리고 일제가 얼마나 치밀하게 우리의 상고사를 왜곡시켰는지도 알 수 있다.

---

32) 갈석(碣石) : 갈석산, 지금의 하북성 난하(灤河, 랴오허강) 하류, 발해 해안 가까이 위치한 산(고조선 영토), P342 참조
33) 책문 : 오늘날의 출입국관리소

또한 삼국시대 이후 우리가 잃어버린 고토를 회복하기 위해 애쓴 흔적이 여기저기 나타난다. 고려시대에도 그랬고 조선 초기엔 요동 정벌을 위해 구체적으로 군사를 일으키기도 했다. 광활한 옛 영토를 회복하기 위한 효종의 북벌계획도 있었다.

 연암 박지원의 『열하일기』(1780년, 정조 4)에서 보면 청나라 건륭황제 70세 생신을 축하하는 사절단이 북경에 갔다가 약 230km 떨어진 열하까지 가게 되는데 청나라 황제가 스승으로 모시는 이 열하의 번승 앞에서 조선 사신은 물론이고 마부에 이르기까지 이를 인정하지 않고 오만방자하게 행동하는 것이 적나라하게 묘사되어 있다. 죽음을 아랑곳하지 않는 간이 부어 아예 배 밖으로 나온 행위가 통쾌하기가 그지없다.
 우리는 조선 건국 후 200여 년이 지난 후에도 잃어버린 강토에 대한 애착을 버리지 못하고 우리의 핏속에 여전히 대국의 기질이 흐르고 있고 고토를 회복해야 한다는 열망이 녹아있음을 유감없이 보여주고 있는 담헌 홍대용을 이 시를 통해 만날 수 있다. 이 시에서 〈진시황 미친 뜻〉이라 함은 북방 민족(고조선)을 막기 위해 만리장성을 중축하여 쌓은 것을 말하는 것 같다. 수십 년 동안 와보고 싶었는데 드디어 말을 달려 여기에 이르렀다며 말 위에서 이 노래를 지어 읊었다는데 이 시를 평가한 글을 소개한다.

「원대한 뜻을 펼쳐 보이고자 한 홍대용의 평생소원은 1,200리 요동벌을 단숨에 날아가서 산해관을 한 손으로 밀어 열치는 것으로 형상화된다. 그것은 옛날 고조선과 고구려의 영토였던 갈석산을 발로 차고 발해를 다 마셔 가슴에 채우는 장엄한 민족 서사시다.」

님인가

님이 오마 ᄒ거늘 저녁밥을 일지어 먹고
중문(中門) 나서 대문(大門) 나가 지방 우희 치ᄃ라 안자 이수로 가액 ᄒ고 오ᄂ는가 가ᄂ는가 건넌 산 ᄇ라보니 거머횟들 셔 잇거늘 져야 님이로다. 보션 버서 품에 품고 신 버서 손에 쥐고 곰븨님븨 님븨곰븨 쳔방지방 지방쳔방 즌 ᄃ 모른 듸 글희지 말고 위렁충창 건너가셔 정옛말 ᄒ려 ᄒ고 겻눈을 흘긧 보니 상년 칠월 사흔날 골가벅긴 주추리 삼대 슬드리도 날 소겨다. 모쳐라 밤일식망졍 힝여 낫이런들 ᄂᆞᄆ 우일 번ᄒ괘라.

* 주추리 삼대 : 밭에 묶어 세워 둔 삼줄기

🌱 **작자 미상의 사설시조**

〈해석〉

임이 온다고 하거늘 저녁밥을 일찍 지어 먹고
중문 나와 대문 나가 문지방 위에 달려가 앉아 손을 이마에 대고 임 오는가 가는가 건너편 산 바라보니 거무희뜩한 것이 서 있거늘, 저것이 임이로다. 버선 벗어 품에 품고, 신 벗어 손에 쥐고, 곰비님비 님비곰비 천방지방 지방천방 젖은 땅 마른 땅 가리지 않고 우당탕퉁탕 건너가서, 정에 넘치는 말을 하려고 곁눈으로 흘깃 보니, 작년 칠월 사흘날 껍질 벗긴 주추리 삼대가 나를 알뜰히도 속였구나.
아서라, 밤이기에 망정이지 행여 낮이었다면 남 웃길 뻔 했구나.

4. 유교문화와 한문 그리고 우리 고전과 한문 공정

유교문화

한문과 유교문화는 우리 사회에서 많이 사라지긴 했으나 더 철저하게 지워버려야 할 문화유산이라는 것이 나의 생각이자 주장이기도 하다. 처음부터 이런 생각을 가졌던 것은 아니다. 나는 정도가 문제이지, 알게 모르게 한문과 유교문화에 젖어 생활하던 그야말로 평범한 대한민국 시민의 한 사람이었다. 그런 내가 이렇게 생각이 바뀐 것은, 근대사 특히 구한말 선교사들의 행적을 통해 막연하게나마 알고 있었던 조선 사회의 상상조차 할 수 없는 어처구니없는 구체적 실상을 알게 되면서부터다.

「우리나라는 일본의 식민 지배를 당했고 동족상잔의 전쟁을 치렀고 오늘날 세계 유일의 분단국가로 남아있다. 이런 역사의 격랑에 휩싸인 우리나라 민초들은 필설로는 다할 수 없는 수난을 겪었다. 천수를 다하지 못하고 구천을 떠도는 영혼을 헤아릴 수조차 없다. 세계 도처에 코리아 디아스포라34)가 산재해 있다. 이 격랑의 여파는 지금도 우리에게 미치고 있다.」

나는 구한말 이후 오늘날까지 우리 역사의 흐름을 이렇게 정리했다. 그리고 이에 대한 가장 큰 책임은 당연, 국가를 이끈 리더 즉, 위정자에게 있지만 근본적인 원인으로 조선의 유교 통치 이념을 꼽았다. 그래서 유교

---

34) 디아스포라(Diaspora) : '~ 넘어'를 뜻하는 디아(dia)와 '씨를 뿌리다'를 뜻하는 스페로(spero)의 합성어로 '자의적이든 타의적이든 본토를 떠나 타지에서 자신들의 규범과 생활 습관을 유지하며 살아가는 집단'을 말한다. 유대인을 지칭하는 용어였으나 지금은 유사한 성격의 집단을 지칭하는 일반용어가 되었다.

에 대해 이렇게 결론을 내렸다.

「그 이론이 논리가 아무리 정치하고 심오한 철학이 담겨있다고 할지라도, 아무리 저명한 석학이 이를 보완하고 완성 시켰다고 할지라도 이런 조선 사회를 만들어 낸 그런 이데올로기는 이 땅에서 흔적조차 없이 지워버리는 게 마땅하다.」

나는 〈공자님께 미안한 말씀〉이라는 유교의 폐해에 대한 글을 쓰기도 하고 나아가 앞으로 세세토록 이어받아야 할 우리 고유의 이데올로기를 창출해 내야 한다면서 〈한국판 탈무드 만들어야 한다〉고 주장하기도 했다.35)

그러다가 지난해 봄에 지인으로부터 이런 내 생각을 논리적으로 뒷받침 해 줄 책을 소개받았다. 혹시 『공자가 죽어야 나라가 산다』(김경일, 1999)라는 책을 읽어 보지 않으셨다면 이 책 2부(p93 ~ p179)를 한번 읽어 보실 것을 권해 드린다. 특히 전통문화에 관심이 많거나 나름 한학에 대해서 좀 안다고 생각하시는 분들에게는 꼭 권하고 싶다.

이 부분을 요약하자면 중국 상고사 하·은·주 시대(BC 2070~BC 256)의 하·은 두 나라 왕실에 대해 기록한 것을 『상서』라고 하는데 우리가 아는 사서삼경 중에서 『서경』을 말한다.

한편, 은나라 패망(BC 1046) 이후 약 500년 후에 공자(BC 551~BC 479)가 태어난다. 공자는 이 『상서』를 편집해서 100편으로 묶었다가 다시 29편으로 엮어내는데 이 책은 진시황 분서갱유(BC 212~3) 때 불타버린다. 그 후 한나라(BC 202~AD 220) 때 복생이 29편으로 재편해낸다.

---

35) 주 19) 『꿈꾸는 산하 목메인 강토』 p90~p96, p310~p315

문제는 유교적 가치를 지존으로 만들기 위해 이 두 사람이 『상서』를 편집하면서 멋대로 당시의 역사를 변질하고 거짓으로 왜곡시켰다는 점이다. 이런 사실은 3,500년 동안 땅속에 묻혀있던 갑골문자로 씌여진 『상서』 원본이 1899년에 발견됨으로써 세상에 알려지게 된다. 이 책『공자가 죽어야 나라가 산다』에서는 이처럼 시작부터 허위로 가득 찬 유교가 한무제(BC 141~87) 때 동중서란 인물에 의해 가필·보완 된 이후 수 세기 동안 동양 삼국의 통치 이념이 되어 왔다고 밝히면서 근대에 이르러 중국과 일본은 이를 어떻게 탈피했으며 우리는 어떻게 해 왔는지를 또한 이 유교문화가 우리 사회를 어떻게 망쳐왔는지를 매우 구체적으로 언급하고 있다.

이 책은 내가 익히 알고 있으나 막연히나마 문제가 있지 않느냐고 생각했던, 천자 사상, 조상숭배, 효와 충, 여성 인식과 대우, 주자학 등에 대해 그 실상을 낱낱이 밝혀 나 같은 평범한 시민을 유교 배척의 극단주의자로 만들어 버렸다.

이 책 초판이 발간된 때가 1999년인데 당시 저자는 우리 사회는 세 가지 부류의 세대가 함께 살고 있다고 진단했다. 하나는 유교의 근본주의자들로 천수를 다해가고 있는 고령 세대들이고 다른 하나는 한국전쟁을 전후하여 태어나서 젊은 시절 옆구리에 한문책과 영어책을 끼고 다녔던 유교의 폐해를 가장 심각하게 입은 세대다.

그리고 마지막으로 당시 젊은 세대를 꼽았다. 그들의 옆구리에는 만화책이 들려있고 책을 읽는 속도보다 더 빠르게 컴퓨터 자판을 치는, 이제까지 경험하지 못한 새로운 생각과 삶의 형태로 포맷된 삶의 흐름에 몸을 맡기는 세대라고 했다.

지금은 이로부터 4반세기가 지난 시점(2025)이다. 그래서 위 세 부류의 세대 구성비도 많이 달라지고 새로운 세대도 등장했을 것 같다. 나는 두 번째 세대로 꼰대 세대가 확실한 것 같은데 꼰대는 맞지만, 반유교주의 꼰대라고 외치고 싶다.

한문

해마다 새해가 가까워지면 교수신문에서 올해의 사자성어를 발표한다. 자료를 찾아보니 2001년부터 해 온 것이다. 이제 보니 교수신문 외에도 일부 지자체 등 발표하는 곳이 좀 있다. 옛날에는 그렇다 쳐도 이런 것을 왜 지금도 발표하는지 모르겠다. 더구나 발표한 사자성어를 보면 평생에 한 번 쓸까 말까 한 단어들이 대부분이다.

하나 더 지적하자면 일부 식자들은 글을 쓰거나 발표 등을 할 때 한문을 즐겨 쓰고 중국 고사를 인용하는 경우가 종종 있는데 이것도 정말 하지 말아야 한다. 별생각 없이 이와 같이 하는지 모르겠으나 이는 중국 문화 예속을 유발하는 단초가 될 수 있는 문제 행위임을 알았으면 한다. 고사가 필요하면 5천 년 우리 역사 속에서 그 사례를 찾아야 하지 않겠는가.

나는 향후 우리 역사를 이렇게 조망한다. 단군조선(BC 2333) 이후 우리나라는 약 2천 년간 중국 본토의 거의 반이 동이족의 영토인 초 강대국이였다. 그러다가 삼국시대부터 조선 멸망에 이르는 약 2천 년은 중국이 지배한 세상이었다.

그렇다고 한다면 향후 2천 년은 다시 우리가 동양뿐만 아니라 세계에서 과거 로마와 현재 미국의 지위를 대체하는 초강대국으로 우뚝 서게 되는 시기이다. 이러한 조짐은 이미 시작되었다고 볼 수 있다.

오늘날 세계의 중심축이 아시아로 넘어오고 있다. 우리는 그 축이 중국이나 일본이 아니라 우리나라가 되어야 하고 또 그렇게 만들어야 할 시대적 소명을 안고 있다. 우리가 이런 시대를 살고 있다. 한문만 보더라도 조선시대가 한문의 절대적인 영향권에 있었다고 한다면 오늘날은 한문이 우리에게 미치는 영향은 거의 제로다. 더구나 디지털 시대가 열리면서 이 시대에 가장 적합한 문자가 한글이라는 것이 국제적으로 공인되다시피 되어 있고 한글이 세계화될 조짐마저 보인다. 머지않은 장래에 영어를 대체하는 세계 공용어가 될지도 모를 일이다. 반면에 우리가 쓰는 한문은 중국에서조차 – 간체자(약자)를 너무 많이 만들어 – 통용이 어려울 정도다.

[毕达哥拉斯定理]이 한문 단어가 무슨 말인지 바로 알 수 있는 분이 있는지 모르겠다. 이는 '피타고라스 정리'라는 말이다. 학창 시절에 '대수학'이었든가 중국어판 문제 풀이집을 보면서 풀이는 다음 문제고 한문을 해석하느라고 엄청 고생했던 기억이 새롭다. 이는 뜻글자를 가지고 소리글자를 표현해서 그렇다. 이처럼 중국어는 다른 외국어와 소통하는 데도 큰 불편을 안고 있는 문자이다. 말하자면 <u>우리가 쓰는 한문</u>은 우리 고전을 번역하는데 외에는 별로 쓸모가 없는 문자인 셈이다.

나는 지금 「과거 중국의 한문과 유교문화가 동양 3국에 미친 영향을 생각할 때 오늘날의 우리는 한글과 K-문화가 그 역할을 대신하게 되는 역사적 전환점에 서 있다」는 주장을 하고 있다. 향후 2천 년 역사를 주도하기 위한 〈보편성을 지닌 우리 고유의 이데올로기 정립〉 그리고 〈한글과

K-문화의 끊임없는 창조와 이의 세계화〉가 시대적 소명이고 이의 단초는 한자와 유교문화의 완전 탈피에서 비롯된다는 논리다.

그렇지 않아도 우리는 한문을 너무 오랫동안 차용해 왔고 더구나 한문이 뜻글자이다 보니 우리 말에 한문을 빼고 생각하기가 어려울 정도가 되었다. 그럼에도 불구하고 향후 2천 년 아니 그 후까지 초강대국의 우리나라를 생각할 때 꼭 그래야 한다는 것이 나의 주장이다. 지금 우리가 생각하고 살아가는 방식을 한글 기록 유산으로 남겨 먼 훗날 우리 후손들의 고전이 되게 해야 할 터인데 그러기는커녕 천년 후의 우리 후손도 한문을 즐겨 쓰고 중국 고사를 들먹이면서 유식한 척하며 살아간다면 이게 말이 되는 얘기인가 싶다.

말이 나온 김에 얘긴데 갑자기 누가 광화문 한글 간판을 바꿔버렸는지 모르겠지만 당장 떼어내야 할 한문 간판이 천년 후에도 그대로 걸려있을까 봐 두렵다. 아무튼 극히 일부 세대에 해당하는 얘기지만 지금은 사자성어나 중국 고사를 들먹이고 있을 때가 아니다.

이렇게 논리를 펴고 보니 나의 주장을 곡해할 우려가 있을지도 모르므로 여기서 좀 더 부연 설명을 해야겠다. 유럽 사람들은 평범한 사람들도 보통 2~3개 외국어를 한다고 한다. 유럽 대평원이라는 지리적인 특성과 국가 간 자유로운 왕래 등 그럴만한 사유가 있겠지만 우리도 여러 외국어를 할 수 있도록 어려서부터 부지런히 가르쳐야 한다. 더구나 지금은 다문화 융합 시대이고 코리안의 활동무대가 지구촌 방방곡곡이 아닌가.

나는 앞서 소개한 책의 3부류 세대 중 옆구리에 한문책과 영어책을 끼고 다닌 세대다. 조선시대 유생들이 사서삼경을 신주단지 모시듯이 했다면 우리 때는 거의 모든 대학생이 자기 학과 교제로 영어 원서를 끼고 다녔다. 한문이 영어로 대치된 셈이다.

젊은 시절에 서구 문명에 압도되어 배우기에 급급했고, 이는 선망의 대상이었다. 선진 문명을 배우기 위해 너도나도 유학길에 올랐고 우리나라 민속문화는 미신이 많고 열등한 것이라고 여겨 부끄러워하며 감추고 없애버리기에 바빴다. 당시 우리들의 청년문화는 압도적으로 서구의 대중문화 영향을 받았다.

젊은 시절 추억에 잠길 시와 노래를 소개하고 있는 이 책도 팝송과 영시, 조상의 숨결을 느낄 수 있는 한시를 번역한 한글 번역본을 두 언어의 원문과 함께 싣고 있다.

지금 내가 하고 있는 얘기는 우리 세대가 젊은 시절 팝송에 심취되었었기 때문에 세월이 흘러 황혼의 언덕에 올라앉아 팝송을 불러보면서 그 시절을 회상하며 추억에 잠기고 있는 것처럼, 지금의 세계 방방곡곡의 젊은이들이 K-문화에 흠뻑 빠져들었다가 나처럼 나이가 들면 젊은 시절 추억을 되살리며 행복한 시간을 보내기 위해 한글 원본과 자기 나라말 번역본을 동시에 실은 책을 출간하여 읽어 보게 만들어 주자는 것이다.

과거 중국이나 서구 문화의 강물이 흘러가는데 우리 문화는 거기에 흘러드는 시냇물이었다고 한다면 지금부터는 K-문화의 강물이 도도하게 흘러가면서 세계 도처에서 흘러 들어오는 시냇물로 더욱 풍성하고 깊고 푸르게 강폭을 넓히면서 흘러 나가야 한다는 말이다. 이 시대를 우리 고유의 이데올로기와 한글 그리고 K-문화가 세계 문화를 선도하는 그런 시대로 만들자는 것이다.

유교문화와 한문은 우리의 역사적인 특수성을 고려할 때도 그렇고 중국이 치밀하게 추진하는 「동북공정」을 보아도 의도적으로 분리해야 할 당위성이 충분하다. 말하자면 한문을 지금 우리가 사용하는 영어처럼 외국어의 하나로 취급하여 현대 중국어를 열심히 배워 국제 무역 등 필요할 때 사용하되 당장은 꼭 필요한 경우에만 사용하고 이마저도 사용하지 않아도 되게 서서 만들어 한문을 <u>일상의 우리 말과 글에서</u> 완전히 제거해 버리자는 것이다.

정리하자면 이미 한자와 유교문화는 우리 사회에서 거의 사라졌지만, 그 흔적마저 철저히 지워야 한다는 나의 각성과 지금 우리가 어떤 시대를 살고 있는지를 한자나 중국 고사를 즐겨 쓰거나 아직도 유교를 금과옥조로 여기시는 분들에게 알려 주고 싶어서, 그런 행위나 사고는 결과적으로 중국 문화 예속을 가져오는 역할을 하는 셈이라는 것을 깨우쳐주고 싶어서 이 글을 쓰고 있다.

우리 고전과 한문 공정

'4월은 잔인한 달'이라는 말을 모르는 사람이 있을까?
이 책에 실을 외국 시를 고르려다 보니 당연 '황무지'가 떠올라 여기저기 찾아보니 제1차 세계대전 이후 황폐해진 유럽과 본인의 사생활을 표현한 장편의 서사시라고 한다.

'일반화의 오류'가 아니라 '오류의 일반화'라고 나 할까. 유럽은 봄 날씨가 화창한 날이 많지 않다는가 하는 그럴만한 사유가 있다고 해도 그렇지 꽃피고 만물이 소생하는 아름다운 4월을 왜 잔인한 달이라고 했는지 모르겠다. 더구나 처음 시작 부분의 4~5줄을 빼놓고는 전체 내용이 도대체 뭔 소리를 하고 있는지 도무지 알 수가 없었다.

지금 내가 말하려는 것은 '황무지'에 대한 비평이 아니라 이 시가 그 나라 고전이라니까 그것은 그렇다 치더라도 사람 헷갈리는 이런 시가 어떻게 세계에 널리 알려지게 되고 결국 나까지 읽어 보게 되었냐는 한탄이다. 우리의 위대한 고전 다산 3서 조차 제대로 읽어 보지 못해 놓고서 말이다.

내가 한시를 번역하면서도 놀라웠던 게 많다. 이 책에 실을 한시를 여기 저기 찾아보다가 우리 선조가 남긴 작품이 정말 많다는데 놀랐다. 그리고 한시는 물론 이렇게 많은 고전이 거의 인문학 분야라는 점에 또 놀랐다. 실학파의 과학 분야가 조금 있다는 사실이 그나마 위안이 될 지경이었다. 그리고 한시 번역을 위해 기 번역물을 찾아보다가 같은 한시를 두고 서로 다른 번역본이 많다는 데 한 번 더 놀랐다.

아무래도 번역에 관해서 얘기를 좀 해야 할 것 같다. 우리나라의 기록문화는 대단하다고 할 수 있다. 팔만대장경과 조선왕조실록은 세계문화유산으로 등재되어 있다.
예전에 어느 학자가 TV에 나와서 지금의 인력으로 규장각에 있는 도서를 다 번역하려면 100년도 더 걸린다고 말했는데 규장각 외에도 향교나 문중 등 전국 곳곳에 많은 고서가 쌓여있다.
물론 향후 AI의 발달로 번역에 걸리는 시간문제는 해결될 수 있겠으나 근본적인 문제는 여전히 남아있을 것 같다. 번역만이 능사가 아니기 때문이다.

「기록만 하다가 보니 기록물이 산더미가 되었다.

번역물도 점점 더 높이 쌓여가기만 한다.

기록물도 그렇지만 이 많은 번역물을 누가 언제 봐야 하는가?」

아무래도 우리 한문 고전을 있는 그대로 번역하는 것은 옳은 방법이 아닐 것 같다. 그래서 〈한문 공정〉이라고나 해야 할까, 나름의 한문 고전의 번역 방법론을 제시하고자 한다.

우선 기존 번역물은 물론 향후 번역물에 대해 번역 목적을 다시 정립해야 할 필요가 있다. 고전을 번역하는 사람들은 중국 고사가 아니라 우리 역사와 고사('동이 문화'라고 하자)를 찾아내야 한다. 그리하여 동이 문화가 이미 세계화가 진행되고 있는 K-문화의 샘물이 끊임없이 솟아나게 하는 원천이 되게 만들어야 한다. 나는 동이 문화의 발굴과 재창조가 우리 고전 번역의 목적이 되어야 한다고 생각한다. 나아가 이 목적을 달성하기 위한 방법론으로 〈한문 공정〉과 〈고전 접근 용이성 확보〉 그리고 〈우리 후세들이 과학 분야 고전을 앙신할 수 있는 단초를 만들어 내자는 것〉이 세 가지를 제안하고자 한다.

첫 번째 〈한문 공정〉이란 우리 한문 고전에 언급된 중국 관련 글은 중국과 교류나 전쟁 기록과 같이 언급하지 않을 수 없는 경우, 외에는 아예 번역 대상에서 제외하자는 말이다. 중국 관련 이야기는 다른 나라 역사처럼 중국 역사서나 중국 관련 서적에서 찾아볼 수 있게 하면 된다.

우리 한문 고전을 원문 그대로 번역해야 한다는 생각이라면 그 생각은 바꿔야 할 것 같다. 무릇 세계의 역사는 승자의 기록이기 때문에 원전 자체가 사실을 그대로 기록하지 못하고 있는 허점투성이의 기록이다. 위에서 말한 갑골문자의 발견이 이것을 증명하고 있다.

좀 더 이해하기 쉬운 예를 들어본다면 고 전두환, 김영삼, 김대중 정부를 살아온 각계각층의 천 명을 선정, 모든 자료를 제공하고 마음껏 이 시대의 역사를 기록해 보라고 한다면 유사한 것을 합하더라도 적어도 1/10인 백 가지 이상의 서로 다른 역사 기록이 나오지 않을까 싶다. 이 시대를 직접 살아온 사람들의 기록도 이럴진대 수백 년을 지나오면서 이런저런 사람이 적어 놓은 과거의 글을 그중에서도 남의 나라 중국에 대한 것까지 원본이라 하여 그대로 번역해 낸다는 것이 과연 명분이 있는 일인지 모르겠다.

두 번째 〈고전 접근 용이성 확보〉란 이렇게 번역된 번역물을 용도에 맞게 주제별로 편집, 책등 여러 정보전달 매체를 각 세대에 맞게 잘 만들어 보급하여 누구나 즐겨 읽고 볼 수 있게 해야 한다는 말이다. 얼마 전에 내가 아는 지인의 문중 사무실에 갔었는데 큰 책장 하나를 다 채울 만큼 많은 한글 번역 서적이 전집처럼 꽂혀 있었다. 성균관에서 번역했다고 한다.

문제는 이렇게 방대한 한글 번역본을 누가 읽느냐는 것이다. 아무리 힘들여 번역했다 할지라도 독자가 그것도 많은 독자가 읽지 않으면 무슨 소용이 있겠는가.

그래서 방대한 우리 고전을 무조건 번역만 할 것이 아니라 먼저 번역 분야와 번역물 접근의 용이성까지 확보한 다음에, 말하자면 〈한문 공정〉을 통해 입맛(번역 목적)에 맞는 것만 골라 번역해야 한다는 말이다. 이렇게 설명을 해도 맘에 걸린다면 이 고전을 뭘 넣고 빼고 하여 이렇게 번역했다고 사실을 적어 놓으면 되지 않겠는가.

앞서 예로 든 '황무지'를 내가 읽게 된 것은 나의 젊은 시절 그것이 무엇이든 자기들 것이 곧 세계로 통하는 서구의 물질문명에 압도되어 있었기 때문이다. 그러나 세상은 많이 변했고 또 변하고 있다. 19세기 이후 물밀듯이 밀려오는 서구의 신문명을 배우기에 급급했던 우리의 처지가 21세기에 들어서면서 크게 달라졌다. BTS가 과거 Beatles보다 더 인기가 많고 세계 도처에서 K-Pop을 한국어로 떼창을 부르는 믿기 어려운 일이 현실이 되었다. 앞서 언급한 우리나라 초강대국 후기 2천 년이 이미 시작된 것이다. 그런데 세계 사람들이 한국 고전, 말하자면 한국판 황무지를 읽는데 거기서 중국 고사가 나와야겠느냐는 말이다.

세 번째는 우리나라 후기 2천 년 초강대국을 가능케 하는 실질적인 방법론이라 할 수 있다. 나는 우리나라가 근대 제국주의의 희생양이 된 근본 원인이 서구의 과학·기술의 발달에 있다고 진단했다. 초강대국의 지위를 가능케 하고 유지시켜주는 것은 그 나라의 과학·기술 역량이라는 것이다. 그래서 세 번째의 〈후세들이 과학 분야 고전을 양산할 수 있는 단초를 만들어 내자는 것〉은 고급 과학·기술 인력을 양산해 낼 수 있는 실질적인 국가 정책을 시행해야 한다는 말이다. 오늘날 입시생들이 공부를 좀 한다 싶으면 주로 문과는 법대를 이과는 의대를 지망하는 이런 행태가 바뀌게 국가사회 운영 시스템을 바꾸어야 한다. 중학생이 되어 처음 물리·화학을 배울 때 그 많은 법칙 중에 한국 사람이 만든 것은 단 한 개도 없어 크게 실망했던 기억이 난다.

일본은 노벨 과학상 수상자가 22명(2024)이나 되는데 우리는 한 명도 없다. 물론 노벨상이 무슨 기준이 되는 것은 아니고 우리 과학기술도 크게 발전하고 있지만, 이 분야에 인재가 몰리게 해야 할 당위성이 충분하다고 할 것이다.

　석학들이 지혜를 모아 향후 우리 고전과 기록문화의 방향에 대한 비전을 제시해야 할 필요가 있다고 본다. 기록물에 대한, 보다 효율적인 관리와 활용 방안, 우리 고전의 대중화와 세계화 문제, 번역의 적정성 확보 문제, 과학·기술 분야와 인문 분야의 학문 균형 발전 문제 등의 대처방안을 찾아야 하지 않을까 싶다.

　끝으로 나의 소회를 한마디 하고 이글을 마쳐야겠다. 청소년 시절에 나는 공자나 주자를 하느님 다음가는 위대한 사람들로 생각했다. 이글 처음 부분에서 〈유교 이데올로기는 이 땅에서 흔적조차 없이 지워버리는 게 마땅하다〉고 쓰자마자 바로 이에 대한 반론이 떠올랐다. 내가 유교에 비판적인 시각을 같게 된 것은 노년에 이르러서였다. 교육이 이렇게 무서운 것이다. 그래서 교육은, 특히 청소년들에 대한 교육은 정말 중요하다.

5. 새롭게 다가온 동요

오래 살다 보니 나도 외손주를 보게 되었다. 그런데 이 아이가 태어난 때가 하필 코로나가 극성을 부릴 때여서 산전·산후 내내 멀리서 바라볼 수만 있었을 뿐 아예 가까이조차 갈 수 없었다.

그렇게 날들이 흘러 돌잔치를 사돈과 나 그리고 손주 내 이렇게 세 가족이 조촐히 했는데 내가 사돈에게 말했다.

"나는 손주를 딱 한 번밖에 못 안아 봤습니다."

그러자 사돈이 말했다.

"저는 한 번도 못 안아 봤습니다."

손주 돌쯤에는 코로나는 어느 정도 진정되었는데 내가 폐렴이 걸려 막 나은 상태로 가까이하면 안 된다고 하면서도 그래도 태어나서 1년이 다 되도록 한 번도 못 안아봤으니 안아 보라고 아이를 뒤로 돌려 내 무릎에 잠깐 앉혀 주어서 이렇게 어깨를 움켜쥐려는데 바로 빼앗아 가버렸다. 그런데 이 외손주가 친 할아버지 얼굴만 보면 너무 크게 울어버려 아들이 손주를 데려오면 안기는커녕 아예 방에서 나오지를 못하게 했다고 한다.

이 글을 쓰는 지금은 상황이 좋아져서 가끔 손주 집에 가보면 항상 동요를 메들리로 틀어 놓았다. 그걸 보고 나도 우리 집에 올 때 동요를 틀어주기 위해서 인터넷에서 이런저런 동요를 찾아 들어보다 깜짝 놀랐다. 처음에는 잘 몰랐는데 계속 듣다 보니 기분이 이상하고 왠지 슬픈 느낌이 들어서다. 그래서 내가 소싯적에 배운 동요를 중심으로 작곡자와 작사가, 그리고 그 동요가 탄생한 배경을 살펴보다가 이 책에 싣기까지 되었다.

내가 아는 동요가 죄다 슬픈 이유를 확실히 알았다. 이 동요들 거의 다가 일제 강점기에 만들어진 것이다. 그 외의 곡도 1950년대에 만들어졌다. 1920년대 나라를 잃고 일제의 핍박을 받던 우리 민족의 시련과 애환을 담은 가사와 곡조가 얽혀 이런 슬픈 노래가 나온 것이다. 그러니까 이 동요들이 어린이는 물론 독립군이 이국땅에서 군가처럼 불러 향수를 달랬고, 6·25 전쟁통에는 피난, 배고픔의 서러움, 가족 사별과 생이별의 기막힌 삶의 애환을 달래 가면서 불렀던 국민 애창곡이었던 셈이다.

이렇게 뭔가를 조금 알고 가만히 소리 내어 불러보니 '슬픔의 미학'이라고나 할까, 슬프긴 해도 적이 안심되면서 평온해지는 것 같았다. 유일하게 1970년대 동요 과수원길을 실었는데 이 동요는 참 밝은 것 같아 좋았다.

한 집안에 어린아이가 있으면 엄마 아빠는 물론 이모, 고모, 삼촌, 할아버지, 할머니 할 것 없이 모두 아이에게 동요를 불러주니 과거는 물론 현재도 전 세대가 함께 부르는 국민 애창곡이 틀림없다. 그러면 동심으로 돌아가서 동요를 가만히 소리 내어 불러 보자.

반달
오빠 생각
따오기
기러기
형제 별
나뭇잎 배
고향 땅
가을밤
꽃밭에서 ∨ 과꽃
과수원길
아빠와 크레파스

반달

푸른 하늘 은하수 하얀 쪽배엔
계수나무 한 나무 토끼 한 마리

돛대도 아니 달고 삿대도 없이
가기도 잘도 간다 서쪽 나라로

은하수를 건너서 구름 나라로
구름 나라 지나선 어디로 가나

멀리서 반짝반짝 비치이는 건
샛별이 등대란다 길을 찾아라

🌱 작사·작곡 : 윤극영(1903.9.6.~1988.11.15.)

　1924년에 발표된 우리나라 최초의 동요.
　은하수 가운데 떠 있는 반달을 쪽배에 비유한 이 슬픈 동요는 일제에 빼앗긴 우리나라를 돛대도 아니 달고 삿대도 없이 정처 없이 흘러가는 반달에 비유했다고 한다.
　당시 일제가 못 부르게 금지했는데 일본인까지 따라 불러 어쩔 수 없었고 일본 본토는 물론 만주까지 전파되었다고 한다.

오빠 생각

뜸북뜸북 뜸북새 논에서 울고
뻐꾹뻐꾹 뻐꾹새 숲에서 울 제
우리 오빠 말타고 서울 가시며
비단 구두 사 가지고 오신다더니

기럭기럭 기러기 북에서 오고
귀뚤귀뚤 귀뚜라미 슬피 울건만
서울 가신 오빠는 소식도 없고
나뭇잎만 우수수수 떨어집니다

〈뜸북새〉

🌱 작사 : 최순애(1914.~1998.6.28.),
　작곡 : 박태준(1900.11.22.~1986.10.20.)

　이 동시는 1925년에 당시 11세의 소녀였던 최순애가 잡지 '어린이'에 투고하여 당선되었는데 1930년에 이 동시에 박태준이 선율을 붙여 이 애틋한 동요가 탄생하게 된다.

　8살 위인 서울 가는 오빠에게 비단 구두를 사다 달라고 부탁했는데 세월이 흘러도 아무 소식이 없는 오빠를 생각하면서 당시 과수원 밭둑에서 서울 쪽을 바라보면서 울다가 집에 오곤 했다고 하는데 이때 오빠 최영주를 그리며 쓴 시라고 한다.

따오기

보일 듯이 보일 듯이 보이지 않는
따옥따옥 따옥 소리, 처량한 소리
떠나가면 가는 곳이 어디 메이뇨
내 어머니 가신 나라, 해 돋는 나라

잡힐 듯이 잡힐 듯이 잡히지 않는
따옥따옥 따옥 소리, 처량한 소리
떠나가면 가는 곳이 어디 메이뇨
내 아버지 가신 나라, 해 돋는 나라

〈따오기〉

🌱 작사 : 한정동(1894.12.7.~1976.6.23.),
   작곡 : 윤극영(1903.9.6.~1988.11.15.)

　듣거나 부르면 자꾸 슬퍼지는 마력을 지녔다는 동요 '따오기'는 한정동의 1925년 동아일보 신춘 문예 시 부분 당선작에 곡을 붙인 것으로 우리 민족의 한이 담겨있는 국민 동요가 되었다.
　따오기 울음소리는 저녁놀이 질 무렵 시골 냇가에서 들으면 더욱 슬퍼진다고 하는데 따오기는 옛날에는 흔한 철새였는데 지금은 멸종위기에 있다고 한다.

기러기

달 밝은 가을밤에 기러기들이
찬 서리 맞으면서 어디로 들 가나요
고단한 날개 쉬어가라고
갈대들이 손을 저어 기러기를 부르네

산 넘고 물을 건너 머나먼 길을
훨훨 날아 우리 땅을 다시 찾아 왔어요
기러기들이 살러 가는 곳
달아 달아 밝은 달아 너는 알고 있겠지

🌱 작사 : 윤석중(1911.5.25.~2003.12.9.),
　작곡 : Stephen Collins Foster(1826.~1864.)

　포스터(Foster)는 스와니강, 금발의 제니, 오! 수재나, 올드 블랙 조 등 너무나도 유명한 곡을 만든 가장 사랑받는 민요 작곡가다.
　미국의 슈베르트라고 불리는 그는 38세에 요절했다.

　윤석중이 1936년 〈유년〉지에 발표한 이 가사에 붙인 원곡은 포스터의 'Massa's In De Cold, Cold Ground'(주인은 차디찬 땅속에) 라는 곡인데 미국의 노예 해방 이전을 배경으로 한 노래로, 흑인 노예들에게 어질게 대한 주인 매사(Massa)의 죽음을 애도하는 흑인의 마음을 그린 노래라고 한다.

형게 별

날 저무는 하늘에	웬일인지 별 하나
별이 삼형제	보이지 않고
반짝반짝 정다웁게	남은 별만 둘이서
지내이더니	눈물 흘린다.

🌱 작사 : 방정한(1899~1931), 작곡 : 정순철, 노래 : 이정숙

 이 동요는 1923년 9월 잡지 〈어린이〉 1권 8호에 실렸다고 한다.
 어렸을 때 우리는 아버지를 따라 동요를 많이 불렀지만, 이 동요는 아버지가 운영하던 공장에서 유독 많이 불러서인지 그 시절을 떠오르게 만든다.

 호남지방에서 '50~'60년대 성인이셨던 분은 복주머니 상표나 쌍 사슴 상표가 붙은 팔각 성냥곽을 아실 것이다. 이 상표 중 쌍 사슴표 성냥공장을 아버지가 운영하셨다. 5·16 이후 각 가정에 전기가 본격적으로 도입되면서 성냥 수요가 크게 떨어져 사업을 접으셨다고 들었는데 지금도 공장 안의 모습이 선명히 떠오른다.
 공장에는 둥그런 나무토막이 높이 쌓여 있었는데 이게 기계에 늘어가서 점점 엷어지다가 맨 나중에는 엷은 칼날이 상하로 부지런히 움직여 성냥 개비를 잘라내는데 금세 수북이 쌓인다. 이 성냥개비를 30cm 자와 거의 똑같이 생긴 막대(살대)를 약 40cm 높이로 쌓은 각 살대 사이에 끝이 나오게 양쪽으로 가지런히 놓고 위를 조이면 사방 40cm 정도 되는 네모 판이 만들어진다.

공장 끝 쪽에는 허리춤 높이의 넓은 철판 위에 김이 모락모락 나는 빨간 원액이 엷게 깔린 대(다이)가 있는데 기술자가 네모판을 여기에 앞면을 찍고 돌려서 뒷면을 찍으면 양쪽 성냥개비에 빨간 알이 묻혀진다. 이것을 건조실에 끼워 넣는다. 이런 일련의 작업을 하느라고 직원들이 분주히 움직인다. 그리고 공장 안 양쪽 벽면으로 각각 약 30명의 여공들이 길게 앉아서 건조실에서 가져온 네모판을 세로로 세워 놓고 조임 세를 느슨하게 하여 양손으로 적당량을 당겨 뽑아 머리 위쪽에서 꺼낸 빈 성냥곽에 넣는다. 또한 기계가 엷고 평평한 성냥곽도 쏟아내는데 동네 아줌마들이 각을 접고 상표에 풀을 칠해 붙여서 성냥곽을 만들어 가져온다.

아버지는 우리를 공장에 못 들어오게 했으나 형과 나는 자주 들어갔다. 이모들이 이뻐해 주고 먹을 것도 주었기 때문이다. 이때 노래도 시켰는데 율동까지 해서인지 '형제 별'을 제일 많이 시켰다.

2층에는 빈 성냥곽이 가득 쌓여 있는데 몰래 올라가 이곳으로 다이빙하며 놀았다. 그러다가 아버지에게 들키면 어김없이 살대로 맞았다. 아버지는 종아리 올려! 그러시고는 몇 대를 때리겠다고 말씀하신 다음 악 소리를 낼 겨를도 없이 연속으로 '다다다' 때리셨다. 일으킨 사건에 따라 벌을 서든지 정해진 대수의 매를 맞았다. 그때마다 형과 나는 울면서 얘기했다. "너는 몇 대 맞았냐? 많이 아팠냐? 나는 여기 멍들었다." "응! 나도 그래. 여기 봐봐!"

문득 아버지에 대한 일화가 생각난다. 어느 날 아버지가 광주 공원을 걸어오는데 사람들이 엄청 많고 '교통안전 웅변대회'라는 플래카드가 길게 걸려있었다고 한다. 그런데 아직 웅변이 시작된 것 같지 않아 지금 웅변 신청해도 되냐고 물었더니 받아주었다고 한다. 아버지는 원고도 없이 차례를 기다리다 웅변을 해서 1등을 하셨다. 상금과 부상을 받아오셨는데 부상은 당시에는 귀한 살색 커버가 씌여진 멋진 앨범이었다. 아버지는 성냥 납품을 위해 전라남·북도 방방곡곡을 다 돌아다니셨는데 이때 느낀 것을 얘기하셨다고 했다.

중학교 1학년 때 HR(특별활동반)을 말씀드렸더니 남자는 남 앞에서 말도 잘해야 한다면서 '변론반'에 들어가라고 하셨다.

'변론반'에서 웅변대회가 있었는데 나는 아버지가 써준 원고를 놓고 몇 날 며칠을 정말 열심히 연습했던 것 같다. 드디어 웅변대회가 열리고 내 차례가 되었다. 나는 한마디를 딱하고 멍하니 서 있었다. 조금을 기다리다 선생님이 처음에는 다 그런다고 모두 박수를 쳐라고 하시면서 수고했다고 내려오라고 했다. 이 웅변대회가 전교생 앞에서 하는 것도 아니고 교실 '변론반' 앞에서 하는 것이었다.

그런데 아버지는 그 많은 군중 앞에서 원고도 없이 더구나 연습 한번 해본 적 없는 내용을 가지고 웅변을 해서 입선만 해도 대단했을 텐데 아예 1등을 하셨다니 지금도 도저히 믿기지 않은 일이다.

또 생각나는 것은 동네 노인 분들을 모셔다가 함께 시조를 읊는 장면이다. 공장 뒤에 넓은 공터 편상 위에 둥그렇게 앉아 아버지가 북을 치며 운을 맞추고 한 분이 끝나면 그다음 분이 읊는, 항상 이런 방식이었다. 글자 하나하나에 장단고저가 있는 시조 읊는 장면은 그때 이후 지금까지 한 번도 본 적이 없다.

나뭇잎 배

낮에 놀다 두고 온 나뭇잎 배는
엄마 곁에 누워도 생각이 나요
푸른 달과 흰 구름 둥실거리는
연못에서 사알 살 떠다니겠지

연못에다 띄워논 나뭇잎 배는
엄마 곁에 누워도 생각이 나요
살랑살랑 바람에 소근거리는
갈잎 새를 혼자서 떠다니겠지

🌱 작사 박홍근(1919.9.19.~ 006.3.28.)
　작곡 윤용하(1922.3.16.~1965.7.23)

　이 노래는 1955년 6·25전쟁으로 시달린 어린이들의 마음을 순화시키기 위한 프로그램인 〈KBS 방송 동요〉로 발표되었다.
　박홍근 작사자는 고향이 함북 김책시로 특히 북한에서 피난 온 아이들을 생각하며 만든 서정 동요라고 한다. 그래서 새터민, 실향민, 출향인을 비롯한 어른들도 어릴 때를 떠올리며 즐겨 불렀다고 한다.
　앞서 소개한 생전에 자신의 집과 악기를 가져보지 못할 정도로 궁핍하게 살았던 가곡 보리밭을 작곡한 윤용하 작곡가도 황해도 은율이 고향이다. 6·25전쟁 때는 종군작곡가로 여러 군가와 '사병의 꿈'을 작곡했다. '민족의 노래', '광복절 노래'도 만들었다. 43세에 요절한 비운의 작곡가에게 2005년 문화훈장이 추서되었다.

고향 땅

고향 땅이 여기서 얼마나 되나
푸른 하늘 끝닿은 저기가 거긴가
아카시아 흰 꽃이 바람에 날리니
고향에도 지금쯤 뻐꾹새 울겠네.

고개 넘어 또 고개 아득한 고향
저녁마다 놀지는 저기가 거긴가
날 저무는 논길로 휘파람 불면서
아이들도 지금쯤 소 몰고 오겠네

🌱 작사 : 윤석중(1911.5.25.~2003.12.9.)
　작곡 : 한용희(1931.~2014.12.5.)

　1956년에 국정 음악 교과서를 통해서 발표된 동요.
　6·25전쟁 후 고향을 떠나 사는 실향민이 많았던 시대적인 상황이 노랫말과 가락에서 향수를 자아내는 '고향 땅'을 애창하게 만들었다. 이 동요는 고향을 그리며 생각하는 망향의 노래가 되어 해외의 교포 사회에서도 널리 애창되었다.

가을밤

가을밤 외로운 밤, 벌레 우는 밤
초가집 뒷 산길 어두워질 때
엄마 품이 그리워 눈물 나오면
마루 끝에 나와 앉아 별만 셉니다

가을밤 고요한 밤, 잠 안 오는 밤
기러기 울음소리 높고 낮을 때
엄마 품이 그리워 눈물 나오면
마루 끝에 나와 앉아 별만 셉니다.

❦ 작사 : 윤복진(1907~1991), 이태선 개사
　작곡 : 박태준(1900.11.22.~1986.10.20.)

이 동요가 발표된 해를 1920년대 또는 1950년대로 보는 의견이 있다. 이 노래는 사연이 많다. '가을밤'은 처음엔 아동문학가이자 시인인 윤복진의 시 '기러기'에 박태준이 곡을 붙여 만든 동요였다. 그러나 윤복진이 월북작가로 밝혀져 금지곡이 되었는데 후에 이태선이 위와 같이 개사하여 재탄생하게 된다. '60년대 이전의 초등학생은 학교에서 동요 '기러기'를 배웠다. 이 동요 '가을밤'과 '기러기'에 얽힌 사연을 이제야 알았는데 놀라운 사실이 하나 더 있다. 1970년대 우리 젊은이들이 통기타 치면서 노래 부를 때 빼놓지 않았던 가수 이연실이 부른 '찔레꽃'이 이 곡이다. 자료를 찾다가 이 동요에 이연실이 찔레꽃으로 개사하여 불렀다는 글을 보고 어? 그러면서 두 곡을 다시 불러 보니 정말 그렇다.

꽃밭에서

아빠하고 나하고 만든 꽃밭에
채송화도 봉숭아도 한창입니다
아빠가 매어 놓은 새끼줄 따라
나팔꽃도 어울리게 피었습니다

애들하고 재밌게 뛰어 놀다가
아빠 생각 나서 꽃을 봅니다
아빠는 꽃 보며 살자 그랬죠
날 보고 꽃같이 살자 그랬죠.

과꽃

올해도 과꽃이 피었습니다.
꽃밭 가득 예쁘게 피었습니다.
누나는 과꽃을 좋아 했지요
꽃이 피면 꽃밭에서 아주 살았죠

과꽃 예쁜 꽃을 들여다보면
꽃 속에 누나 얼굴 떠오릅니다
시집간 지 온 삼 년 소식이 없는
누나가 가을이면 더 생각이 나요

🌱 작시 : 어효선(1925.11.2.~2004.5.15.)
　작곡 : 권길상(1927.8.4.~2015.3.13.)

　'꽃밭에서'는 1953년 초에 발표되었는데 작곡가가 부산으로 피난을 갔을 때 가족이 있는 대구에 들렀는데 이때 〈소년〉 잡지에서 이 시를 보고 곡을 붙였다고 한다. 그때는 어효선 시인을 몰랐는데 이 동요가 널리 퍼진 것이 계기가 되어 수복 후에 서울에서 두 분이 만나게 되었다고 한다.

　어효선 선생은 동요 시집『봄 오는 소리』,(1961)『파란 마음 하얀 마음』(1985)과 동화집『인형의 눈물』(1976) 등의 저서를 넘겼다.

　권길상 선생은 '스승의 은혜', '꽃밭에서', '모래성', '과꽃', '둥근달', '시냇물' 등 200곡이 넘는 동요와 가곡 '그리움' 등을 발표했다.

과수원길

동구 밖 과수원길 아카시아꽃이 활짝 폈네
하얀 꽃 잎파리 눈송이처럼 날리네
향긋한 꽃냄새가 실바람 타고 훨훨
둘이서 말이 없네 얼굴 마주 보며 생긋
아카시아꽃 하얗게 핀 먼 옛날의 과수원길

🌱 작사 : 박화목(1924.2.15.~2005.7.9.)
　작곡 : 김공선(1924.~2014.11.4.)

　김공선은 여기에 실은 1972년에 발표한 '과수원길'을 비롯하여 '나무야', '파란 가을 하늘' 등 주옥같은 동요 100여 곡을 작곡했다.

아빠와 크레파스

어젯밤엔 우리 아빠가
다정하신 모습으로
한 손에는 크레파스를
사가지고 오셨어요(음음)

그릴것은 너무 많은데
하얀 종이가 너무 작아서
아빠얼굴 그리고 나니
잠이 들고 말았어요(음음)

밤새 꿈나라에
아기 코끼리가 춤을 추었고
크레파스 병정들은
나뭇잎을 타고놀았죠(음음)

어젯밤에 달빛도
아빠의 웃음처럼
나의 창에 기대어
포근히 날 재워줬어요(음음)

🌱 작사·작곡 : 이혜민, 노래 : 배따라기

이 노래는 1985년에 발표된 가요인데 대부분 동요로 알고 있다. 이 동요는 배따라기 맴버 양현경의 20대에 돌아가신 부친과의 추억을 담은 노래라고 한다. 이 노래는 〈아빠가 화가 나신 모습으로 야구 빠다를 사가지고 와서 매를 때렸다〉는 등 정말 웃기는 개작 가사가 많다.

6. 나 혼자만의 다짐

"오늘 하루는 신이 내게 준 특별한 선물이다!"
"오늘을 즐기자!"

사실 이 책 편집을 시작할 때만 해도 여러 가지 자료를 살펴보며 즐겁게 작업을 했는데 작품에 얽힌 사연들을 알아가게 되면서 생각이 많아졌다. 그러다가 마무리 단계까지 온 것이다. 그래서 편집을 마친 소감이랄까 이런저런 상념을 딱 잘라 위 두 마디로 정리했다. 나는 아침에 일어나면 이 두 마디를 외치고 하루를 시작하기로 맘먹었다. 나의 이런 생각을 뒷받침 해줄 만한 글 두 편을 싣는다.

첫 번째 '내가 3일만 볼 수 있다면'(Three days to see)은 삼중고의 헬렌 켈러(Helen Keller)가 1933년 〈Atlantic Monthly〉 1월호에 발표한 것인데 다 싣기에는 내용이 많아 나름대로 요약하여 실었다. 본문 중 '---'부분은 원문을 생략한 부분이다.

두 번째 '카르페 디엠'(Carpe diem)은 고대 로마 호라티우스(Horatius)의 시에 나오는 문구인데 1989년 미국에서 성행한 영화 '죽은 시인의 사회'에서 이 말을 사용하면서 널리 알려졌다. 이와 관련된 이야기들도 정리해서 실었으니 이 말이 나오는 시를 감상하면서 함께 읽어 보면 좋겠다.

Three days to see
Carpe diem

내가 3일만 볼 수 있다면(Three days to see)

　헬렌 켈러는 생후 18개월 만에 심한 열병으로 눈, 귀, 입의 3중 고장애를 입게 된다. 셀리반 선생은 헬렌 켈러 5살 때 가정교사로 와서 첫 만남을 가진 이후 거의 50년간 평생의 동반자가 된다.
　헬렌 켈러는 셀리반 선생님의 끈질긴 노력과 희생으로 7년 만에 겨우 물(water)이라는 한 글자를 배우게 된다. 이렇게 시작한 선생님의 사랑과 헌신 그리고 불굴의 의지와 투지로 케임브리지 여학교를 다닌 뒤 16세에 하버드 대학교 부속 여대 레드 클리프 대학교에 입학하게 된다. 그녀는 독일어, 불어, 그리스어, 라틴어까지도 익혔다. 학교를 졸업한 후에는 미국은 물론 세계 여러 나라에서 강연하고 맹·농아인을 위한 기금을 모으는 등 복지 사업에도 공헌하여 세계의 많은 장애인들의 희망이 되었다. 세상 사람들은 그녀를 '빛의 천사'라 부른다. 그러면 그녀가 쓴 〈Three days to see〉라는 글을 읽어 보자.

　「--- 보통의 우리는 삶이 당연하다고 여긴다. 언젠가 죽는 목숨이지만 그것은 먼 훗날의 일일 뿐 대개 죽음은 남의 이야기다. 살 날들은 깨알처럼 많고 당연스레 살아가는 하루하루는 하찮은 일로 채워지면서 뭘 하는지도 모르게 흘러가 버린다. 귀먹은 이만이 소리에 감탄하고 눈먼 이만이 빛에 감탄한다. 살아가다가 장애를 겪은 사람은 이 말이 무슨 말인지 잘 안다. 시력과 청력이 정상인 사람들이 오히려 이게 무슨 말인지 모르고 보는 것, 듣는 것에 제대로 집중하는 것 같지도 않다. 잃기 전엔 소중함을 모르고 아프기 전엔 건강이 감사한 줄을 모르듯이 ---

만약 3일만 볼 수 있는 기적의 선물이 내게 주어진다면,

첫째 날은 내가 가치 있는 삶을 살아갈 수 있게 해주신 분들을 봐야겠다. 우선 내가 어릴 때 오셔서 나를 세상 밖으로 인도 해주신 존경하는 설리반 선생님 얼굴을 오래오래 응시하고 싶다.

나는 나의 기억 속에 고이 간직해야 할 선생님의 얼굴 모습을 보는 데 그치지 않고 그 얼굴을 연구하고 힘든 나의 교육을 해 내시면서 보여 주신 동정 어린 부드러움과 인내의 살아있는 증거를 그 얼굴에서 찾아내고 말겠다. 나는 그녀의 눈에서 숱한 어려움에 직면했을 때마다 굳건히 견디어 낼 수 있게 한 그 강인한 성품과 가끔 내게 드러내 보이신 인간에 대한 연민을 보고 싶다.--- 그리고 사랑하는 친구들을 모두 불러다가 그들의 내면의 아름다움이 바깥으로 비친 증거들을 내 마음에 새기겠다. 아기의 얼굴을 바라보며 아직 세상의 풍파가 침범하지 않은 인간의 순수한 아름다움을 느껴보겠다. 충직한 내 강아지의 눈도 들여다보고, 집안의 소소한 물건들, 나의 점자책도 뿌듯하게 바라보겠다.

오후가 되면 숲으로 난 길을 걸으며 자연의 아름다움을 눈에 맡기고 끝없이 펼쳐지는 장관을 한껏 빨아드리고 싶다. 집으로 오는 길에 근처 농장을 지나게 되면 쟁기질하는 말을 발견하거나 흑을 사랑하는 농부의 평화로운 한때를 보게 될지도 모른다. 어둠이 내리면 천재가 만들어 낸 인공의 빛이 어둠을 몰아내는 것을 바라보며 내 기쁨은 벅차오를 것이다. 이 첫날밤은 오늘의 기억이 마음에 가득 차 잠을 이루지 못하리라.

둘째 날 새벽에 일어난 나는 어두웠던 밤이 환한 낮으로 변신하는 놀라운 기적을 보게 된다. 잠자던 지구를 깨우는 태양이 뿌리는 빛의 파노라마는 경이 그 자체다. 나는 이날을 세상의 과거와 현재를 빠르게 훑어보는

일에 바치려 한다. 내가 보고 싶었던 방대한 인류 진보의 패전트(pageant)와 시대 흐름의 주마등을 어떻게 하루 만에 축약해 볼 수 있냐고요? 그것은 박물관이면 가능하다. 나는 〈뉴욕 자연사 박물관〉에 가서 인류 역사를 압축해 논 조형물과 전시물을 둘러보겠다. ---

그다음에 갈 곳은 〈메트로폴리탄 미술관〉이다. 박물관이 세상의 물질적 측면을 보여주었다면 미술관은 인류의 정신적 측면을 보여준다고 할 수 있다. 그동안 만져보기만 했던 이집트, 그리스, 로마의 정신이 담긴 수많은 작품 들을 직접 눈으로 볼 수 있다니! 회화의 화려한 세계를 내 눈으로 볼 수 있다는 것도 황홀한 일이다. 레오나드로 다빈치, 렘브란트, 미로 등의 아름다운 그림을 내 손의 촉감으로는 알 수 없었던 그 신비한 색깔의 하모니를 감상하겠다.

둘째 날 저녁은 영화관이나 극장에서 보내야겠다. ---
'햄릿'이나 '폴스타프'를 보면서 멋진 색채와 우아함 그리고 동작을 즐길 수 있다는 것은 복 받은 일이다. 그런 아름답고 리듬감 있는 동작을 나는 즐길 수가 없다. 오늘 밤도 내가 본 위대한 드라마가 눈에 선하여 쉽게 잠들지 못하리라!

다음 날 아침 나는 새로운 기쁨을 발견하기를 갈망하면서 새벽을 맞는다. 진정 어린 눈으로 새벽을 바라보는 이들에게 새벽은 끊임없이 새로운 아름다움을 드러내 보여 준다고 확신한다.

오늘은 볼 수 있는 셋째 날이자 마지막 날이다. 아! 나는 시간이 없다. 이날은 사람들의 생활을 바라보는 데 쓰려고 한다. 바쁘게 일을 하며 삶을 살아가는 수많은 사람들이 분주하게 움직이는 곳 '뉴욕'이라는 도시가 목적지다. 나는 집을 나서 거리의 풍경을 보면서 차를 몬다. 철 구조물의 다리를 건널 때 보니 바쁜 배들이 빠른 속도로 강물을 가로지른다. 시간만 많다면 강 주변에 머물면서 거기서 보이는 모든 것들을 지긋이 바라보고 싶다. 나는 거대한 건물들의 숲을 지나 엠파이어 스테이트 빌딩에 도착하여 꼭대기로 올라간다. 내가 내려다보는 도시의 광경이 내가 상상하던 것과 일치할 것인지 정말 궁금하다. --- 이제 도시를 둘러본다. 바쁘게 돌아가는 도시의 한구석에 서서 사람들을 물끄러미 바라본다.--- 5번가에서 시작해서 파크 아베뉴, 슬럼가, 공장 건물, 아이들이 노는 공원, 이국 풍경의 외국인 타운까지 걸어 본다.--- 사람들이 어떻게 일하고 생활하는지를 탐색하고 이해하기 위해 내 눈은 행복한 광경, 비참한 광경 모두에 대해 활짝 열려 있다. ---

셋째 날이 끝나가려 한다. 저녁에는 극장으로 달려가서 재미있는 연극을 보면서 인간 정신에 담긴 희극의 함축적 의미를 감상하고 싶다. 자정이 되면 내겐 다시 영원한 밤이 찾아온다. 더 보지 못해 아쉽지만, 마음은 벅찬 기억들로 가득 차서 앞으로 어떤 물건을 만질 때마다 구체적인 모습으로 떠오르게 될 것이다. ---

내가 사흘을 어떻게 보낼지 대강 얘기했다. ---
당신이 이전에 보던 것과는 다른 방식으로 당신의 눈을 사용하고, 당신이 보는 모든 것이 당신에게 사랑스럽게 다가오고, 시야에 들어오는 모든 물체를 당신의 눈이 쓰다듬고 껴안아 줄 수 있게 되면 좋겠다.
당신이 진정한 눈으로 보게 되고, 아름다움의 새로운 세상이 당신 앞에 열리게 된다면 좋겠다. ---」

   🌱 헬렌켈러(Helen Adams Keller, 1880.6.27.~1968.6.1.)
      셀리반(Johanna Sullivan, 1866.4.14.~1936.10.20.)

Carpe diem

Tu ne quaesieris, scire nefas, quem mihi, quem tibi
finem di dederint, Leuconoe, nec Babylonios
temptaris numeros. ut melius, quidquid erit, pati.
seu pluris hiemes seu tribuit Iuppiter ultimam,
quae nunc oppositis debilitat pumicibus mare
Tyrrhenum: sapias, vina liques et spatio brevi
spem longam reseces. dum loquimur, fugerit invida aetas: carpe
diem, quam minimum credula postero.

카르페 디엠

레우코노에여, 신들이 그대나 나에게 무슨 운명을 주었는지
알려고 하지 말게나 그것은 불경스러운 일이니
비빌론의 점성술사에게도 묻지 말게나
무엇이든 닥치는 대로 겪어내는 게 최선이라네
티레니아해의 파도가 맞은 편의 바위를 치는 이번 겨울이
주피터 신이 당신에게 주는 또 하나의 겨울이든,
마지막 겨울이든 말일세.
현명하시게 이제 빚은 술은 내리시게 짧은 인생인데
너무 멀리 있는 미래에 대한 기대는 좀 줄여 보시게
우리가 얘기하는 동안에도 우리를 시샘하는지
시간은 흘러만 가네
오늘을 즐기시게. 내일에 대한 믿음은 최소한으로 해 두고

🌱 호라티우스(Quintus Horatius Flaccus, BC 65~BC 8)

호라티우스는 로마의 시저가 암살되던 시대의 사람이다. 이 시에 나오는 카르페 디엠(Carpe diem)이라는 말은 다양한 해석이 있으나 이 말이 널리 알려진 정황 등을 고려할 '오늘을 즐겨라'는 말로 해석하는 것이 무난할 것 같다.

1989년에 미국에서 개봉된 고등학생들의 학교생활을 다룬 영화 '죽은 시인의 사회(Dead Poets Society)'가 크게 히트하면서 교사인 존 키팅 역을 맡은 로빈 윌리엄즈가 학생들에게

"카르페 디엠! 오늘을 즐겨라, 소년들이여, 삶을 비상하게 만들어라"라고 한 말이 도전과 자유의 정신을 상징하는 대사로 대중적으로 유명하게 되었다. 그는 다음과 같은 대사도 남겼다.

"그 누구도 아닌 자기 길을 걸어라. 나는 독특하다는 것을 믿어라. 누구나 몰려가는 줄에 설 필요는 없다. 자신만의 걸음으로 자기 길을 가거라! 바보 같은 사람들이 무어라 비웃든 간에"

이 시의 '카르페 디엠'이라는 싯귀를 이용하여 청소년들에게 영향력이 큰 영화를 만든 것이다. 우리나라에서도 크게 유행하여 뮤지컬로도 만들어지고 '카르페 디엠'이 상호로 쓰일 만큼 일반적인 용어가 되었다. 나는 귀에 익숙한 아래의 말이 이런 뜻의 '라틴어'라는 것을 이번에 알았다.

○ 카르페 디엠(Carpe diem)   : 오늘을 즐겨라
○ 메멘토 모리(Memento mori) : 죽음을 기억하라
○ 아모르 파티(Amor fati)   : 네 운명을 사랑하라

시와 노래 다발을 묶고 나서

나처럼 이렇다 할 취미가 없는 분들에게 좋은 소일거리가 될 만한 책을 만들고 싶었다. 가끔 펼쳐 보면 아스라이 옛 추억이 떠오르고 향수를 불러일으키는, 그러면서도 뭔가를 생각해 보게 만드는 그런 책을.

그래서 내가 살아오면서 감동받았거나 사연이 있는 시나 노래들을 장르에 상관없이 함께 묶어 내었다. 나의 얘기에는 친구 이름이나 지명 등을 비교적 구체적으로 적었다. 이러한 것들이 독자가 이 책을 읽으면서 자기가 좋아하는 작품 속에 빠져들게 만들고 또 자연스레 자기만이 간직한 추억의 보고(寶庫)를 여는 열쇠가 되었으면 해서였는데 어땠는지 모르겠다. 그리고 작품과 관련한 나의 소회나 이야기 중에는 견해가 다른 부분도 있을 것 같은데 그냥 저와 옛 추억에 잠겨 담소를 나누는 정도로 가볍게 여겨 주시면 고맙겠다.

아무튼 여기에 수록된 작품들은 어떤 감상을 가져다주는 것, 추억을 떠올리게 만드는 것, 시대와 역사 그리고 삶의 애환을 다룬 것, 젊은 시절에 알게 된 것, 1 작가 1편, 서행 불일치 배제 등 나름대로 정한 기준에 의해 뽑은 것들이다. 즐겁게 작업을 했는데 작품을 고르는 일은 너무 힘들었음을 고백하지 않을 수 없다. 세상은 넓고 작품은 많았다.

또한 작가의 이런저런 사연들은 여러 자료를 참조하다 보니 인용이 확실한 것 외에는 출처를 밝히기가 어려웠다. 그리고 책 표지와 본문의 그림은 건축가이자 화가인 죽마고우 고창석의 작품이다.